上海检察文库
检察业务论丛

市场化进程中中国的法治经济思想与实践

The Thought and Practice of China's Law-based Economy in the Process of Marketization

魏 华 ◎ 著

中国检察出版社

图书在版编目（CIP）数据

市场化进程中中国的法治经济思想与实践 / 魏华著
. -- 北京：中国检察出版社，2022.12
ISBN 978-7-5102-2873-5

Ⅰ.①市… Ⅱ.①魏… Ⅲ.①经济思想—研究—中国 Ⅳ.①F12

中国国家版本馆 CIP 数据核字（2023）第 033232 号

市场化进程中中国的法治经济思想与实践
魏　华　著

责任编辑：王　欢
技术编辑：王英英
封面设计：龙　惠

出版发行：中国检察出版社
社　　址：北京市石景山区香山南路 109 号（100144）
网　　址：中国检察出版社（www.zgjccbs.com）
编辑电话：（010）86423780
发行电话：（010）86423726　86423727　86423728
　　　　　（010）86423730　86423732
经　　销：新华书店
印　　刷：北京联兴盛业印刷股份有限公司
开　　本：710 mm × 960 mm　16 开
印　　张：16
字　　数：266 千字
版　　次：2022 年 12 月第一版　2022 年 12 月第一次印刷
书　　号：ISBN 978 - 7 - 5102 - 2873 - 5
定　　价：56.00 元

检察版图书，版权所有，侵权必究
如遇图书印装质量问题本社负责调换

总 序

"实践没有止境，理论创新也没有止境。"注重发挥理论研究对检察工作的先导性、基础性、统摄性作用，及时为检察实践和改革创新提供高品质的理论支撑和智力支持，是上海市检察机关的优良传统，也是上海市检察机关推进新时代检察工作高质量发展，推进检察队伍革命化、正规化、专业化、职业化建设的重要抓手。

近年来，上海市检察机关持续学深悟透践行习近平新时代中国特色社会主义思想，全面贯彻习近平法治思想，发扬上海检察理论研究根植实践、勇立潮头、锐意创新、笃行致远的理论品格，依托"大调研""大研究"工作格局，不断深化理论研究与实务探索的良性互动，持续创新丰富课题制、年会制、论坛制等载体和平台，产生了一批较高质量的理论研究成果，在引领理念、辅助决策、服务办案、助推改革等方面发挥了积极作用，为推动新时代上海检察工作行稳致远提供了有力支撑。

"上海检察文库·检察业务论丛"系列丛书以"理论建设与业务建设相辅相成、学术研究与实践应用统筹兼顾"为目标，主要择优收录本市检察业务专家、检察理论骨干人才和在本市检察系统挂职学者，就新时代检察机关法律监督工作相关重点问题撰写的专著、译著，旨在为检察官构建更为广阔的检察研究成果展示交流平台，以文见人、以文树人，建设高质量检察智库。

丛书编录秉持放眼全局、立足实践，以展示检察学术研究成果的方式，生动展现上海检察官在推进全面依法治国、坚持和完善中国特色社会主义检察制度，促进深化对检察工作基础性、战略性、全局性问题进行的深入思考、理论阐述和研究探索，以期形成既有学科覆盖面与研究的系统性，又具有鲜明的时代特征、检察特质和上海特色的检察理论研究成果体系,从而为推动新时代检察工作高质量发展,更好发挥法治固根本、稳预期、利长远保障作用提供理论支撑和智力支持。

理论是实践的先导、行动的指南。当前,世界百年未有之大变局加速演进,世界之变、时代之变、历史之变的特征更加明显。党的二十大开启全面建设社会主义现代化国家新征程,面对高质量发展对高水平法治保障新要求,面对人民群众在民主、法治、公平、正义、安全、环境等方面更趋多元多样的需求,迫切需要从检察理论和实践的结合上深入回答关于中国式现代化进程中法治保障的时代课题。上海检察机关将把牢宪法对检察机关的职责定位和上海在国家改革发展大局中的战略定位,以时不我待"争一流、走在前、排头兵"的担当,不断推进理论探索和创新,为在法治轨道上全面建设社会主义现代化国家贡献检察力量。

由于水平有限,难免纰漏,不当之处,敬请批评指正。

"上海检察文库"编委会
2022 年 12 月

序　言

《市场化进程中中国的法治经济思想与实践》一书即将出版了，这是作者在其博士论文基础上经过修改和补充完成的。寒窗数载，笔耕不辍，在从事繁忙的本职工作的同时，作者对一个本学科还没有专门研究过的命题进行系统探讨，实属不易，可喜可贺。本书涉及法治经济的思想和实践两方面内容，我不熟悉后者，只能对占全书主要篇幅的思想部分写几句话。

我出生于20世纪50年代，亲身经历过计划经济，在那个时期，人们的经济关系主要通过政府的行政体制和市场的自发作用加以协调。党的十一届三中全会以后，法治的观念进入人们的视野。曾记得，《民主与法制》杂志在改革开放的初期风行一时，洛阳纸贵。当时大家津津乐道的法制，主要是指法律制度，而本书所研究的法治则是内涵更为丰富的社会治理方式。在一定意义上，法治是法制的扩展和深化。随着改革的推进和经济的发展，市场在资源配置中的重要作用不断清晰，特别是建立社会主义市场经济体制的目标得到确立，健全法治经济的必要性和紧迫性愈加凸显。正是这种势如破竹、不可逆转的历史进程催生了当代中国法治经济思想的萌发和成长。本书作者具有本科和硕士阶段的法学教育背景，博士阶段的专业是经济思想史，这就为从事法治经济思想和实践的研究奠定了复合型的知识基础。

融合经济学和法学的思想史研究自然会遇到命题的界定、史料的搜集、框架的设计、方法的运用等一系列问题。也因此，作者的博士论文写作过程是与频繁的讨论、构思、调整、扩充相伴随的。现在看来，本书在资料的涵盖和选择上，在章节的安排和文字的表述上，在人物的篇幅分配和思想评价上，都努力遵循了有依据、讲逻辑、可检验等原则。对本书所得出的若干结论，如改革开放以来中国的法治经济思想对马克思主义经典论述的创新丰富、对中国传统法律观念的历史突破、对西方经济学说史上相关文献的科学借鉴，对中国特色社会主义理论和实践的重要价值、对中国经济未来发展的深刻启示等，读者可以见仁见智，做出自己的判断。

　　本书的写作有两个特点。首先是体例的确定。目前的经济思想史专著有各种写法，如依据学派的类别进行考察，伴随思潮的演进梳理脉络，围绕理论的深化展开论述等，但以人物为线索逐个分析仍然是主要的和基础的写法。根据我的建议，作者在本书中采用的就是这种写法。为何选择这种写法？我在《上海经济研究》2004年第7期发表的《经济思想的涵义及其史的写法》一文中提出了四条理由：第一，思想是由单个的思想者所提出的，思想史的过程是由不同时期具有独立能力和自由精神的思想者的理论贡献构成的，没有这些个人，思想史就没有内在的活力主体和逻辑轨迹。第二，即使在思想活跃的学术繁荣时期，真正具有研究价值的也只是那些主导的、创新的、对社会经济具有进步作用的观点和理论，思想史既没有必要，实际上也不可能面面俱到地搜罗全部的经济思想资料，特别是那些平庸的、随大流的见解。第三，思想史研究的一个重要任务是：揭示某一种有价值的观点的初创、发展、成熟的过程，因此，确定某个理论由谁首次提出、在何时提出十分必要，这是对知识产权的尊重，是与国际学术规范的接轨。要完成这一任务，按人物分析是一项基础性的工作。第四，计量、模型等方法对深化中国经济思想史研究是有益的，但这些方法如不以对人物的个体考察为起点、为主线，就可能是割裂的、机械的。当然，按照人物展开分析的写法并不排斥对某些零碎的观点进行综合概述，作者在本书的写作中也是这样做的。

　　其次是资料的运用。我一直主张经济思想史研究要依据第一手资料，引述要力求完整。在网络技术高度发达的今天，数据统计或模型建构还无法取代史料的作用，如果贪图快捷或掉以轻心，对思想史资料采取引擎搜索加复制粘贴的做法，写出来的东西很难站得住。在作者的努力下，作为一个思想史研究，本书守住了"根据可靠资料说话"这个底线。

作为一门经济学中的基础性学科，经济思想史不仅承担着梳理记录以往的探索脉络、保存已有的精神财富的任务，而且还是进一步理论创新和经济发展的必要准备。本书既是致敬那些为人类进步和中国发展筚路蓝缕的思想者，也在表达着不断完善法治化的社会主义市场经济的理念和信心。

是为序。

钟祥财*

2022 年 12 月 10 日

---

* 上海社会科学院经济研究所研究员，博士生导师。

绪　论 / 001

第一章　导　论 / 005

　　第一节　研究的背景、界定与意义 / 005

　　　　一、研究的背景 / 005

　　　　二、研究的问题和界定 / 006

　　　　三、研究的理论价值与现实意义 / 008

　　第二节　研究的相关学术综述 / 010

　　　　一、国外研究综述 / 010

　　　　二、国内研究综述 / 012

　　第三节　本书的视角：当代中国法治经济的进程 / 014

　　　　一、法治是市场经济的必然 / 014

　　　　二、法治经济在我国的推进情况 / 015

　　第四节　研究的方法与路径 / 016

　　　　一、研究的方法 / 016

　　　　二、研究的路径 / 018

　　第五节　研究的创新与展望 / 019

　　　　一、研究的创新 / 019

二、研究的展望 / 020

第二章　市场化进程中中国法治经济的先行思想资料 / 021
第一节　西方古典经济学家的法治经济思想 / 021
　　一、亚当·斯密的市场经济思想 / 022

　　二、亚当·斯密论法治在经济增长中的作用 / 025

　　三、边沁、李嘉图、萨伊、穆勒的法治经济思想 / 029

第二节　马克思主义经典作家的相关论述 / 035
　　一、马克思的相关论述 / 035

　　二、恩格斯的相关论述 / 037

第三节　20世纪以来西方经济学家的法治经济思想 / 038
　　一、米塞斯、哈耶克的法治经济思想 / 038

　　二、欧根的法治经济思想 / 041

　　三、弗里德曼、布坎南、科斯的法治经济思想 / 044

第四节　中国古代的经济治理思想及其反思 / 052
　　一、以法家理论为核心的中国古代经济治理思想 / 052

　　二、梁启超、严复对经济自由和传统经济思想的
　　　　宣扬与分析 / 058

　　三、吴景超、钱端升等人论经济权利和宪法 / 063

　　四、顾准对市场经济产生原因的中西比较分析 / 066

本章小结 / 070

第三章 市场化进程中中国法治经济的思想引领 / 072

第一节 邓小平对法治经济的倡导和阐述 / 073
一、邓小平的市场经济理念 / 073

二、邓小平论用法律手段处理经济问题和加强法制 / 078

三、从政治体制改革和反思历史的高度谈推进法治建设 / 081

第二节 胡耀邦、彭真的法治见解 / 083
一、胡耀邦的经济改革主张和法治理念 / 083

二、彭真的法治经济见解 / 087

第三节 万里、乔石的法治经济思想 / 090
一、万里的农村经济改革思想中的法治意识 / 090

二、乔石的法治经济主张 / 092

第四节 江泽民、胡锦涛的法治经济论述 / 095
一、江泽民的法治经济论述 / 095

二、胡锦涛的法治经济论述 / 098

第五节 习近平的法治经济论述 / 102
一、习近平对法治与经济关系的探究 / 102

二、习近平关于法治经济建设的具体设计 / 105

本章小结 / 108

第四章 市场化进程中中国法治经济的理论探索 / 110

第一节 林子力、蒋一苇论经济主体的自主权 / 110
一、林子力对农村经济改革的分析 / 110

二、蒋一苇的企业本位论 / 114

第二节　杜润生的农村改革主张及其法治经济理念 / 119
一、对农村经济的思考和改革主张 / 119
二、法治经济理念的发展 / 121

第三节　吴敬琏经济改革理论的市场取向和法治关切 / 123
一、对社会主义市场经济改革的理论探索 / 124
二、呼唤与社会主义市场经济相并行的法治建设 / 127

第四节　张维迎、钱颖一学术研究中的法治经济见解 / 129
一、张维迎对企业产权的研究 / 129
二、钱颖一论法治与市场、政府的关系 / 132

第五节　江平对法治经济的理论研究和框架设计 / 137
一、对法治经济的理论研究 / 137
二、对法治经济的框架设计 / 139
三、对法治经济和法治国家的理性追求 / 141

本章小结 / 143

第五章　市场化进程中中国法治经济的制度推进 / 145

第一节　中国法治经济制度推进的发展历程 / 145
一、中国法治经济制度的奠基（1978—1982年）/ 145
二、中国法治经济制度的探索（1982—1992年）/ 146
三、中国法治经济制度的发展（1992—2002年）/ 146
四、中国法治经济制度的形成（2002—2012年）/ 147
五、中国法治经济制度的完善（2012年至今）/ 148

第二节　中国法治经济制度推进的实践探索 / 149
一、宪法及历次修正案中关于法治经济的具体实践 / 149

二、民商法、经济法以及社会保障法中关于法治
　　经济的具体实践 / 154

第三节　中国法治经济制度推进的经验启示 / 158

本章小结 / 159

第六章　市场化进程中中国法治经济实践中的经济问题 / 162

第一节　宏观层面——宏观调控的法治化问题 / 162

一、域外宏观调控法治化经验与启示 / 162

二、我国宏观调控法治化面临的主要问题 / 164

三、我国宏观调控法治化如何从理念走向制度 / 166

第二节　中观层面——产业政策的法治化问题 / 170

一、中国产业政策历史演进历程 / 170

二、选择性产业政策的特征与主要问题 / 176

第三节　微观层面——市场监管与企业主体行为规制的
　　　　法治化问题 / 177

一、当前中国市场监管法治化面临的主要问题 / 177

二、市场监管法的理论基础、主要价值与体系要素 / 179

第四节　市场化进程中中国法治经济实践中的其他问题 / 181

一、政府职能转变问题 / 181

二、市场机制运作问题 / 182

三、经济利益固化问题 / 183

四、贫富差距扩大和分配不公问题 / 184

五、财税政策改革问题 / 185

本章小结 / 187

第七章　市场化进程中中国法治经济实践中的法治对策 / 189

第一节　坚持经济改革与法治建设同谋划、同部署、同推进 / 189
一、明确经济改革驱动法治发展的内在逻辑 / 190
二、锚定改革与法治"三个坚持"关系处理原则 / 191
三、厘清法治不足与经济发展的内在关系 / 194

第二节　贯彻实施好民商法、经济法等涉经济社会发展领域法律法规 / 194
一、中国法治经济发展迫切需要贯彻实施好《民法典》/ 194
二、中国法治经济发展需要贯彻实施好物权法制度 / 197
三、完善《劳动合同法》的立法和实施 / 198

第三节　以制度建设为引领，积极稳妥推进社会保障制度建设 / 200
一、社会保障制度之意义 / 201
二、现行社会保障法律体系存在的主要问题 / 202
三、完善社会保障制度的相关政策建议 / 203

第四节　加强法治环境建设，营造良好法治氛围 / 206
一、科学统筹顶层设计，完善经济法治环境 / 206
二、培育遵守契约精神，提升社会法治意识 / 207
三、加强权力制约监督，促进司法公正公平 / 209

本章小结 / 209

第八章　关于推进市场化进程中中国法治经济建设的扩展思考 / 210

第一节　推进法治经济建设的进一步思考 / 210
一、法律制度建设应该适应经济发展的新情况 / 210
二、重视技术进步对法治经济的推进作用 / 211

三、运用扩大开放对推进法治经济的倒逼机制 / 212

四、研究文化观念对法治经济制度演进的长远影响 / 213

五、理论创新和制度创新是完善法治经济的当务之急 / 216

第二节　对市场化进程中中国法治经济思想与实践的总体考察 / 217

本章小结 / 219

参考文献 / 221

后　记 / 237

绪　论

　　建立和发展社会主义市场经济是当代中国经济改革确定的目标和任务。在市场经济改革四十多年的实践过程中，市场机制的引入一方面极大地激发了社会生产力的活力，促进了国民经济的快速增长。另一方面，它对传统的管理体制也形成了严峻的倒逼改革的态势。在经济学意义上，社会主义市场经济改革的核心是处理好政府与市场的关系，但从更广的视野和更深的层次看，养成法治思维、构建法治框架和运用法治方法是取代传统计划经济的必由之路。历史证明，规范的市场经济必然是一个法治经济，没有法治，市场经济不能得到健康、可持续地发展。就我国的情况而言，法治建设的推进每每促进着社会经济的繁荣，因此，如何探索出一条适合中国国情的社会主义法治经济发展的道路，成为改革决策者和相关学科理论工作者长期思考和深入研究的问题。

　　从经济思想史角度梳理和分析中国法治经济思想是一项探索性的工作。首先，在学科分类上，法治经济是一个以经济学为主，同时具有鲜明法学特点的跨学科概念。因此，本书的研究既以经济思想史上重要人物的理论观点为重点，也重视对法学界有影响的学者的关注。其次，本书研究的主题是市场化进程中中国法治经济思想的发展，显而易见，本书的主体内容是1978年以来的相关资料分析，作为一个思想史研究，其先行资料的介绍必不可少，但在篇幅上和关注度上都只是一个历史的追溯，一个思想形成的铺垫。也就是说，本书对中西法治经济思想的考察，没有运用法治经济思想史那样的体例，即面面俱到和划分阶段的写法。再次，与此相关联，在对研究重点的分析上，本书也没有着意从发展阶段上入手，因为当代中国的改革开放虽然已经走过了四十年的历程，但作为一种思想观点，无论是整体的、社会的，还是个人的，都尚不具备鲜明的阶段特点，如启动、发展、形成、深化等；在实践中，或历史地看，本书所考察的对象，均处在一种渐进的、动态的、进行中的状态。据此，本书在篇章结构的安排上，是按照决策者、学术界和实施环节等角度来划分的。最后，在学术综述方面，由于法治经济及其思想是在当代中国社会主义市场经济的进程中凸显其特定研究价值的，因此，学术界专门研究中国法治经济思想的研究成果还不多，本书只能选择相关联的经济学、法学和经济改革研究成果作一介绍。

法治经济的实践探索和法治经济的思想演进是既有区别又互相联系的两个方面，实践是催生思想和检验理论的基础，而思想对实践又具有重要的引领作用。这是本书专门列出两个章节分析法治经济实践中出现和常在问题的原因。同时，这也体现了对当代中国法治经济作一个思想的回顾和分析，具有特定的学术价值和现实意义。

经过对市场化进程中中国法治经济思想的系统梳理和分析，本书确定了如下的写作框架和重点：（1）通过对计划经济效率低下和市场经济发展优势的比较，作为一种取代政府集权的制度形式，逐渐形成和初步构建了由先行资料、思想引领、理论探索和对策思路组成的可供研究的基本框架；（2）当代中国法治经济的推进具有具体的国情特点和体制转型的阶段特征，因此，如何把社会主义的基本经济制度和市场经济所要求的法治规范结合起来，如何汲取西方发达国家的法治经验，用于还处在社会主义初级阶段的中国经济发展的实践，构成了决策层和理论工作者关注的重点；（3）作为一个经济学和法学互相交叉的研究对象，如何把市场经济的发展和法治建设的进程结合起来，如何把立法和执法结合起来，也是人们讨论较多的问题；（4）对中国封建社会的经济治理模式及其观念进行了深刻反思，使人们认识到树立全民法治经济意识和推进法治经济发展是一个漫长的过程；等等。

本书认为，就推进当代中国法治经济思想的探索和实践而言，科技进步、扩大开放和观念转型都具有重要的作用，但在基础理论问题上的创新突破尤为关键。例如，怎样认识和处理好党对经济工作的领导和法律对经济运行的规范之间的关系？怎样阐述在社会主义条件下公有制经济和非公有制经济协调发展的必要性和可能性？怎样在法治的框架内构建经济行为主体（包括企业、行业、个人）之间的新型关系？对此，本书选择《民法典》、物权法制度、《劳动合同法》、《社会保障法》等法律的实施以及房地产调控等个案展开分析，意在解剖麻雀，以小见大。显然，只有在重大理论问题上取得进展，法治经济的制度建设和政策实施才能更顺利地推动。此外，在着力转变人们的传统观念方面，在切实加强执法力度方面，也都需要提出新的思路，出台新的举措。但尽管任重道远，推进法治经济是中国未来繁荣昌盛的必由之路，在其中，法治经济思想的丰富和深化肩负重要的历史使命。

本书分三个部分，共八章。

第一部分为导论,即第一章。主要介绍研究的选题背景与现实意义;"法治经济"的概念与定义;研究的过程与综述;研究的方法与路径;以及研究的创新与展望等几个方面。

第二部分为正文,包括第二章、第三章、第四章、第五章、第六章、第七章。

第二章:市场化进程中中国法治经济的先行思想资料。市场化进程中中国法治经济思想虽然是在党的十一届三中全会召开以后逐渐形成和丰富的,但从经济思想史的角度来看,它作为一种中国经济现代化转型时期的思想和理论成果,本质上是对中外相关先行资料的继承、反思和创新。本章所分析的先行思想资料主要有四类:其一,西方古典经济学创建以来的相关理论阐述;其二,马克思主义经典作家的思想启示;其三,20世纪以来西方经济学家的法治经济思想;其四,中国古代思想遗产和现代学者的反思。

第三章:市场化进程中中国法治经济的思想引领。本章以时间为主线,对改革开放以来党和国家领导人关于法治经济问题的论述进行系统归纳,通过邓小平、胡耀邦、江泽民、胡锦涛、习近平等人提出的相关论述,突出其对中国法治经济建设的重要思想贡献,结合四十年来党和国家重要文献的梳理,凸显中国共产党在领导中国特色社会主义伟大事业、促进中国法治经济发展方面的宝贵经验和历史功绩。

第四章:市场化进程中中国法治经济的理论探索。本章主要回顾和梳理改革开放以来我国学术界在法治经济方面的理论成果,重点分析评价具有代表性的杜润生、吴敬琏、江平、钱颖一等人的理论创见。他们的研究涉及法治经济的基本内涵、实现法治经济的必要和充分条件、如何推进法治经济的建设,如何解决法治经济推进过程中的问题等,他们的论述体现了中国法治经济理论研究的探索进程和学术水平。

第五章:市场化进程中中国法治经济的制度推进。本章通过对市场化进程中中国法治经济的制度推进进行简要梳理,梳理中国法治经济制度推进的发展历程,以宪法及历次修正案中关于法治经济的具体实践为主,并选取民商法、经济法以及社会保障法中关于法治经济的具体实践,浅析中国法治经济制度推进带来的经验和启示。

第六章:市场化进程中中国法治经济实践中的经济问题。本章从实践的角度对市场化进程中中国法治经济的推进进行考察,并作出若干理论和思想层面的分析,本章着重考察经济方面的问题。中国法治经济实践中经济方面存在的主要问主要分为宏观、中观、微观等几个层面。本章的第一节是针对宏观调控的法治化问题，从域外经验启示、我国面临的主要问题以及制度走向展开分析；第二节是产业政策的法治化问题，从中国产业政策历史演进历程、选择性产业政策的特征与主要问题进行研究；第三节是进一步分析了市场监管与企业主体行为规制的法治化问题；第四节是对其他经济方面的问题进行分析，如行政干预对经济运行的困扰、社会贫富差距的扩大、市场价格机制的失灵、财税体制改革的迟缓、政府职能转变的减速等。

第七章：市场化进程中中国法治经济实践中的法治对策。本章从实践的角度对市场化进程中中国法治经济的推进进行考察，并作出若干理论和思想层面的分析，本章着重考察法律方面的问题。在资料梳理和观点分析上选择按问题来进行考察，本章中部分问题的提炼，没有严格遵循法律法规的体系以及部门法之间的关系，如在贯彻实施好民商法、经济法等涉经济社会发展领域法律法规方面，笔者选取了《民法典》、物权法制度以及《劳动合同法》的贯彻落实进行阐述，而关于社会保障法的问题，则是从改革路径进行讨论。

上述两章通过对制定经济法律法规及其效果的研究情况梳理，根据公权力与私权力、私权力与私权力的不同，把问题归纳为经济方面和法律方面两个部分。其实，这样的划分只是初步的尝试，因为许多法治经济政策和制度方面的问题，都是互相联系的，例如，市场机制扭曲的问题，既涉及政府的管理是越位还是缺位，也有国有企业与民营企业之间，民营企业与民营企业之间的问题。

第三部分为结论，即第八章。

第八章：关于推进市场化进程中中国法治经济建设的扩展思考。第一节，基于前述两章对经济和法律问题的基础上，对学术界相关的对策研究进行梳理，并提出本书在分析过程中发现和形成的几点看法。第二节对中国市场化改革进程中的法治经济思想与实践问题进行总结，概括其主要内容和特点，得出若干研究结论，并展望其理论发展的路径和前景。

总体上看，本书构成了这样一个脉络，即以中外相关思想的先行资料为前提或起点，将当代中国的法治经济分为思想引领、理论探索和实践研究等三个部分展开梳理分析，这三个部分之间又有着从决策到实施，从抽象到具体的关系。如果说法治经济思想的先行资料属于人类已有的文明成果，那么在中国改革实践中提出并在实践中得到检验的创新成果无疑是对人类文明的延续和丰富。

第一章 导 论

第一节 研究的背景、界定与意义

一、研究的背景

在经历了四十多年的市场化改革进程后,中国经济得到了高速的发展,取得了举世瞩目的成就。当前,需要通过市场化改革的不断深化,推动社会经济快速健康增长,在此基础上着力打造并完善现代化的国家治理模式。随着改革不断走向"深水区",中国特色社会主义法律体系的建成及其完善成为关键内容,而法治经济的建设更是其中的首要环节。

法治经济是人类文明的现代成果之一。法治经济的本质要求是,社会经济在市场机制的决定性作用下,在健全和规范的法律制度内运行。就经济和法律的关系而言,法律是为市场经济的发展服务的,市场经济的各类主体基于平等的法律地位合法经营、展开竞争,以实现社会经济高质量、可持续的发展。

在中国,法治经济的建立和完善是与改革开放的进程同步的。改革开放之初,社会主义商品经济的恢复和繁荣呼唤着公平公正的制度环境,当时的党和国家领导人已经认识到健全法制的必要性。邓小平发表"南方谈话"后,党的十四大明确了建立"社会主义市场经济体制"是改革的目标,并提出了"依法治国"的方略,这既对我国传统的政治经济学理论和法学理论提出了创新的任务,也为我国建设法治经济提供了发展的契机。在此基础上,党的十六大进一步提出了加强社会主义法治建设的任务,党的十八届四中全会更是明确了"社会主义市场经济本质上是法治经济"这个清晰的理念。这也从学术层面确立了本书研究的重要性和价值所在。在当前我国建设法治经济的过程中,经济社会运行中出现的一些问题,以及存在的一些突出困难和矛盾表明,牢固树立法治经济的观念,推进法治经济的制度建设,对促进中国特色社会主义市场经济的长期发展具有重要意义。

当代中国的改革开放发端于经济领域,然而其影响却是全局性的、深远的。四十多年的市场化改革进程，是经济领域的市场导向持续清晰以及法治经济不断完善的过程。中国四十多年的市场化改革进程，使得建设法治经济的任务日益加重和紧迫，建立和发展社会主义市场经济的实践使人们认识到，在中国，特别是在从计划经济体制向现代市场经济体制转型的历史阶段，法治观念的培育，法治规范的构建、法治理论的探索，对于促进社会经济可持续发展都是无法绕开、亟须突破和长期努力的艰巨工作。值得庆幸的是，坚冰已经打破，征途已经起步，在汲取先行思想资料的基础上，在改革过程中孕育和成长的当代中国法治经济思想一方面不断丰富着自身的内涵，另一方面对中国法治经济的实践发挥着重要的引领作用；动态地看，经济学和法学理论工作者对实践中产生的新问题展开创新性研究，又在深化着当代中国法治经济思想的学术价值和现实意义。这就决定了法治经济思想及其实践已成为当代中国经济改革和发展、中国经济思想史研究的一个新的重要课题。

二、研究的问题和界定

（一）问题的提出

2019年2月，在中国经济50人论坛年会上，魏杰认为2019年中国经济要解决好两个问题，一是如何确保人们的财产安全，二是如何提振民营企业家的信心。他经过调研发现，民营经济不是要优惠，只要公平、平等，为此建议：（1）能不能搞理论创新？现在民营经济理论不能解释，现在理论只讲必要性，不讲必然性，反复讲就业增长之类的，企业家没法接受这种理论；（2）法律必须调整。必须保证法律的公平、公正。这说明法治经济的推进对中国发展来说仍然是一个紧迫而主要的问题。

建立和发展社会主义市场经济是当代中国经济改革确定的目标和任务。在四十多年的市场化实践过程中，市场机制的引入极大地激发了社会生产力的活力，促进了国民经济的快速增长，与此同时，它对传统的管理体制也形成了严峻的倒逼改革的态势。在经济学意义上，社会主义市场经济改革的核心是处理好政府与市场的关系，但从更广的视野和更深的层次看，养成法治思维和运用法治方法是必由之路。历史证明，规范的市场经济必然是一个法治经济，没有法治，市场经济不能得到健康、可持续地发展。就我国的情况而言，法治建设的推进促进着社会经济的繁荣，而经济领域中目前尚存的若干问题，都和法治不够完善密切相关。因此，如何探索出一条适合中国国情的社会主义法治经济发展的道路，成为改革决策者和相关学科理论工作者长期思考和深入研究的问题。法治经济的实践探索和法治经济的思想演进是既有区别又互相联系的两个方面，而后者对前者的推进又具有重要的引领作用。显然，对当代中国法治经济作一个思想史的回顾和分析，并研究法治经济实践过程中的相关问题，是有特定学术价值和现实需求的。

（二）法治经济的界定

根据通常的说法，法治经济（Rule of Law Economy）是指："国家通过制定法律、法规，调整经济关系，规范经济行为，指导经济运行，维护经济秩序，使整个经济逐步按照法律预定的方式快速、健康、持续、有序地发展的一种经济模式。法治经济的内涵包括，在现代市场经济条件下，有着完善的经济法律体系和健全的法律与经济互动机制，民商事活动和私权利得到充分维护，国家宏观调控规范化、法律化，社会经济可持续发展和社会基本公平得到有效保障。"[1] 从语法角度看，法治经济是一个偏正词组，其中经济是中心词，法治是修饰词或限定词。这也就决定了本书的研究对象主要是经济思想，而不是法学理论或法律思想。

在学理上，与法治相对应的是人治。也就是说，在法治经济出现之前，可以把人类社会的经济运行称为人治经济。在人治经济中，社会经济也有处理各种问题的思路和机制，也会达到某种水平的均衡，但由于没有现代法律的制约，经济运行在微观层面往往是自发的、无序的，在宏观层面又难以避免政府的干预，其发展速度和增长空间十分有限。只有当人们发现市场机制可以使社会经济在专业化分工的基础上，通过交换，提高效率，从而实现突破性发展，而现代法律制度又能够确保市场机制的有效运转的时候，法治经济的理论和政策才应运而生和深化完善。因此，法治经济可以说是和西方的工业化和古典经济学一起产生和发展的。相比较而言，国人对此的认识要迟一些，特别是，在经历了传统计划经济的不成功探索后，法治经济在中国的思考和实践具有转型阶段的特点，在实践中具有渐进性，也更为困难。

经济思想是社会经济现实的反映，又对社会经济未来的发展提供价值引领和路径指导。经济思想产生于经济学形成之前。在西方古典经济学创立以后，经济思想以经济学理论为主要内容，但又不仅限于经济学理论。有学者认为："经济思想的第一个含义就是：它虽然也研究一般经济学理论的内容

---

[1] 参阅百度"法治经济"词条。

和进展，但更加关注能够促进和规制经济学理论发展的哲学思辨；至于经济思想的第二个含义，则是指它的包括范围。简而言之，（1）由政府决策者或社会政治家、哲学家等提出的经济主张；（2）由专业学者提出的经济学理论；（3）存在于社会公众之中的经济观念。这三部分的资料构成了经济思想史所要加以考察的对象。"①

"法治经济思想"是关于法治经济的思考及理论研究成果的统称，它一方面是法治经济的实践总结，另一方面又对法治经济的推进具有重要的启发、促进和引领作用。法治经济思想既是经济学和法学理论的有机组成部分，又具有学科融合、内容丰富、指导性强等特点。

这也就决定了，本书所研究的中国法治经济思想是一个有时间和范围限定的概念，即是指当代中国改革开放以来，特别是在社会主义市场经济推进过程中，党和国家主要领导人、经济学家和法学家等重要学者及相关部门管理人员关于如何建立、健全和实施法治经济的见解、理论和政策内涵的总称。

三、研究的理论价值与现实意义

（一）理论价值

在历经四十多年改革开放后的今天，重视法治经济的理论价值，无论对于我国市场经济的进一步发展和繁荣，还是对于我国法治国家的建设，具有十分重要的双重指导意义。

一方面，法治经济思想在市场化进程中得以确立和深化，在中国经济思想发展的历史上具有突破性的意义，从理论上加以探讨和建构，则是中国学者在经济学和法学相互融合基础上的创新探索。因为，中国传统社会中缺少法治经济的理念和制度，这也是自然农业经济长期停滞不前的内在原因之一，由于市场经济的因素没有必要的法治环境，人们对现代经济的理论认识和研究也只能是隔膜的，肤浅的。和欧洲工业化的历史不同，当代中国的法治经济思想在很大程度上是由市场化改革所倒逼和催生的，它不仅需要扬弃传统经济思想中的糟粕，而且需要合理地借鉴和吸收西方法治经济思想的科学养料，经过实践检验，提炼出适合中国国情，有利于促进经济体制改革和经济可持续发展的理论成果，从而为丰富人类经济思想的宝库做出贡献。

---

① 钟祥财:《20世纪中国经济思想述论》，中国出版集团、东方出版中心2006年版，第8页。

另一方面，研究法治经济的思想和实践，就是要让全社会都认识到法治是市场经济的根本保障。在逻辑上，如果经济可以通过行政手段加以有效率的控制，那么法律和法治就不是必要的，但实践证明，离开了市场机制，经济就缺乏价格产生的场合，生产者之间就无法展开充分的竞争，社会经济长期来看就缺乏增长的动力。而要搞市场经济，如果没有法治保障，各种产权无法明确地界定，企业的自主权便无从谈起，企业家的创新作用难以发挥，资源配置的优化和运行效率的提升也就失去了源头。因此，法治建设是与市场经济形影相随的。从本质上来讲，建立和发展社会主义市场经济与建设社会主义强大国家是一种手段和目的的关系，那么在市场经济和法治化之间也存在着目的和手段的关系，在其中，市场经济是目的，法治建设是手段。改革开放四十多年的实践也证明，只有强调法治思维、依靠法律手段，健全法律制度，才能充分发挥法律法规对市场秩序、宏观调控等诸多经济要素的规范作用，让它充分发展纽带作用，串联起市场经济的各个环节。人们的观念改变了，行为习惯规范了，就可以大大减轻社会管理的制度成本，凸显市场经济的效率优势，加快改善人们的福利水平，进而不断巩固法治经济的心理认同，实现中国特色社会主义市场经济的健康发展。

（二）现实意义

如今，中国特色社会主义市场经济已进入发展的新常态，要促进经济社会转型，提高经济发展质量，除了运用现代的科学技术，调动人们的生产劳动积极性，还必须依靠法治建设。现阶段，我国仍处于社会主义初期阶段，以经济建设为中心，着力谋发展是我国的第一要务。为此，党的十八届四中全会和十八届五中全会相继提出了依法治国的基本理念，指出了法治建设对于促进我国经济发展和深化经济体制改革的重大意义。

当代世界发达国家经济体普遍具备较高的法治化环境，一方面，这证明了法治化程度与经济发展水平之间存在正向关系，另一方面，也体现着法治建设与经济增长互为条件、互相促进的良性关系。这种市场经济与法治规范之间的内在联系，也是我国在经济建设过程中必须正视和遵循的规律。"市场经济本质上是法治经济"这个命题只是应然状态下的结论，在现实中并非所有的市场经济都是实然意义上的法治经济。由于我国的市场经济体制是从计划经济体制转型而来的，这一转型的发展过程决定了我国的市场经济体制必然存在某些先天不足，而西方发达国家的市场经济历经长时期的发展，是一个渐进的过程，积累了值得吸取和警惕的经验教训。在中国的市场化改革进程中，有关法治建设的认识也是逐渐明晰的，起初，人们认为只要把市场建立起来，它就会自动地形成规范的游戏规则和相关制度，法治建设的缺位或滞后，导致了市场经济体制的不成熟，也催生了挤压排斥竞争等现象的发生。这也使世界上一些国家对中国是否是完全的市场经济产生质疑。当然，中国实行的是社会主义的市场经济，具有特定的国情规定，但如何在新的历史条件下，加快现代化的法治经济进程，确实是一个重大和急迫的现实问题。这也是本书研究的实际意义所在。

第二节　研究的相关学术综述

当代中国法治经济思想不是凭空产生的，也不是一蹴而就的，它是在改革开放四十多年的实践中，决策者、理论研究者和市场经济行为主体汲取前人思想智慧和学术成果，经过艰苦探索，进行创新性精神劳动而形成的。

作为一项以思想史为主线的学科交叉研究，本书的学术综述具有若干特殊性。首先，当代中国改革开放以前的法治经济思想的研究，其形成和发展的相关资料或者夹杂于西方经济学和法学文献中，或者需要从中国古代和近代的典籍中加以梳理，这些文献既是本书第二章的研究内容，也具有学术史脉络的特点；其次，本书研究的党和国家领导人的法治经济思想，大多散见于相关人物的传记及政治、经济、法律思想研究中，专题的学术论著迄今少见；最后，至于中国学术界对法治经济理论问题和政策问题的研究，则由于各方面的原因，数量有限，其中重要的论著和观点也成为本书第四、五章研究的对象。因此，本节的回顾较为简略，特此说明。

一、国外研究综述

如前所述，法治经济是和市场经济相伴而生的。由于现代市场经济是从欧洲的工业化发展而来的，西方学者对法治经济的理论探索及研究成果也就较为丰富和成熟。

亚里士多德对法治的定义是："法治是法律制定得良好并且得到普遍遵守的状态。"[①] 作为法治的下位概念或派生概念，借助亚里士多德对于法治的

---

① ［古希腊］亚里士多德：《政治学》，吴寿彭译，商务印书馆1995年版，第199页。

定义，我们可以把法治经济理解为已制定的良法在经济活动中为人们所普遍服从的状态，这里所指向的良法应当是市场经济领域中的法律法规。由此可见，在西方发达国家的思想观念中，法治经济与市场经济息息相关，两者不可分割，即市场经济本来就是法治保障下的市场经济，没有必要将法治经济与市场经济区分开来。

因此，西方学术界对于法治经济宏观层面的研究就相对较少，大多都是聚焦在一些具体的微观层面的问题上。例如，法律起源与金融发展（Rafael La Porta, Florencio Lopez-de-Silances, Andrei Shleifer, et al., 1998），投资者保护的司法效率与经济发展等（Benjamin C., Esty, William L. Megginson, 2003）。除此之外，西方发达国家对于法治经济整体层面的研究则主要聚焦发展中国家的法治与经济发展状态，这方面的研究涉及中国的改革。如 Henry H Perritt J.、Randolph R. Clarke 审视了中国对外贸易与投资，认为中国政府开放对外贸易与投资是法治经济的要求，这包含了中国涉及市场利益的法律法规须合理而透明的内在需求。Kaufmann Daniel、Kraay Aart、Mastruzzi Massimo 认为法治经济是国家或地区在行使社会管理或经济管理权力的过程中所有制度或习惯的综合。而 James L. Butkiewicz、Halit Yanikkaya 和 Stephan Haggard、Lydia Tiede 则提出法治是个多维度、多内涵的概念，Dan Li、Stewart R. Miller、Larraine Eden 等认为发展中国家表现出法律与经济的联系程度不高。同时，研究还指出，新兴市场的法治水平可以用参与投资者的意愿程度来衡量，换言之，市场的法治化是投资者参与市场并创造价值的内生驱动力量。Bonnie G. Buchanan、Philip C. Englis、Rachel Gordon 便是上述观点的支持者，他们甚至将新兴市场的投资风险、新兴市场的法治情况纳入数据公式，进行了推演和计算，得出了"法治情况与投资风险成反比，与新兴市场的性能优势成正比"的结论。然而，由于法治进程、经济模式、国情现状等诸多方面的不同，这些微观层面的研究和比较研究适应性并不佳，对于我国法治经济发展而言，借鉴和参考的意义并不大。此外，Daniel Kaufmann Aart Kraay、Mastruzzi 认为，诸如全球治理指数、世界正义工程的法治指数等制度指标虽然是对法治经济进行研究的某一量化指针，但也无法全量地体现或用以考察一国或地区的法治经济水平。

另外，在国外对中国改革开放和经济发展的研究中，也间接地关注到中国的法治化进程，如美国学者傅高义的《邓小平时代》（2013）。但总体上，国外学术界对中国法治经济,特别是相关思想的研究尚处在有待系统和深化的阶段。

二、国内研究综述

从"计划经济"到"商品经济"再到"市场经济",乃至"法治经济",短短十六字蕴含了我国经济体制改革和转型的艰辛历程,以及国内对于经济体制相关研究的维新之势。综合而言,我国法治经济思想的发展脉络有两条线索:一是几代领导人的倡议;二是学者的论述,两者互为交织、互为促进。

国内对法治经济思想的探索应当结合市场经济思想来考察。1978年,党的十一届三中全会的召开,标志着我国走上了社会主义市场经济的正轨。邓小平对社会主义市场经济的关键命题进行了再次论证,为中国的市场化改革奠定了思想基础。邓小平的法治经济主张包括在他对建立和发展社会主义市场经济的一系列论述中,因此,在研究邓小平经济思想的学术论著中,大多涉及对邓小平法治经济思想的分析,呈现出了创新的思维和观点。此后,江泽民、胡锦涛、习近平几代领导集体,在延续社会主义市场经济建设总路线不变的框架下,相继提出了富有创新性、符合时代发展特征的指导意见和思想,如《论社会主义市场经济》(江泽民著,中央文献出版社2006年版)等。尤其值得一提的是,党的十八届四中全会关于"社会主义市场经济本质上是法治经济"的强调,这些经济思想助推当代中国社会主义市场经济向法治经济的发展。

与此同时,国内学者也相继对中国社会主义市场经济以及法治经济进行了深入的探索,如中国青年出版社1992年出版的《顾准文稿》四卷本,分别收录了顾准关于社会主义经济发展问题、中外历史比较研究等文稿、笔记,内容丰富,思想深刻,颇具研究价值。改革开放以后,杜润生、吴敬琏等学者坚定主张经济改革的市场化取向,他们的论著包括鲜明的法治经济特点。而张维迎、钱颖一等具有海外留学经历的学者更是运用现代经济学分析工具,探讨和呼吁在经济改革的进程中重视和推进法治经济建设。江平则是从法学角度出发,研究法治经济的要素,包括平等与效率,市场自由与市场秩序,政府在市场经济中的作用以及宏观调控体系等问题。此外,市场与法治的关系,法治对经济发展的影响,传统市场经济与现代市场经济的关系等,也是学术界关注的热点。至此,法治经济的轮廓已呼之欲出。

其后,更多的经济学学者与法学学者投入到对法治经济的研究中来。有学者就法治经济的定义尝试进行勾画：文正邦《论现代市场经济是法治经济》（1994）提出关于法治经济的定义有广义和抽象概念之分，认为广义概念的法治经济要求全社会都必须在法治精神的引领下行为，在法治原则的指导下发展经济。也有学者从市场经济与法治之间的关系出发，阐明法治经济的内涵与要素：钱颖一《市场与法治》（2000）、《政府与法治》（2003），辨析了市场与法治的关系、传统市场经济与现代市场经济的关系，阐明了法治对经济发展的影响，明确了法治的两层经济含义，并探讨了双层司法体制打破地方保护主义、有限政府与有效政府等问题。卫兴华、黄林《社会主义市场经济要在法治轨道上运行》（2015），认为市场经济与法治具有内在的契合性，法的产生与商品市场关系有联系；同时法治是防范和消除市场弊端的重要手段，是市场经济发展的必然要求与条件。韩永文《市场经济竞争、信用与法治》（2001），提出法治是建立社会主义市场经济的基本保障。类似观点还有法治为经济发展引领方向（迟福林，2015）；应当建设法治化的市场经济（陈雨露，2015）；市场经济就是法治经济，没有法制约束很难建立规范的市场经济秩序（田湘南，2015）；等等。

此外，有学者指出市场竞争机制并非万能，市场经济本身难以对垄断、环境污染、不公平竞争等问题给出解答；而要解决上述问题，必须依靠法治进行调控（周卫平，2002）。因而得出市场经济的运行离不开法治与信用，市场行为必须建立在共同的市场规则之上，即将市场经济活动纳入法治的轨道的结论（高程德，1999）。近年来，不少学者提出法治经济的核心要素在于"政府"，涌现了一批研究文献：刘权政《"新常态"背景下政府如何服务市场的资源配置决定权》（2016），提出须以加大政府保障市场自由和维护市场秩序的力度来在贯彻宏观上坚定不移推进全面深化改革。裴长洪《法治经济：习近平社会主义市场经济理论新亮点》（2015），认为中国法治经济的最核心的要求是打造约束权力的笼子，如此才能发挥好市场配置资源的决定性作用和政府作用。顾钰民《法治中国：把政府和市场都纳入法治轨道》（2015），指出只有把政府行为纳入法治的轨道，依法治国才有实际意义。王博《论法治建设对市场经济运行的影响》（2015），从法治建设与政府、法治建设与市场两个方面对法治建设在市场经济中的作用进行了再确认。也有少数学者对法治经济建设提出了具体措施方面的建议：迟福林《建设法治化市场经济》（2015），提出推动市场监管法治化的转型，是理顺政府与市场关系的关键与重点。方桂荣、沈诚、王栋辉《社会治理创新视角下的市场经济法治进路》(2016),提出缩减市场经济法治与社会治理创新需求之间的差距,要结合社会治理创新在公平、效率、秩序等价值理念方面的新要求。

近年来,法治经济的相关研究又取得了一批新成果,如龙小宁等著的《中国特色社会主义法治经济建设》(2017)、顾功耘等著的《经济发展新常态下的经济法治战略》(2017)、吴弘著的《法治经济的理论探索和实践》(2017)等,显示了法治经济理论研究在学术化、体系化方面的进展。

第三节 本书的视角:当代中国法治经济的进程

通过上述对国内外文献的梳理后不难发现,国内外对于法治经济及其思想的研究有各自明显的侧重,虽然国内关于法治经济的理论研究材料不少,但总体呈现出"神虚形散"的特点,且涉猎这一领域的相关研究仍处于较为浅表的层面,缺乏实证层面的支撑;对于法治如何有效地保障市场经济的运行,缺乏方法和手段的研究。国外则更注重微观层面的研究,大都集中在法治对市场经济保障的技术手段方面。究其原因,主要是因为社会发展进程的巨大差异,西方发达国家的市场经济最早起源于商品经济思想,是一个渐进式的发展过程,因此,法治对于市场经济的作用毋庸置疑,法治本身就是伴随着市场而存在的,并没有必要去单独研究法治与市场经济的关系。而中国市场化改革进程是一个变革的过程,经济体制发展的历程,且时间上相对较短,法治与市场经济的关系需要经历一个观念上的认识过程。因此,有必要厘清"法治经济"的概念,才能进一步研究法治对市场经济的保障等微观层面的问题。

一、法治是市场经济的必然

本书以市场化进程中中国的法治经济思想与实践为研究对象,因而改革开放是本书研究的起点,梳理法治与市场经济的结合及其思想实践过程是本书的研究重点。从发生学的角度去考察,法治经济与市场经济之间具有天然而紧密的联系,这种联系源于法治与市场之间的关系:法治与市场共时共生,市场无法脱离法治而独立存在,反之亦然;法律制度用来调整市场的运行,而市场又是法律制度发挥作用的场所,没有法律制度的有效运作,难以保障市场秩序。从本质上讲,法治经济和市场经济是基本一致的。法治经济和市场经济是前提和基础的关系,经济的组织形式和运行模式表现为市场,而法治是其天然的内在要求,两者从不同角度体现了同一实质。现实中,因为侧重不同、角度不同、层次不同或拟解决的问题不同,针对法治经济和市场经济两者之间的关系,会得出不同的判断,给出不同的诠释,做出不同的评价。事实上,正如为解决一个具体的经济问题而提出的法治措施往往会招致新的经济问题一样,法治与经济的关系也无法用一两句话来阐释清楚。基于此,法治经济的概念颇具有开放性,是一个仁者见仁智者见智、无法周延的命题。

国内法治经济的概念兴起于市场经济被确立为中国经济体制改革目标之际。自1978年确立了改革开放的主旋律后,我国的社会主义建设迎来了经济发展的广阔空间,这也为法治发展打开了大门。此后,在我国确立社会主义市场经济体制改革目标的大背景下,中国的经济学界和法学界关注到了市场经济与法治经济的紧密联系,为政治层面接纳法治以及依法治国理念的确立提供了重要的契机。"市场经济就是法治经济"的论断为法治经济与市场经济之间的结合架起了"快通道"。学界认为,法治经济着重强调法治在市场经济中的特殊地位,是市场经济在法律维度上的本质体现。

法治经济也是中国特色的阶段性产物,其英译"Rule of Law Economy"在西方难得一见,英语中只存在"Rule of Law and Economy"的提法,旨在研究法治与经济发展之间的关系。从这一点来看,西方学术界并不存在专门的"法治经济"概念是可以理解的,法治经济确实是中国语境下的特有范畴。

二、法治经济在我国的推进情况

追溯我国法学发展的历程,可以发现,在过去较长的一段时间内,我们误将法治作为资本主义的特色产物而进行批判。这种误解直到"文化大革命"结束之后才得以澄清,随着思想解放和对外开放的推进,围绕法治与人治的讨论成为社会关注的热点。在20世纪80年代,人们一般将"法治"和"法制"视为同一个概念,而在经济体制逐步推进的背景下,这样的混同也有其合理性,因为法治必须以一系列法律制度为支撑。但随着改革开放的深化,法治相比较于法制所具有的更宽泛和更现代性的意义越来越得到人们的认同。

在社会主义市场经济的发展过程中,对法治经济进行清晰和规范化表达,除了彰显学理研究的价值,更富有实践意义。它是对中国经济体制转型的准确描述，符合我国经济建设的现实需求，同时也为我国经济体制改革的方向和完善的目标提出了切实可期的引导。回顾历史，法治经济可以提供一条路径，让我们从经济方面思考，立足当下，法治经济的实施可以为我们处理各种新出现的问题打开思路，找到办法；面向未来，法治经济的完善不仅是发展社会主义市场经济的必由之路，而且是中国经济走向世界的必然趋势。

动态地看，法治经济对中国发展的意义是不断彰显的。改革开放四十多年来的经济增长已经证明法治建设的不可或缺，而未来的中国经济发展需要法治来保驾护航。比如，市场经济所涉及的最根本的产权制度，这是基于市场规律的存在所必需的法律体系之一，已经落实了周全的产权保护制度；再如关涉市场经济秩序的合同制度，也成为我国民商事法律体系中最为基本的构建之一。此外，公司法、物权法等一系列重要民商事法律制度的逐一完善，在保障市场经济有序运行的同时，也为公有生产资料转换、公有经济参与市场经济等一系列经济制度转型提供赖以生存的土壤。

客观而言，如果以现有法治水平能否满足市场经济需求为指标，那么现如今我国社会主义市场经济已然步入法治经济的发展阶段。对法治经济概念的研究，除了横向上拓展市场与法治的关联性，纵向上也要进一步向理论深度推进，即从制度发展方向上探讨法治经济概念对中国市场经济体制的表达能力。现有文献大多集中于抽象、泛化的表达，而没有关注到法治经济的具体实践，对法治经济的发展方向也没有基本的走向预测。基于法治经济的思维及其思想角度，可以结合并应用至诸多具体问题之中，如市场经济前提下立法背景、立法观念、立法技术之间的相互平衡问题；如公有制、非公有制财产权如何平等保护问题；如市场与政府之间的边界问题；再如混合所有制转型改革问题；等等，都是本书应当基于法治经济的思想与实践进行深入的探讨和研究。

第四节　研究的方法与路径

一、研究的方法

为对本书进行深入的研究和充分的论述，须利用和把握好研究方法，并针对不同的研究内容甄别适用不同的研究方法，为理论研究取得成功打下基础。思想来源于实践，即思想是对实践抽象的、理念上的反映。因此，对中国市场化改革进程中的"法治经济"思想与实践研究，既要充分挖掘和搜集"法治经济"发展的思想史料，也要兼顾中国市场化改革进程中社会经济发展的现实状况。基于此，本书拟采取的主要研究方法如下：

（一）历史与逻辑的统一

历史与逻辑的统一是贯穿对中国市场化改革进程中法治经济思想研究始终的重要方法。经济思想史学科的研究是以抽象与逻辑的方法探讨经济问题。因此，经济思想史学科的研究对资料的挖掘和搜集有很高的要求，需要全面分析各种形式的资料，寻找资料之间内在的关联性，以求最大限度地还原历史真相，进而用辩证与发展的眼光理顺历史与逻辑的关系。本书在对中国市场化改革进程中法治经济思想的研究过程中，以法治经济发展的历史和逻辑为脉络，回顾法治经济思想的产生与发展过程，对各个环节进行梳理，厘清法治经济思想的各发展阶段及其特点，通过对中国市场化改革进程中几代领导人集体智慧的结晶，以及期间各经济学家、法学家具有代表性的理论观点进行梳理和归纳，理顺法治经济思想的发展脉络，从而勾勒出中国市场化改革进程中法治经济思想发展的框架和主线，进而展开对中国市场化改革进程中法治经济思想的整体性和学术性研究。

（二）经济学与法学的结合

经济学的研究方法是通过某一具体工具来分析某一具体经济现象或事件，其重点是分析，提出解决问题的具体措施，其中包括规范研究与实证研究，前者是指确立和突出利用经济学的"效率"标准进行研究；后者则侧重定性研究和定量分析。而相比经济学的"事前研究"（ex-ante approach），法学则更侧重于"事后研究"（ex-post approach）。"法治经济"思想与实践的研究需要将两种研究方法结合，以法学的视角研究经济学问题。

（三）概括比较、文献梳理、制度分析与实践考察的结合

在中国，法治经济思想与实践是在改革开放的时代背景下，汲取中外相关研究成果，对改革开放以来法治经济实践进行总结提炼的基础上得以形成和不断深化的。因此，概括和比较研究法是一种重要的研究方法，概括是在综合基础上加以抽象，比较是通过研究发掘事物之间的差异，以及事物发展的进度。比较研究法可以分为横向比较和纵向比较两种。通过对不同时期、国家、政党、领导人、学者之间关于法治经济思想的比较研究，可以相互借

鉴，掌握法治经济思想发展的进程和脉络。与此同时，本书在写法上重视原始资料的搜集和整理，又加上制度分析和实践考察，以优化研究的涵盖面和层次感。需要说明的是，由于经济思想史学科方法的特点，本书的第二、三、四章中，第一手资料的梳理占据较大比重，这不仅有助于增强本书的学术内涵，也是对研究对象所作出的理论原创应有的尊重。

二、研究的路径

从经济思想史角度梳理和分析中国法治经济思想是一项探索性的工作。因此，本书的写作也就具有自己的特点。首先，在学科分类上，法治经济是一个以经济学为主，同时具有鲜明法学特点的跨学科概念，因此，本项研究既以经济思想史上重要人物的理论观点为重点，也重视对法学界有影响的学者的关注。

其次，本项研究的主题是市场化进程中中国法治经济的思想发展与实践问题，显而易见，本书的主体内容是1978年以来的相关资料分析，但作为一个以思想史为主线的学科交叉研究，其先行资料的介绍必不可少，但在篇幅上和关注度上都只是一个历史的追溯，一个思想形成的铺垫，也就是说，本书对中外法治经济思想的考察，没有采用法治经济思想史（如果有这样一部史的话）的完整性体例，主要是从阶段性和代表性的角度来选取人物。

再次，与此相关联，在对研究重点的分析上，本书也没有刻意从法治经济发展的分段上入手，因为当代中国的改革开放虽然已经走过了四十多年的历程，但作为一种学术观点，无论是整体的、社会的，还是个人的，都尚不具备鲜明的阶段特点，如启动、发展、形成、深化等；在实践中，或历史地看，本书所考察的对象，均处在一种渐进的、动态的、进行中的状态，据此，本书在篇章结构的安排上，是按照决策者、学术界和实施环节等角度来划分的。

最后，经济思想史研究的重要特点之一是强调文献资料的原始和解释的准确，法治经济思想的研究也应如此。因此，本书重视第一手资料的梳理和引述上，中间结合具体的分析，在正文部分的上篇（即第二章至第四章）每章的末尾，用本章小结的方式对各部分内容进行逻辑归纳和观点评价。

第五节 研究的创新与展望

经过四十多年的改革开放，中国特色社会主义市场经济建设已开始进入法治经济的轨道。在党的十八届四中全会明确"社会主义市场经济本质上是法治经济"之前，就有颇多学者关注到了社会主义市场经济法治化这一命题。诸多学者的思想之光也给笔者带来了很多启迪。然而，鉴于法治经济跨越了经济学与法学两大领域的天然属性，很少有学者能将这一命题完全说清说全说细。法学学者致力于对法治经济在具体领域的法律制度建设层面给出良策，却无法从商品经济的产生和发展脉络中去探求市场如何与法治相协调。经济学学者可以从经济发展的脉络出发，阐明我国市场经济缘何是法治经济的成因，却在描绘法治经济的具体发展图景上略欠后劲。一言以蔽之，即目前我国学界对法治与市场经济的相互关系以及交叉研究尚不充分，往往是法学谈法学，经济学谈经济学，两个学科相互脱钩。

当前，关于法治经济思想及其实践的研究大多集中在概念以及定性等问题上，现有的研究成果虽然都认识到了法治对市场经济的重要意义，并且在市场经济与法治经济的关系问题上达成了一定的共识，但没有实质性的拓展。综合起来，有学者说了法治经济是什么，也有学者说了法治经济发展的某一要素是什么，却尚未有人系统地阐明法治经济思想的产生和发展脉络，分析法治经济实践过程中的问题，论述法治经济建设的关键要素，提出具体的法律制度建设建议等。综上，对法治经济思想与实践的研究虽然并非一个全新的课题，但系统化研究和专题性深化仍然有着很大的空间。

一、研究的创新

当前，法治经济建设的重点主要有两个：其一，满足市场经济最低需求的基本法治框架；其二，解决中国市场经济建设最独特问题所需的必要法治技术。因此，本书尝试构建一个从经济学和法学相结合的角度来探讨法治对中国特色社会主义市场经济运行的有效保障。笔者拟尽力发挥法学与经济学的跨专业学术背景，在下文试图以法治经济思想的理论渊源为切入点，以改革进程中一代代领导集体的智慧结晶为思想引领，以经济学家的理论成果为支撑，以改革开放以来法治经济实践所取得的成就为依据，以法律制度对市场经济的保障为分析视角，将法治建设与市场经济结合起来，抓住法治与市场经济互相依赖、互相促进过程中的关键点和转折点，展开侧重于思想史的实证研究，并对法治经济发展的未来趋势进行研判，力求为市场化进程中中国法治经济思想与实践的深化研究搭建一个基础性的阶梯，以期填补学术研究中的若干空白。

二、研究的展望

由于知识结构、学科特点和个人能力有限等原因，本书对市场化进程中中国法治经济思想与实践的研究，虽然在资料收集、脉络梳理、理论分析和实践考察等方面下了功夫，作了努力，但这毕竟是初步的、探讨性的，其中必然存在不足，例如，本书构建的框架是否合理？对法治经济的先行资料、思想引领、理论探索和实践研究之间关系的认识和处理是否妥当？书中的理论分析和评价是否科学？这些都希望得到各位专家与学者的批评指教，以便未来作进一步的修改与完善。

第二章 市场化进程中中国法治经济的先行思想资料

市场化进程中中国法治经济思想虽然是在党的十一届三中全会召开以后逐渐形成和丰富的，但从经济思想史的角度来看，它作为一种中国经济现代化转型时期的思想和理论成果，本质上是对中外相关先行资料的继承、反思和创新。邓小平在著名的"南方谈话"中强调："社会主义要赢得与资本主义相比较的优势，就必须大胆吸收和借鉴人类社会创造的一切文明成果。"[①]因此，在研究当代中国的法治经济思想，有必要简略回顾相关的先行思想资料，这些资料主要有三类：其一，西方古典经济学创建以来的重要理论阐述；其二，马克思主义经典作家的思想启示；其三，中国古代的思想遗产和近现代学者的反思。

需要说明的是，当我们在经济思想史研究中关注先行资料的价值时，一方面是要厘清这些资料对后世学者的理论传承和直接影响，另一方面是为了在更开阔的视野内揭示前人思想的创新贡献历史价值。例如，西方经济学界在发展市场经济过程中提出的法治理念及其政策建议，虽然对当代中国经济改革的决策者没有显示出决定性的影响，但欧洲古典政治经济学家的创见通过经济学理论的演进和传播，会给中国的经济学者带来启迪，从而间接地有助于中国法治经济的推进。至于马克思主义经典作家的相关阐述，其重要意义更是毋庸置疑的。

第一节 西方古典经济学家的法治经济思想

在西方经济学说史上，英国古典经济学被认为是首次以规范的学科范式探讨资本主义经济发展规律的理论流派。这一流派的基本特征是认同以自由

[①] 《邓小平文选》（第三卷），人民出版社1993年版，第273页。

竞争为主要方式的市场经济体制,并强调用法律制度来约束政府的行为,保护市场行为主体的财产权益。这就构成了本书所要研究的现代法治经济思想的重要来源之一,并给西方经济思想的后续发展规定了基本的方向。

一、亚当·斯密的市场经济思想

亚当·斯密是英国古典经济学的创始人,他的《国民财富的性质和原因的研究》(以下简称《国富论》)延续了他在《道德情操论》等书中的分析,"把人性论同历史理论结合在一起","并对经济生活作冷静的观察",他所要解决的,"是个人同国家的关系和国家在与其他成员关系上的适当作用的问题"。① 由于明确地提出了以自由竞争为核心的市场经济理论和维护市场机制运行的法律制度主张,亚当·斯密可以说是法治经济思想的最早系统阐述者。

亚当·斯密的经济思想并不是凭空形成的,在当时,和休谟的相处和交流,洛克、霍布斯等人的著作,都对他产生过影响。例如休谟对财产权的论述,对亚当·斯密的经济学研究启发很大。在《人性论》一书中,休谟指出:"在人们缔结了戒取他人所有物的协议,并且每个人都获得了所有物的稳定以后,这时立刻就发生了正义和非正义的观念,也发生了财产权、权利和义务的观念。不先理解前者,就无法理解后者。……一个人的财产是与他有关系的某种物品。这种关系不是自然的,而是道德的,是建立在正义上面的。因此,我们如果不先充分地了解正义的本性,不先指出正义的起源在于人为的措施和设计,而就想象我们能有任何财产观念,那就很荒谬了。正义的起源说明了财产的起源。"② "没有人能够怀疑,划定财产、稳定财物占有的协议,是确定人类社会的一切条件中最必要的条件,而且在确定和遵守这个规则的合同成立之后,对于建立一种完善的和谐与写作来说,便没有多少事情要做的了。"③

至于洛克、霍布斯与亚当·斯密在法治思想方面的联系,柏林在《两种自由》中写道:"对人性抱持乐观态度,并且相信人类利益能够彼此和谐的

---

① [美]小罗伯特·B.埃克伦德、罗伯特·F.赫伯特:《经济理论与方法史》(第四版),杨玉生等译,中国人民大学出版社2001年版,第82—83页。
② [英]休谟:《人性论》,关文运译,郑之骧校,商务印书馆1980年版,第531页。
③ [英]休谟:《人性论》,关文运译,郑之骧校,商务印书馆1980年版,第532页。

第二章 市场化进程中中国法治经济的先行思想资料

哲学家,诸如洛克或亚当·斯密,以及某种心情下的穆勒,他们相信社会的和谐与进步,与为个人保留一个不容国家或其他权威任加干涉的广大私生活范围,是可以相容的。霍布斯,以及其他一些和他持相同看法的人,特别是一些保守、反对的思想家,则主张:为了避免人类的互相残杀,因而使社会生活变成一处丛林或荒野,我们必须建立一个更高一等的安全防卫,使人类能够各安其位;基于这个缘故,霍布斯主张加强中央控制的范围,减少个人自由的范围。但是,以上这二派,都一致认为:人类生活的某些部分必须独立,不受社会控制,若是侵犯到了哪个保留区,则不管该保留区多么褊小,都将构成专制。"①

在亚当·斯密生活的那个时代,道德情操有着特定的含义,它是指一个在本能上是自私的人所具有的令人难以理解的能力,即作出判断、克制私利的能力。亚当·斯密在《道德情操论》中阐述的核心问题就是具有利己主义本性的个人怎样控制他的感情和行为,尤其是自私的感情和行为,以及怎样建立一个有确立行为准则必要的社会。在《道德情操论》中,亚当·斯密把基于个人利益的利己主义称为"自爱",它和同情心、追求自由的欲望、正义感、劳动习惯、交换倾向等一起,构成人类的行为动机。在亚当·斯密看来,人的"自爱"是一切经济活动的必要条件,是人类的一种美德,不能把"自爱"和"自私"相混淆。人为什么会追求财富?亚当·斯密揭示了两个原因。首先,人天生具有创造欲望和创新能力,这种天性在人类改造自然和创造财富的过程中得到体现和发展;其次,人为追求财富而勤奋地工作是出于实现和维持其社会地位的需要,因为人都希望受到尊重和赞扬,而财富作为获得这些社会肯定的依据之一,实际上也就构成了改善人们生活状况所必然谋求的利益。正是这种人性特点,演化出基于等价交换和自由竞争的市场经济:"我们每天所需要的食物和饮料,不是出自屠户、酿酒家或烙面师的恩惠,而是出于他们自利的打算。我们不说唤起他们利他心的话,而说唤起他们利己心的话。我们不说自己有需要,而说对他们有利。"②

因此,亚当·斯密反对政府对经济进行干预,"在政府中掌权的人,常

---

① 万俊人主编:《20世纪西方伦理学经典》,中国人民大学出版社2005年版,第408页。
② [英]亚当·斯密:《国民财富的性质和原因的研究》(上卷),郭大力、王亚南译,商务印书馆1979年版,第14页。

常自以为是，认为自己制定的决策必须全面推行，丝毫不考虑可能存在，而且必然存在的不确定因素，他似乎认为他能够像用手摆布一副棋盘中的各个棋子那样非常容易地摆布偌大一个社会中的各个成员；他并没有考虑到：棋盘上的棋子除了手摆布时的作用之外，不存在别的行动原则；但是，在人类社会这个大棋盘上每个棋子都有它自己的行动原则，它完全不同于立法机关可能选用来指导它的那种行动原则"。① 由于人的经济行为受到自由意志独立性的支配，对利益的追求，受复杂多变的约束条件的影响，政府官员是绝不可能完全掌握这些因素的。"如果政治家企图指导私人如何运用他们的资本，那不仅是自寻烦恼地去注意最不需要注意的问题，而且是僭取一种不能放心地委托给任何个人，也不能放心地委之于任何委员会或参议院的权力。把这种权力交给一个大言不惭地、荒唐地自认为有资格行使的人，是再危险也没有了。"②

因此，亚当·斯密推崇一种自由放任的"自然自由制度"，在这种制度下，经济行为主体"通常既不打算促进公共的利益，也不知道他自己是在什么程度上促进那种利益……他只是盘算自己的安全；由于他管理产业的方式目的在于使其生产物的价值能达到最大程度，他所盘算的也只是他自己的利益。在这场合，像在其他许多场合一样，他受着一只看不见的手的指导，去尽力达到一个并非他本意想要达到的目的"。③ 他相信："一切特惠或限制的制度，一经完全废除，最明白最单纯的自然自由制度就会树立起来。每一个人，在他不违反正义的法律时，都应听其完全自由，让他采取自己的方法，追求自己的利益，以其劳动及资本和任何其他人或其他阶级相竞争。这样，君主们就被完全解除了监督私人产业、指导私人产业，使之最适合于社会利益的义务。要履行这种义务，君主们极易陷于错误；要行之得当，恐不是人间智慧或知识所能做到的。"④

不难看出，英国古典经济学的市场经济理念是建立在一定的哲学基础

---

① ［英］亚当·斯密:《道德情操论》，蒋自强等译，商务印书馆1997年版，第302页。
② ［英］亚当·斯密:《国民财富的性质和原因的研究》（下卷），郭大力、王亚南译，商务印书馆1979年版，第27—28页。
③ ［英］亚当·斯密:《国民财富的性质和原因的研究》（下卷），郭大力、王亚南译，商务印书馆1979年版，第27页。
④ ［英］亚当·斯密:《国民财富的性质和原因的研究》（下卷），郭大力、王亚南译，商务印书馆1979年版，第252页。

上的，亚当·斯密对人性的分析超越了他的前人，断言人对增进自身利益的本性既改变不了，也没有必要改变，因为这正是经济发展的内在动力，不过，要让市场经济在这只"看不见的手"的推动下实现既改善经济主体个人状况，又增进公共利益的目的，还需要一个好的制度安排，这就是法律和法治。

二、亚当·斯密论法治在经济增长中的作用

也就是说，亚当·斯密所主张的自由竞争，是有法律约束的，他反对政府对经济的干预，也并不意味着政府在经济领域中无所作为。他强调，在自然自由制度中，政府应尽三个义务，"第一，保护社会，使不受其他独立社会的侵犯。第二，尽可能保护社会上各个人，使不受社会上任何其他人的侵害或压迫，这就是说，要设立严正的司法机关。第三，建设并维持某些公共事业及某些公共设施（其建设与维持绝不是为着任何个人或任何少数的利益），这种事业与设施，在由大社会经营时，其利润常能补偿所费而有余，但若由个人或少数人经营，就绝不能补偿所费"。①

在亚当·斯密的理论体系中，财产权的清晰和分工的发展，在经济增长的历史过程中是互相联系、互相促进的。他把西方文明史分为四个阶段，前两个阶段是封建社会的狩猎和田园时期（即游牧文化时期），第三个阶段是农业时期，再后来就是商业时期。每个阶段都以某种特殊的财产权结构为标志，狩猎文化不承认独享的财产权，随着经济的发展和交换的增加，到了农业社会的后期，"基于个人拥有财产的权力和受合同法的支持，便形成了一个土地'市场'。从这一点出发向专业化和分工迈出的一小步，便打上了工业化时代的印记"，"总之，'商业制度'出现时的经济增长，是自我利益、财产权的修改和广义的制度变革的相互作用的结果"。② 因此，亚当·斯密在自己的学术研究中心，对法律制度给予了高度重视。

《法律、警察、岁入及军备讲演录》是亚当·斯密在格拉斯哥大学担任教授时的一部分讲义，在他去世以后由英国经济学家埃德温·坎南编辑出

---

① ［英］亚当·斯密：《国民财富的性质和原因的研究》（下卷），郭大力、王亚南译，商务印书馆1979年版，第252—253页。
② ［美］小罗伯特·B.埃克伦德、罗伯特·F.赫伯特：《经济理论与方法史》（第四版），杨玉生等译，中国人民大学出版社2001年版，第88页。

版，其中"反映了他从事经济研究开始时期的思想"①。在这部著作中，亚当·斯密在第一篇中分绪言、公法、家属关系法和私法四个方面论述了法律问题，在第二篇中分清洁与治安、价廉与物美两决方面论述了警察问题，此后第三篇是论岁入，第二篇是论警察（续），第四篇是论军备，第五篇是论国际法。

在第一篇的绪言中，亚当·斯密强调："法律的目的在于防止损害。一个人可能在几个方面受到损害：首先，作为一个人；其次，作为家庭成员；再次，作为国家成员。"② 显然，在亚当·斯密的理论框架中，个人是分析的起点，他认为一个人可能受到的损害包括身体、名誉和财产，在法律上，一个人保护他的身体和名誉使其不受侵害的权利叫作自然权利，而物权和人权则是一个人对他自己的财产拥有的权利。这里所说物权有四种：财产权、地役权、抵押权和专业权；人权有三种：契约、准契约和过失，上述七种权利的客体构成了一个人的全部财产。亚当·斯密认为："自然权利的来源是十分明显的。一个人有权利保护他的身体不受损害，而且在没有正当理由剥夺自由的情况下有权利保护他的自由不受侵犯，这是毫无疑问的。但是，取得的权利，如财产权，则需要进一步地说明。财产权和政府在很大程度上是互相依存的。财产权的保护和财产的不平均是最初建立政府的原因，而财产权的状态总是随着政权的形式而有所不同。民法学家往往先讨论政府，然后说到财产权和其他权利……总的来说，民法学家的方法似乎更胜一筹。"③ 这就是说，在分析经济增长中法律所起的作用时，政府行为的转变往往是财产权完善的重要条件。

在论公法中，亚当·斯密把政治体制分为君主政治、贵族政治和民主政治三类，其中，"民主政治是料理政务的权力属于全体人民"④。在"讨论了政治的原始原则及其社会最初各阶段的发展"以后，他"发现政治一般都是民主的"，至于共和政治如何被采用，则取决于"一个国家其所处的地位不

---

① ［英］坎南编：《法律、警察、岁入及军备讲演录》，载《亚当·斯密全集》（第6卷），陈福生、陈振骅译，商务印书馆2014年版。

② ［英］坎南编：《法律、警察、岁入及军备讲演录》，载《亚当·斯密全集》（第6卷），陈福生、陈振骅译，商务印书馆2014年版，第34页。

③ ［英］坎南编：《法律、警察、岁入及军备讲演录》，载《亚当·斯密全集》（第6卷），陈福生、陈振骅译，商务印书馆2014年版，第37页。

④ ［英］坎南编：《法律、警察、岁入及军备讲演录》，载《亚当·斯密全集》（第6卷），陈福生、陈振骅译，商务印书馆2014年版，第43页。

仅在农业耕作方面，而且在其他事业方面，都容易改进"，[①]而"防御性共和国或侵略性共和国的解体"，也是"由于机械手工业、商业和军事工业的发展"。[②] 在回顾了英国政府如何变为专制政府以后，亚当·斯密分析了自由在英国的恢复和怎样得到保障的问题。在他看来，自从国王的收入必须经过议会同意，即皇室费"完全供维持王室之用，不能给国王带来什么权力，也不会损害人民的自由"以后，"在不列颠，实施了一种合理的自由制度"，"不列颠政体是权力有着适当限制的各种政体的完善的混合体，是自由和财产的完全保证"。[③] 此外，"法院的设立，也是对自由的保证"[④]。

在论私法中，亚当·斯密同样按照历史顺序分别回顾了取得财产的五种方法（即占有、添附、时效、继承和自动让与）的法律演进。在维护人权方面，亚当·斯密分析了由于契约、准契约或疏忽过失而产生的问题。例如，在维护契约效力方面，亚当·斯密认为："再没有比现今的契约和古代的契约之间的差别更大的差别了"，在古代，人们运用各种方法来保证契约的履行，但效果有限，"在现今，几乎任何东西都会使得契约具有拘束力"。[⑤]

在第二篇论警察中，亚当·斯密认为发展经济是减少治安成本的有效途径，"建立商业和制造业是防止犯罪的最好政策，因为商业和制造业有助于增进人们的自立能力"。[⑥] 而要发展经济，则必须鼓励劳动和交换，并让人们获得拥有自己财产的安全感，正如他所强调的那样，"法律和政府似乎也只有这个目的：它们保护那些积累了巨资的人，使他们能够平安地享受劳动的成果。由于法律和政府的作用，一切技艺日益蓬勃发展……法律和政府

[①] ［英］坎南编：《法律、警察、岁入及军备讲演录》，载《亚当·斯密全集》（第6卷），陈福生、陈振骅译，商务印书馆2014年版，第50页。
[②] ［英］坎南编：《法律、警察、岁入及军备讲演录》，载《亚当·斯密全集》（第6卷），陈福生、陈振骅译，商务印书馆2014年版，第57页。
[③] ［英］坎南编：《法律、警察、岁入及军备讲演录》，载《亚当·斯密全集》（第6卷），陈福生、陈振骅译，商务印书馆2014年版，第72页。
[④] ［英］坎南编：《法律、警察、岁入及军备讲演录》，载《亚当·斯密全集》（第6卷），陈福生、陈振骅译，商务印书馆2014年版，第73页。
[⑤] ［英］坎南编：《法律、警察、岁入及军备讲演录》，载《亚当·斯密全集》（第6卷），陈福生、陈振骅译，商务印书馆2014年版，第157页。
[⑥] ［英］坎南编：《法律、警察、岁入及军备讲演录》，载《亚当·斯密全集》（第6卷），陈福生、陈振骅译，商务印书馆2014年版，第178页。

还使人民能够安居乐业，不受外来的侵略"。① 在社会经济的微观层面，政府没有必要参与其中，"最好的政策，还是听任事物自然发展，既不给予津贴，也不对货物课税"。② 这个观点同样体现在他对国际贸易的分析中，亚当·斯密主张："必须把不列颠宣布为自由港，并对国际贸易不加任何阻碍。如果可能使用其他方法支付政府的费用，应该停征一切的税，关税、消费税等。应该准许和一切国家通商与进行交易的自由，应该准许和一切国家买卖任何东西。"③

值得指出，亚当·斯密所阐述的法治理念是全面的，他既重申个人权利必须得到保护，也要求个人对他人权利的尊重，在其他著作中，他指出，为了使个人的各种权利得到公正的保护，任何一个市民政府的正义法律都应该建立在"自然法学"的原则基础之上。作为法律的理论基础，自然法学包括三项原则：（1）否决伤害原则，亦即每个人都有人身、名誉或人身自由不受损害的权利；（2）公平对待原则，即每个人都有不忍受强加于其上的不公平机会或不公正待遇的权利；（3）有效权利原则，即每个人都有不侵犯他人的有效权利的义务。亚当·斯密从《法学演讲》中所得出的"有效权利原则"，其目的就在于保护私人财产权和天赋人权。因为每个人都有完全的责任，不得损害他人，不得不公平地对待他人，以及不得侵犯他人的权利。强制实施这些责任的正义法律"也就普遍地、严正地、平等地适用于每个人"。④ 这就使市场竞争在自由的前提下获得财富增长成为可能。

由此可见，在亚当·斯密的经济思想中，有利于自由、公平竞争的法律和政府是促进经济发展的重要条件，这样的法律制度是基于人的自然本性，在历史发展进程中逐渐形成和完善的。这一融合哲学、经济学和法学理论的分析框架，奠定了西方古典经济学的坚实基础。

---

① ［英］坎南编：《法律、警察、岁入及军备讲演录》，载《亚当·斯密全集》（第6卷），陈福生、陈振骅译，商务印书馆2014年版，第181—182页。

② ［英］坎南编：《法律、警察、岁入及军备讲演录》，载《亚当·斯密全集》（第6卷），陈福生、陈振骅译，商务印书馆2014年版，第202—203页。

③ ［英］坎南编：《法律、警察、岁入及军备讲演录》，载《亚当·斯密全集》（第6卷），陈福生、陈振骅译，商务印书馆2014年版，第227页。

④ 杨春学：《经济人与社会秩序分析》，上海三联书店、上海人民出版社1998年版，第104页。

三、边沁、李嘉图、萨伊、穆勒的法治经济思想

（一）边沁论功利与法治

边沁是功利主义学派的创立者，但他首先是一位法理学家，他对人类追求幸福的功利行为的研究是与相应的法理思考相联系的。他关于法治经济的观点建立在人的经济理性基础上，在制定法律条文时，他既论述了惩罚的必要，也考虑到保护的意义。

边沁提出的功利原理是："它按照看来势必增大或减小利益有关者之幸福的倾向，亦即促进或妨碍此种幸福的倾向，来赞成或非难任何一项行动"，这里所说的行动，"不仅是私人的每项行动，而且是政府的每项措施"。功利的这种性质，使"它倾向于给利益有关者带来实惠、好处、快乐、利益或幸福（所有这些在此含义相同），或者倾向于防止利益有关者遭受损失、痛苦、祸患或不幸（这些也含义相同）"。值得注意的是，边沁强调了个人的价值，他说："共同体是虚构体，由那些被认为可以构成其成员的个人组成。那么，共同体的利益是什么呢？是组成共同体的若干成员的利益总和"，"不理解什么是个人利益，谈论共同体利益便毫无意义"。① 基于此，在边沁看来，"当一项政府措施（这只是一种特殊的行动，由特殊的人去做）之增大共同体幸福的倾向大于它减小这一幸福的倾向时，它就可以说是符合或服从功利原则"。② 边沁把这个原则作为评判个人行为和社会立法的唯一可接受的终极标准。

基于此，边沁提出了一个"不适于惩罚"的概念。在他看来："一切法律所具有或通常应具有的一般目的，是增长社会幸福的总和，因而首先要尽可能排除每一种趋于减损这幸福的东西，亦即排除损害。"在他看来，"所有惩罚都是损害，所有惩罚本身都是恶。根据功利原则，如果它应当被允许，那只是因为它有可能排除某种更大的恶"。③ 所以，他把如下情况视为"不应当施加惩罚"的，如"始终未有任何损害，即所谈论的行动未曾对任何人造成损害"，"害不及利"，"肯定会有适当的补偿"等。④

---

① ［英］边沁：《道德与立法原理导论》，时殷弘译，商务印书馆2000年版，第58页。
② ［英］边沁：《道德与立法原理导论》，时殷弘译，商务印书馆2000年版，第59页。
③ ［英］边沁：《道德与立法原理导论》，时殷弘译，商务印书馆2000年版，第216页。
④ ［英］边沁：《道德与立法原理导论》，时殷弘译，商务印书馆2000年版，第217—218页。

如何约束立法者的干预？边沁认为"慎重"的准则是需要的，具体来说，对个人事务应减少干预，他写道：个人会做错事，这是他对"幸福所依赖的环境的某种掉以轻心或误料"，"但肯定立法者就了解得更多吗？显然，立法者对单个的人不可能有任何了解。因此，就那些有赖于每个人特殊状况的行为细节而言，他显然不能确定出什么特别的东西。他能有任何理由来干预的，仅仅是一切人，或者范围很大而且属于稳定的各类人可能以某种方式参与的那些行为的概况，而且即使在这方面，他的干预合适与否在大多数场合将是大可争议的"。① 这种分析的角度后来也出现在哈耶克等人的论著中。

与此相关联，边沁对当时一些国家实行的普通法系持保留态度，因为"凡是这样的国家，必定有许许多多法律，若不通过查询这普通法来或多或少地获知其说明性内容，就无法充分地理解其含义以付诸实施"，"由于不确定性是每个被如此命名的法律的本质……因而在这样的国家里存在的一大部分法律始终是不确定和不完整的"。② 只有在英国，"对'所有权'一词——整个财产法体系之基础——的阐释，除此之外在任何别处都找不到"，还有在美国，法律才明确地写着对民众权利的保护，在转述美国《权利宣言》的第1条，即"某些天赋权利，乃系人们缔结社会契约时不可能自其后代剥夺和褫夺者，其中包括以获取、拥有和保护财产，以及追求并取得幸福与安全为手段，享受生活与自由之权利"以后，边沁宣称："任何一项法律或命令，凡褫夺一个人享受生活或自由之权利的，皆为无效。"③

由此可见，边沁在经济上主张个人的自由权利，提倡国家之间的自由贸易，都是自然而然的。也因此，他的思想影响了李嘉图的经济学研究。

（二）李嘉图的法治经济见解

在西方经济学说史上，大卫·李嘉图和亚当·斯密一样都是古典经济学的代表性人物。他的学术研究注重逻辑推导和体系构建，在政策思路方面则为法治经济思想增添了新的内容。

大卫·李嘉图曾经为阅读了亚当·斯密的《国富论》而"激动万分"，

---

① ［英］边沁：《道德与立法原理导论》，时殷弘译，商务印书馆2000年版，第356—357页。
② ［英］边沁：《道德与立法原理导论》，时殷弘译，商务印书馆2000年版，第377—378页。
③ ［英］边沁：《道德与立法原理导论》，时殷弘译，商务印书馆2000年版，第378—379页。

对自由竞争的市场机制高度认同。他确信:"在商业完全自由的制度下,各国都自然把它的资本和劳动用在最有利于本国的用途上。这种个体利益的追求很好地和整体的普遍幸福结合在一起。由于鼓励勤勉、奖励智巧,并最有效地利用自然所赋予的各种特殊力量,它使劳动得到最有效和最经济的分配;同时,由于增加生产总额,它使人们都得到好处,并以利害关系和相互交往的共同纽带把世界各民族结合成一个统一的社会。"[1] 他在国际贸易领域提出的比较成本理论也是基于这个前提,并以公平合理的关税制度为必要条件而形成的。

就一国内部的经济发展而言,大卫·李嘉图强调各种税法的制定应该维护和促进自由选择和规范竞争,而不是起干扰或消解作用。例如,济贫基金的不当使用可能导致这样的后果,"由于将勤勉谨慎的人的工资分一部分给他们,所以就使得节制成为不必要而鼓励了不谨慎的行为"[2],"济贫法的趋势是使富者变为贫弱,使劳动操作除开提供最低的生活资料以外不做其他任何事情,使一切智力上的差别混淆不清,使人们的精神不断忙于满足肉体的需要,直到最后使一切阶级染上普遍贫困的瘟疫为止。这种趋势比引力定律的作用还要肯定"[3]。这就揭示了过度的社会政策具有助长人们道德风险的隐患。

但这并不意味着政府对经济运行可以无所作为。对此,大卫·李嘉图以纸币发行为例作了分析。他认为发行纸币可以增进财富,"如果能完全保证纸币发行权不致被滥用,那么无论由谁发行,对于全国财富来说并没有什么关系",不过,"纸币发行权操在政府手里比操在银行手里似乎有更容易被滥用的危险"[4]。在他看来,"政府往往会不顾未来的安全,而只顾眼前的方便,因之很容易以权宜办法为借口而取消控制纸币发行量的约制","但在具有开明的立法机关的自由国家中,在纸币持有人可任意要求兑现这一必要的约制下,纸币发行权可以安全地交在一些特派委员们的手里,这些人可以完全不

---

[1] [英]彼罗·斯拉法主编:《政治经济学及赋税原理》,载《李嘉图著作和通信集》(第1卷),郭大力、王亚南译,商务印书馆1991年版,第113页。
[2] [英]彼罗·斯拉法主编:《政治经济学及赋税原理》,载《李嘉图著作和通信集》(第1卷),郭大力、王亚南译,商务印书馆1991年版,第89页。
[3] [英]彼罗·斯拉法主编:《政治经济学及赋税原理》,载《李嘉图著作和通信集》(第1卷),郭大力、王亚南译,商务印书馆1991年版,第91页。
[4] [英]彼罗·斯拉法主编:《政治经济学及赋税原理》,载《李嘉图著作和通信集》(第1卷),郭大力、王亚南译,商务印书馆1991年版,第309页。

受政府大臣的支配"。① 由此可见，法治在经济中具有减少社会成本和规范政府行为的作用。

（三）萨伊的法治经济论述

萨伊是法国经济学家，由于他赞同和宣扬自由竞争的市场经济理念，被称为"法国的亚当·斯密"。萨伊的法治经济思想主要体现在两方面。

一方面，在长期的社会经济是由政府推动还是由市场推动的问题上，萨伊明确地肯定后者。他指出："政府干涉生产的大危害，并非起因于偶然违反既定的准则，而是起因于对自然法则的不正确看法以及以这些看法为根据所定立的不正确原则。于是弊政层出不穷，灾祸紧随着原则而产生。我们应该注意，最迷信原则的人，就是那些自命为不受任何原则拘束的人。"② "和政府在生产方面所作的努力分不开的，还有另一种弊端，那就是政府的这种努力会妨碍私人的企业。不是妨碍和政府有商业往来的人们的企业，因为这些人必定非常小心避免损失，而是妨碍在生产方面和政府竞争的人们的企业。无论是在农业、工业还是在商业方面，政府都是极其可怕的竞争者，政府有巨大的财富和力量供其支配。政府往往不计较利润的有无。政府能够承担得起以低于成本的价格抛售货物的损失。政府能够于很短时间内消耗或生产或垄断这么巨大数量的产品，剧烈地扰乱各种货物的相对价格，而剧烈的价格变动没有一次不是有害的。"③

另一方面，萨伊认为："政府的真正利益，不在于搜寻虚伪的、不名誉的、有害的收入来源，而在于发掘真正的、丰富的、用之不竭的财源。"④ "政府虽然没有可能成为成功的生产者，无论如何它却可通过计划周详、办理妥善和维修得当的公共土木工程，特别是公路、运河、港口等，强有力地刺激私人生产力。"⑤ "政府所创办的高等学校、图书馆、中小学和博

---

① ［英］彼罗·斯拉法主编：《政治经济学及赋税原理》，载《李嘉图著作和通信集》（第1卷），郭大力、王亚南译，商务印书馆1991年版，第310页。
② ［法］萨伊：《政治经济学概论》，陈福生、陈振骅译，商务印书馆1963年版，第154页。
③ ［法］萨伊：《政治经济学概论》，陈福生、陈振骅译，商务印书馆1963年版，第219页。
④ ［法］萨伊：《政治经济学概论》，陈福生、陈振骅译，商务印书馆1963年版，第264页。
⑤ ［法］萨伊：《政治经济学概论》，陈福生、陈振骅译，商务印书馆1963年版，第220页。

物馆等也对财富的创造有帮助。你们促进真理的发见和扩大已知知识的流传,使管理生产事业的优秀人员能把人类科学更广泛地应用于供给人类需要上。"① "但在政府所能使用以鼓励生产的一切方法中,最有效的是保证人身和财产的安全,特别是保证不受专横权力蹂躏的安全。这种保证本身就是国家繁荣的一个泉源,不仅仅抵消迄今为止所曾经发明的一切阻碍国家繁荣的拘束的影响。"②

在经济学说史上,萨伊提出的"供给创造需求"理论常常遭到非议,到20世纪30年代,凯恩斯撰写的被称为"经济学的革命"的《就业、利息和货币通论》一书,也是从质疑萨伊的这个论断开头的。但是,完整理解萨伊的经济理论,可以发现他所说的供给,是在法治规范的市场竞争条件下,企业家通过冒险和创新提供的商品或服务,其最终的检验也是能否被市场出清。因此,从法治经济的角度来看,"供给创造需求"在逻辑上是能够成立的。

(四)穆勒的法治经济观点

穆勒的经济学名作是《政治经济学原理》,他还出版过《逻辑体系》《论自由》《对代议制政府的思考》等著作,涉足这些研究领域使穆勒的经济思想具有鲜明的强调法治的特点。在《政治经济学原理》的第Ⅴ编中,他讨论了政府和自由放任的关系问题。穆勒列举的政府必要职能包括征税的权力、铸币、建立统一的度量衡制度、实行反对强力和诈骗的保护措施、建立和保护财产权、公平的管理、决定环境的使用、对弱者利益的保护和精神补偿、提供某些公共物品和服务(如修建公路、运河、水坝、桥梁、港口、灯塔、火车站等)等。

穆勒把政府对经济的干预分为两类,一类是禁止或限制市场力量的"命令式"干预,另一类是扩大市场力量的"支持性"干预。从时间上来划分,政府干预又有"事前"和"事后"的不同,事前的干预是指那些用以保证个人起始公平的政策举措,事后的干预是指税收等试图把某种公平的标准加之于包含各种风险和不确定性的社会过程的实际结果的制度安排。为此,穆勒对贫困、所得税、遗产税、消费税、济贫法、社会福利改革等问题进行了详

---

① [法]萨伊:《政治经济学概论》,陈福生、陈振骅译,商务印书馆1963年版,第221页。
② [法]萨伊:《政治经济学概论》,陈福生、陈振骅译,商务印书馆1963年版,第221页。

尽的分析。从经济学说史的角度看,"他对这个问题的论述是彻底的,而且自那时以来很多年过去了,却没有过时"①。

但是,所有这些职能的实施都不能损害自由放任这一个基本原则。在穆勒看来,自由放任是一个原则,任何对这个原则的脱离,除非为某种巨大的好处所需要,都是一种邪恶。穆勒强调政府和法律的职能是提供平等的机会,而不是收入和才能的平等,因为,"许多人,实际上,比那些取得其他成功的人做了更大的努力但却失败了,并不是由于优势的差异,而是由于机会的差异;但是如果所有的人都对良好执政的政府(通过教育和法律)减少这个机会的不平等感到适宜,因人们赚取收入而引起的幸运的差异便不能引起不快"②。也因此,政府的税收应该鼓励劳动,而不是相反,所以他对累进的所得税持批评态度,指出:"按较高的比例而不是较小的比例对较大的收入征税,就是把税收加之于工业或经济;就是对较为勤劳并比其邻人储蓄更多的人施加惩罚。这不是那些赚得收入的人的幸运,而是那些没有赚得收入的人的幸运。那就是对公益事业施加限制。"③ 同样,对穷人的帮助"并不是例如摒弃自助,不是用这种帮助代替个人自己的劳动、技能和节俭,而是仅限于向他提供一种应用那些法律手段获得成功的较好的希望。这相应的是一种检验,对所有的慈善事业计划都应该做的检验,不管是为个人还是为阶级的利益打算的,也不管是按照自愿的原则还是按照政府的原则引导的计划,都是如此"④。

不难看出,在18世纪中叶至19世纪前期,由亚当·斯密创立古典经济学已经对法治经济的主要问题进行了初步分析,提出了服务于市场经济发展的法治原则和政策主张。古典经济学家的法治经济理论为当时欧洲工业化国家的经济发展提供了理论依据和决策思路,也为后来西方法治经济思想的演进和传播勾勒了完整框架和必要基石。

---

① [美]小罗伯特·B.埃克伦德、罗伯特·F.赫伯特:《经济理论与方法史》(第四版),杨玉生等译,中国人民大学出版社2001年版,第156页。
② 转引自[美]小罗伯特·B.埃克伦德、罗伯特·F.赫伯特:《经济理论与方法史》(第四版),杨玉生等译,中国人民大学出版社2001年版,第171页。
③ 转引自[美]小罗伯特·B.埃克伦德、罗伯特·F.赫伯特:《经济理论与方法史》(第四版),杨玉生等译,中国人民大学出版社2001年版,第172页。
④ 转引自[美]小罗伯特·B.埃克伦德、罗伯特·F.赫伯特:《经济理论与方法史》(第四版),杨玉生等译,中国人民大学出版社2001年版,第174页。

第二节 马克思主义经典作家的相关论述

一、马克思的相关论述

本书研究的是中国社会主义市场经济发展进程中的法治经济思想，因此，作为马克思主义创始人的马克思的相关论述毫无疑问具有重要的起源性的价值。在历史上，马克思主义是在科学批判古典政治经济学等前人成果基础上建立发展起来的。马克思没有直接使用过法治经济的概念，但在马克思主义的三个组成部分中，哲学、政治经济学和科学社会主义都涉及法律方面的内容，在研究人类社会的发展历史、分析社会经济的运行规律以及构建无产阶级专政的国家治理体制时，马克思提出的法律主张有着鲜明的当代意义。

（一）关于法律的起源和资本主义阶段的法律

马克思主义创始人认为，法律是随着人类社会的经济发展而出现的。马克思写道："先有交易，然后才由交易发展为法制……这种通过交换和在交换中才产生的实际关系，后来获得了契约这样的法的形式。"[①] 恩格斯指出："在社会发展某个很早的阶段，产生了这样的一种需要：把每天重复着的生产、分配金额交换产品的行为用一个共同规则概括起来，设法使个人服从生产和交换的一般条件。这个规则首先表现为习惯，后来便成了法律。"[②]

作为历史唯物主义者，马克思对资本主义社会的法律及其制度是持批判和否定态度的，这主要体现在马克思关于工人阶级在取得社会主义革命胜利以后，必须实行无产阶级专政的论述中。但是，在具体的历史和经济学分析过程中，他对人类社会发展进程中积累的精神遗产做出过科学评价。这是因为，一方面，资本主义在自己的发展过程中，在较短的时间里创造了超过此前人类社会财富总额的财富，这其中必然存在值得后人继承的合理因素；另一方面，在社会主义制度建立以后，仍然需要把发展经济作为自己的主要任务，即"尽可能快地增加生产力的总量"[③]。因此，资本主义社会的一些法律制度具有被历史地、批判地、辩证地看待的价值。例如，他认为选举制度对

[①] 《马克思恩格斯全集》（第十九卷），人民出版社1974年版，第423页。
[②] 《马克思恩格斯全集》（第十八卷），人民出版社1974年版，第347页。
[③] 《马克思恩格斯文集》（第二卷），人民出版社2009年版，第52页。

无产阶级革命是有用的,在《1848—1850年的法兰西阶级斗争》的《导言》中他写道:选举"既加强工人阶级的胜利信心,又加强敌人的恐惧,因而成了我们最好的宣传手段"。①

再如,在《资本论》中,马克思肯定了流通领域中自由、平等、所有权与法律之间的互动关系,他写道:"流通中发展起来的交换价值过程,不但尊重自由和平等,而且自由和平等是它的产物;它是自由和平等的现实基础。作为纯粹观念,自由和平等是交换价值过程的各种要素的一种理想化的表现;作为法律的、政治的和社会的关系上发展了的东西,自由和平等不过是另一次方上的再生产物而已。这种情况也已为历史所证实,建立在这一基础上的所有权、自由和平等的三位一体,不仅在理论上首先是由17世纪和18世纪的意大利的、英国的和法国的经济学家们加以表述的,而且这种三位一体也只有在现代的资产阶级社会中才得到实现。"②

在另一篇文献中,马克思这样评价市场中的劳动力交换:"劳动力的买和卖是在流通领域或商品交换领域的界限以内进行的,这个领域确实是天赋人权的真正的伊甸园。……自由!因为商品例如劳动力的买者和卖者,只取决于自己的自由意志。他们是作为自由的、在法律上平等的人缔结契约的。契约是他们的意志借以得到共同的法律表现的最后结果。平等!因为他们彼此只是作为商品占有者发生关系,用等价物交换等价物。"③ 由此可见,马克思是把自由、平等和产权等法治观念与市场交换联系在一起的,只要实行市场经济,这些法治观念就具有遵循和实施的理由。

(二)关于社会主义阶段的法治

马克思的全部理论研究,重点是在揭示资本主义社会存在的历史性,以私有制为基础的资本主义经济的内在矛盾,以及无产阶级如何以科学的理论为指导实现社会主义革命的胜利等问题,对社会主义制度建立以后的一系列具体问题,他只提出了大致构想。如在《哥达纲领批判》一书中,他认为社会主义"是刚刚从资本主义社会中产生出来的,因此它在各方面,在经济、道德和精神方面都还带着它脱胎出来的那个社会的痕迹"。④

---

① 《马克思恩格斯全集》(第二十一卷),人民出版社1965年版,第602页。
② 《马克思恩格斯全集》(第三十一卷)(第二版),人民出版社1998年版,第362页。
③ 《马克思恩格斯文集》(第五卷),人民出版社2009年版,第204页。
④ 《马克思恩格斯文集》(第三卷),人民出版社2009年版,第434页。

根据这一判断，马克思指出，在社会主义社会，由于生产力水平和人民觉悟程度的限制，在生活资料的分配上还只能实行"各尽所能，按劳分配"的原则，此时，与资本主义相比，社会主义分配所遵循的等价交换原则，其内容和形式都变了，但按劳分配所体现的"平等的权利按照原则仍然是资产阶级权利"。[①] 在马克思看来，只有在共产主义的高级阶段，个人奴隶般地服从分工，脑力劳动和体力劳动的对立等现象得以消除，个人的全面发展，生产力的快速增长，社会财富的创造源泉充分涌流实现以后，"只有在那个时候，才能完全超出资产阶级权利的狭隘眼界，社会才能在自己的旗帜上写上：各尽所能，按需分配！"[②] 值得强调的是，马克思主义关于社会主义分配原则的科学论述，正是邓小平在思考和推动改革开放时的重要依据。

此外，马克思还在与恩格斯合写的著作中，就公权、私权、政府的职能、东方社会的法律特点等问题发表过看法。这些看法体现了在人类社会的发展进程中，若干法治原则具有程度不同的超越阶段的共同性，对人们思考社会主义市场经济中的法治建设启迪深远。

二、恩格斯的相关论述

恩格斯是马克思的亲密战友，也是马克思主义的创建人之一，他的法治思想不仅体现在与马克思合写的论著中，而且在晚年也有若干发展。

恩格斯强调自由等概念在法律研究中的重要性，他在《反杜林论》中说："如果不谈所谓自由意志、人的责任能力，必然和自由的关系等问题，就不能很好地议论道德和法律的问题。"[③] 而一般意义上的自由在社会主义社会也是必须存在的，在《对英国北方社会主义联盟纲领的修正》一文中，他写道："我们的目的是要建立社会主义制度，这种制度将给所有的人提供健康而有益的工作，给所有的人提供充裕的物质生活和闲暇时间，给所有的人提供真正的充分的自由。"[④] 恩格斯也重视平等在法律中的地位。他在《反杜林论》中表示："一切人，或至少是一个国家的一切公民，或一个社会的一切成员，都应当有平等的政治地位和社会地位。"[⑤]

---

① 《马克思恩格斯文集》（第三卷），人民出版社2009年版，第434页。
② 《马克思恩格斯文集》（第三卷），人民出版社2009年版，第436页。
③ 《马克思恩格斯文集》（第九卷），人民出版社2009年版，第119页。
④ 《马克思恩格斯全集》（第二十一卷），人民出版社1965年版，第570页。
⑤ 《马克思恩格斯文集》（第九卷），人民出版社2009年版，第109页。

此外，恩格斯对法治原则中的选举方式也做过肯定性评论，在《〈法兰西内战〉1891年版导言》一文中，他提出为了防止未来的无产阶级专政的国家机器的性质改变，有两种方法可以采用，"第一，把行政、司法和国民教育方面的一切职位交给由普选选出的人担任，而且规定选举者可以随时撤换被选举者。第二，对所有公职人员，不论职位高低，都只付给跟其他工人同样的工资"。① 他晚年在《家庭、私有制和国家的起源》一书中说过："普选制是测量工人阶级成熟性的标尺。"② 不难看出，恩格斯对社会主义运用法治方法治理国家和管理社会是持肯定态度的，他的见解虽然比较简略，但和马克思的阐述高度一致，其精神实质科学、明确、深刻，值得我们完整地理解，创造性地加以运用。

第三节 20世纪以来西方经济学家的法治经济思想

进入20世纪以后，西方工业化国家的经济发展到了一个新的阶段，出现了一些新的情况，产生了一系列新的亟待解决的问题，如怎样认识以数量统计为依据和政府指令为方式的计划经济体制？怎样实现由政府统制向市场决定转型的经济改革？怎样处理工业化国家为解决经济危机而产生的政府干预弊端等。为此，欧美经济学各种学派展开了各自的探讨和互相争论，在这期间，坚持市场经济和重视法治作用成为人们关注和强调的共识。

一、米塞斯、哈耶克的法治经济思想

（一）米塞斯的法治经济意识

在20世纪20年代，关于苏联模式下的计划经济体制是否具备可行性的争论，在欧美经济学界引发热议。作为奥地利学派的代表人物，米塞斯与哈耶克抱持着对计划经济体制的坚决反对态度，参与到了这场论战当中，他们认为取消市场会带来消极后果。

米塞斯认为，计划经济的制定者"不了解商品和劳务在市场上的交换规律，同样也不认识较高级别的商品和劳务的价格，因此，这种制度缺乏合理

---

① 《马克思恩格斯文集》（第三卷），人民出版社2009年版，第111页。
② 《马克思恩格斯文集》（第四卷），人民出版社2009年版，第193页。

的企业经营手段和合理的经济核算手段。所有不同的商品和劳务如果没有一个共同的分母的话,经济核算就无从谈起"。① 在方法论上,"有的经济学家认为:经济学的任务是要确定全社会所有的人,或最大多数的人,最大可能满足如何可以获取。他们不了解我们绝没有方法可以衡量各个人得到的满足状态。他们误解了基于人际幸福之比较的那些判断。他们一方面提示武断的价值判断,一方面相信他们自己在确定事实","有人说,生理方面的需要,所有的人都是一样的,这个一样,为衡量他们的满足程度提供了一个标准。表示这种意见而提议用这个标准;来指导政府政策的人,等于提议以畜牲的豢养者对付畜牲的态度来对付人。但是这种改革家们却不了解我们没有什么普遍有效的营养法则可以适用于所有的人","那个想把人当作一个有目的的养育制度的材料的人,他自己就会擅揽专制的权力而把国人作为手段,以达成他自己的目的"。②

为了维护人类社会的安全和发展,米塞斯强调法治是现代经济增长的必要前提,即法律的重要性,他表示:"我们主张法律面前人人平等是基于两个不同的原因。其一,我们列举了限制个人自由的种种理由,它们说明:若要使人们的生产活动达到最高的生产效率,就必须实行自由劳动制度";"其二,主张法律面前人人平等,是为了保障社会的安宁与和平……为了维护社会的安宁与和平,必须消灭社会的等级制度和特权,从而中止围绕着等级和特权而展开的斗争。"③ 这表明,法治是现代经济增长的必要前提。

(二)哈耶克的法治经济理论

此后参与争论的哈耶克和米塞斯共同的信念是,经济要获得发展,就必须保证这一体制内的人们能够有效地使用信息和资源,就必须形成对个人激励的制度结构,而这只有在财产归个人所有的情况下才会发生。在后续的研究中,哈耶克从新的角度对市场机制进行了阐述,在他看来:"我们不能指望采用集中管理可以取得市场利用资源所能达到的效率,主要原因在于,任何一个巨大社会的经济秩序,都是建立在对广泛散布于千百万个个人中间的

---

① [奥]路德维希·冯·米瑟斯:《自由与经济繁荣的国度》,韩光明等译,中国社会科学出版社1994年版,第107页。
② [奥]米塞斯:《人的行为——经济学研论》,夏道平译,台湾银行经济研究室编印1976年版,第258页。
③ [奥]路德维希·冯·米瑟斯:《自由与经济繁荣的国度》,韩光明等译,中国社会科学出版社1994年版,第69页。

关于具体环境的知识之利用上的。"① "从这个意义上说,市场和价格机制提供了一种发现手段,与任何其他已知的系统相比,它不但使更多的事实得到了利用,而且激励人们不断去发现新的事实,从而改善了对我们生活的这个世界中永恒变化着的环境的适应力。"② 而在更深的层次上,市场机制的价值在于它的自由,"计划者们允诺给我们的所谓经济自由恰恰是指免除我们解决我们自己的经济问题的麻烦,以及是指这种事情常常包含的选择可以由别人为我们代劳了。由于在现代条件下,我们的每一件事几乎都要依赖别人来提供手段,因而计划经济几乎将涉及我们全部生活的各个方面"。③ "私有制是自由的最重要的保障,这不单是对有产者,而且对无产者也是一样。只是由于生产资料掌握在许多个独立行动的人的手里,才没有人有控制我们的全权,我们才能够以个人的身份来决定我们要做的事情。如果所有的生产资料都落到一个人的手里,不管它在名义上是属于整个'社会'的,还是属于独裁者的,谁行使这个管理权,谁就有全权控制我们。"④

哈耶克的法律和法治思想体现在他的《自由秩序原理》《法律、立法和自由》等著作中。关于法律,他认为：规则自身并不是目的,而是一种手段,一种方式,规则可以分为内部的和外部的两种,其中内部的规则是法律的核心规则。哈耶克的这一划分和认定是以英国的普通法为依据的,这种法律是在社会演进的过程中自发生长出来的,在他看来,"就我们所熟悉的这种社会而言,在人们所实际遵循的规则中,只有一小部分是刻意设计的产物,如一部分法律规则(但是即便是法律规则,它们也不都是刻意设计的产物),而大多数道德规则和习俗却是自生自发的产物"⑤。关于法治,他认为,法律的统治而非人的统治是西方政治体制发展道路的精髓,早在古希腊和古罗马就已有之,一直到近代的英国,而美国的宪政实践则是对英国法治

---

① [英]弗雷德里克·冯·哈耶克:《经济、科学与政治》,冯克利译,江苏人民出版社2003年版,第190页。
② [英]弗雷德里克·冯·哈耶克:《经济、科学与政治》,冯克利译,江苏人民出版社2003年版,第191页。
③ [英]弗雷德里希·奥古斯特·哈耶克:《通往奴役之路》,王明毅、冯兴元等译,中国社会科学出版社1997年版,第91页。
④ [英]弗雷德里希·奥古斯特·哈耶克:《通往奴役之路》,王明毅、冯兴元等译,中国社会科学出版社1997年版,第101页。
⑤ [英]弗雷德里克·冯·哈耶克:《法律、立法与自由》(第一卷),邓正来等译,中国大百科全书出版社2000年版,第67页。

精神的另一种佐证。哈耶克认为法治在理论上应该包括这样几方面的内容：首先，法治意味着对政府行政权力以及立法权力的限制。从政府角度看，法治并不等于它的行为具有形式上的合法性，而是指政府的行为必须遵循最一般的原则，除此之外，不得对个人实施强制；从立法的角度看，法治本身是一种绝不同于立法者所制定之法律那种意义上的法，而是一种应当意义上的法，即被哈耶克称之为"元法律规则"，这种"元法律规则"也就是他后来重点论述的正当行为规则，他强调法治只有在立法之法受到后一种法的约束时才是有效的。因此，法治的第一条准则就是政府与立法机构的权力行使必须受到最一般的法律原则（正当行为规则）的限制。其次，法治的属性中还包括法律必须是公知的且确定的。最后，法治的第三个要求是体现平等。①

这样的法治理念与市场经济自由竞争的法则是高度自洽的，因为在哈耶克看来，"民主政治绝不是指无限的政府，民主政府与任何其他形式的政府一样，都需要对个人自由加以切实的保障。"② 基于此，他批评国家控制的经济体制说："所谓'统制经济'乃是指这样一种政策，它决定应当运用哪些特定手段来实现何种特定目的。然而，这恰恰是一个受法治约束的政府所不能为者……当权力当局有权决定不同的人将接受何种待遇时，它亦一定能决定不同的人干什么。"③ 这种对市场经济所不可或缺的自由精神的坚定维护，构成了哈耶克法治思想的基本特征，正如有的研究者所指出的那样："法治作为一种制度，它的目的只有一个，那就是实施私法，更确切地说，实施正当行为准则。确立法治的这一唯一目的，是哈耶克法治思想的首要特征，也是他有别于其他法治观的要点所在。"④

二、欧根的法治经济思想

如果说奥地利经济学派关注和论述的主要问题是市场经济的不可替代，那么在德国经济学家欧根的视野中，如何促进政府控制型经济向市场决定型

---

① 高全喜：《法律秩序与自由正义——哈耶克的法律与宪政思想》（修订版），北京大学出版社2006年版，第194—195页。

② [英]弗雷德里克·冯·哈耶克：《自由秩序原理》，邓正来译，三联书店1997年版，第131页。

③ [英]弗雷德里克·冯·哈耶克：《自由秩序原理》，邓正来译，三联书店1997年版，第293页。

④ 高全喜：《法律秩序与自由正义——哈耶克的法律与宪政思想》（修订版），北京大学出版社2006年版，第210页。

经济的转型，以及更多地发挥法治的作用，是他的理论重点所在。

欧根的《经济政策的原则》完成于1950年，在这本著作中，作者想要回答的问题是：如何对日常经济过程进行调节？欧根断言，"经济调节有两种基本形式，以经济权力对立的情况为特征。集中管理经济在可能的经济秩序多样化这边，个人被最大限度地剥夺权力，而失去影响，中央拥有最大的权力，同时为经济上的下属制定经济计划。与此相对立的是完全竞争，在这里没有人在经济上拥有控制他人的权力，但一切经由价格机制不断决定生产。在这里，每个人都进行自己的经济计划，这些计划通过协调非等级制地结合起来"。①

欧根回顾了欧洲自由放任政策产生的历史，他指出："18世纪和19世纪初构思的，并且基本上得到贯彻的自由放任经济政策，肯定不是工业化后出现的，而是这一政策使得工业化成为可能。虽然经济政策体系的思想先驱们，例如亚当·斯密没有想要工业化，但事实上经营自由、农奴解放、自由贸易和迁徙自由等政策却为现代工业的产生和发展创造了决定性的条件。"② 何为自由放任？欧根的定义是："在这个阶段，为了建立正常运转的国家机器和保证个人自由，国家致力于建立本身的秩序和制定宪法；同样，通过制定综合性法典建立起法制，因此，也就在总体上决定了经济秩序。但是，按照总体框架，经济秩序监督并不被看作是国家的特别任务。人们相信，在法律框架内，一个足够充分的经济秩序将自动地发展。构成自由放任的经济政策基础的信念是，当自由和法律原则被遵守时，一些适用的形式，即总体上合乎目的的经济秩序，可以从下面、从社会的自发力量中自动地扩展。仅仅在个别场合，例如货币发行银行，需要尝试建立部分经济秩序；但是在总体上，国家将经济活动的形式交给私人决定。"③

欧根分析了计划经济的不可行性，在他看来，"经济过程中中央计划对自由的威胁作用可以通过扩大政治、法律和文化领域的自由秩序来加以限制，这种想法是缺乏根据的。集中管理经济秩序和国家、法律和教育的自由

---

① [德] 瓦尔特·欧根：《经济政策的原则》，李道斌译，上海人民出版社2001年版，第5—6页。
② [德] 瓦尔特·欧根：《经济政策的原则》，李道斌译，上海人民出版社2001年版，第35页。
③ [德] 瓦尔特·欧根：《经济政策的原则》，李道斌译，上海人民出版社2001年版，第33—34页。

秩序必定陷入相互冲突之中"。"若要始终如一地实行集中领导经济过程的政策，像1928年以来苏联那样，则要取消抗衡力量。总秩序虽然前后一致地建立起来了，但问题没有得到解决，确切地说，一切问题以新的、更加复杂的形式提出来了：社会问题、秩序政策问题、法治国家和自由问题。这一政策没带来'进步'，却意味着倒退到极其不利的出发位置上。"①"例如，充分就业政策及其信贷扩张破坏了价格调节机制，这种政策既不规定价格，也不让价格上涨，但价格无论如何都失去了执行生产资料正确比例的能力。消费品供应短缺。一切充分就业政策的试验都缺少将建立充分调节机制作为目标，而是阻止这一机制的形成。"②

为了制止经济权力不断集中的趋势，欧根提出了建立经济宪法的主张。他强调："应该把现代经济政策的核心问题作为核心问题来处理。把建立完全竞争的、功能正常的价格体制作为各种经济政策措施的主要标准。这是经济宪法的基本原则问题。"③ 在这个法律框架中，市场开放是它的根本要求，为此，私人权力集团也要受到约束，而"生产资料私有制是不是实现竞争秩序必不可少的问题是可以作肯定答复的。消除生产资料私有制的现代倾向离经济竞争秩序越来越远。私有制是建立竞争秩序的前提"，同时，"这个原则并不排除国家控制个别企业……只要国有企业按照竞争市场规则行事，而不是利用国家补贴的办法干扰市场价格形成，那么，竞争秩序可以接受国有企业的存在"。④ 至于国家对社会经济的具体管理，则必须通过资金交易法、交易法、抵押法等法律手段来实施。

总之，在现代社会中，市场经济必须和法治（包括秩序和道德）的健全相并而行，"竞争秩序要求实现经济本身固有的规律，这是竞争秩序的一个方面。竞争秩序的另一个方面是，应当同时实现社会的和伦理的秩序意向。这两方面构成竞争秩序的特殊长处。因为不与经济规律挂钩，社会道德的要求同样也是无力的；另外，如果没有良好的社会秩序意向影响经济秩序形

---

① ［德］瓦尔特·欧根：《经济政策的原则》，李道斌译，上海人民出版社2001年版，第144页。
② ［德］瓦尔特·欧根：《经济政策的原则》，李道斌译，上海人民出版社2001年版，第155页。
③ ［德］瓦尔特·欧根：《经济政策的原则》，李道斌译，上海人民出版社2001年版，第276页。
④ ［德］瓦尔特·欧根：《经济政策的原则》，李道斌译，上海人民出版社2001年版，第292页。

式的发展,经济规律也发挥不了作用"。① 欧根的法治经济见解得到了历史的佐证,"德国从1945年彻底瓦解的计划经济贫困中迅速地走向富裕,这一'经济奇迹'的科学前期工作同欧根及其朋友联系在一起"。②

三、弗里德曼、布坎南、科斯的法治经济思想

(一)弗里德曼的法治经济观点

弗里德曼是美国货币学派的代表性人物。作为对凯恩斯主义经济学进行反思,并对20世纪七八十年代美国经济恢复繁荣发挥过重要影响的三大经济学流派之一(另外两个流派分别是供给学派和理性预期学派),货币学派推崇市场机制的作用,并强调法治环境的必要。

在发表于1977年的《公平与自由》一文中,弗里德曼批评了美国国内法治观念淡化的现象。他指出,无论是《独立宣言》《宪法》,还是《人权法案》,核心内容都是要保护"自由",而并非追求"公平",而"以'公平'来取代'自由'这一现代倾向,反映了我们已经多么远地偏离了合众国的缔造者们的初衷",现在,"政府已经变成了老大哥。政府的职能已经变成了要保护公民不仅免受他的同胞的伤害,而且也免受他自己的伤害——而不管他是否希望得到保护。政府不仅是一位仲裁者,而且是进入了社会和经济活动的每一个角落的积极的参与者"。③ 这说明,即使在一个法制健全的国家,在经济发展的各个阶段,如何不断完善有利于市场机制发挥作用的法治环境,仍然是一个具有挑战性的课题。

作为一位经济学家,弗里德曼从理论上分析了这种追求"公平"的转向在经济上会导致的问题。他写道:"对于生产和销售者来说,'公平'价格是一种较高的价格。而对于买者和消费者来说,'公平'价格是一种较低的价格。如何协调这一矛盾呢?是由自由市场上的竞争来解决呢?还是由'公平'市场上的政府官僚来解决呢?""那些一面为自由企业高唱颂歌一面又要求'公平'竞争的商人,是自由市场的敌人,而不是自由市场的朋友。对

---

① [德]瓦尔特·欧根:《经济政策的原则》,李道斌译,上海人民出版社2001年版,第293页。
② [德]瓦尔特·欧根:《经济政策的原则》,李道斌译,上海人民出版社2001年版,第5页。
③ [美]密尔顿·弗里德曼:《弗里德曼文萃》,高榕等译,北京经济学院出版社1991年版,第183页。

于他们来说,'公平'竞争不过是固定价格的一种较为委婉的说法而已……对于消费者来说,竞争越不'公平'越好。那将确保最低的价格及最高的质量。"[1] 总之,"'公平'有其真正的作用,但这一作用表现在一般规则的建立及对关于这些规则的纠纷的仲裁上,而不是表现在决定我们各自的活动结果上",正如托马斯·杰斐逊在美国《独立宣言》中所说,"人们在他们之间组织起政府……以保障……某些不可让渡的权利,其中包括生命、自由和对幸福的追求"。[2]

在发表于1981年的《市场机制与中央经济计划》一文中,弗里德曼把经济体制分为两类,即指令性经济和市场经济,简单地说,"指令性经济的理想模式是:在这种经济中,参与活动的人并不是作为其本人,而是作为别人的代理人来行事的。他们是在执行命令,奉命行事。而市场经济的理想模式是:在这种经济中,个人是作为追求其自身利益的本人而行事的。如果有谁是作为别人的代理人而行事,那么,他是在自愿的、双方同意的基础上这样做的"[3]。只是,"对于社会来说,不论是作为一种理想还是在现实中,都不存在纯粹的指令性经济或纯粹的市场经济"[4]。

在弗里德曼生活的时代,已经出现了计划经济体制向市场经济体制转型的情况,或者说,某些计划经济体制的国家开始了引进市场机制的改革,但是在弗里德曼看来,"被引入指令性经济中的市场因素,并不是自由市场,而是极度扭曲了的市场"[5]。那么,衡量是否是市场经济的标志是什么呢?弗里德曼以价格的作用为例,提出了三点:(1)价格能够传递信息;(2)价格能够提供激励;(3)价格能够决定收入分配,而"中央计划中几乎所有的问题,都来自于试图将这些作用彼此割裂开来这种做法"[6],因为,"如果没有

---

[1] [美]密尔顿·弗里德曼:《弗里德曼文萃》,高榕等译,北京经济学院出版社1991年版,第184页。
[2] [美]密尔顿·弗里德曼:《弗里德曼文萃》,高榕等译,北京经济学院出版社1991年版,第184—185页。
[3] [美]密尔顿·弗里德曼:《弗里德曼文萃》,高榕等译,北京经济学院出版社1991年版,第19页。
[4] [美]密尔顿·弗里德曼:《弗里德曼文萃》,高榕等译,北京经济学院出版社1991年版,第20页。
[5] [美]密尔顿·弗里德曼:《弗里德曼文萃》,高榕等译,北京经济学院出版社1991年版,第23页。
[6] [美]密尔顿·弗里德曼:《弗里德曼文萃》,高榕等译,北京经济学院出版社1991年版,第24页。

同时利用价格来影响（如果不是完全决定的话）收入的分配，那么，利用价格来传递信息，并同时提供按照这一信息而行动的动力，这将完全是不可能的。如果不论某个人工作努力与否，他都将得到同样的收入，那么，他为什么要努力工作呢？如果他不能从中得到好处，那么他为什么对他不得不出售的东西去努力寻找出价最高的那个买主呢？"①

于是，市场经济之所以有效率的奥秘也就显示出来了，因为这种经济体制能够让由市场供求关系决定的价格与人们的收入分配直接联系，所以合理地解决监督责任的履行问题，"它是这样一种制度，在这种制度下，每个人都在监视着他自己的行动，同时，每个人都有一种动力来很好地监视它"，这就是"自由市场制度的中心特征"。② 要实现这一点，尊重市场机制和保护私有财产权是必不可少的，或者说，在人类社会已有的经济体制中，"不存在任何真正令人满意的、对自由市场的全面利用的替代品"③。

值得一提的是，弗里德曼生前很关注中国的经济改革，曾应邀来华讲学和考察，并向中国的高层领导提出过推进改革、优化管理的政策建议。这一经历显然与他长期从事经济体制转型以及相关法律制度的研究直接有关。

（二）布坎南的法治经济理论

布坎南是美国经济学家，有"公共政策理论之父"的美誉。作为一项开创性的研究，布坎南关注的核心问题是社会各个成员如何通过学习和对话在集体行动中形成、调整和表达自己的偏好，而宪法则可以用来制定和完善具体的法律法规，从而构建出有利于经济发展和社会进步的系统性制度安排，在其中多样性可以在求同存异中获得共赢。

布坎南高度肯定古典经济学在发现人类社会经济增长的奥秘方面的贡献，他写道："至少自亚当·斯密以来，规则可以替代道德的观点，即为经济学家和哲学家所熟知。当然，18世纪伟大的知识发现就是市场的自发秩序，这个发现是，在合适的规则结构（斯密所使用的术语是'法律和制度'）之下，追求自利的个人也能够促进他人的利益。结果产生了一个社会协作的巨

---

① ［美］密尔顿·弗里德曼：《弗里德曼文萃》，高榕等译，北京经济学院出版社1991年版，第26页。
② ［美］密尔顿·弗里德曼：《弗里德曼文萃》，高榕等译，北京经济学院出版社1991年版，第30页。
③ ［美］密尔顿·弗里德曼：《弗里德曼文萃》，高榕等译，北京经济学院出版社1991年版，第38页。

大网络——精妙的、扩展的社会分工系统;如果把它定义为一项合作事业,即使在两百年后仍然让人觉得匪夷所思。然而,市场参与者之间的合作,既不需要这些参与者理解结构,也不需要他们在行动中提升到一般道德戒律之上。所需要的是一个适当的'宪政背景',一个合适的规则结构,以及落实这些规则的安排。"①

在另一部著作中,布坎南批评了基于家长制意识的计划论者,认为他们强加于人的偏好是荒谬的:"他们并不认为每个人都知道什么对于他们自己是最好的或者有益的。家长制主义者提倡相反的主张,即他们作为局外人,作为精通某个问题的专家,比那些自己可能另外作出选择的人们来说,更了解满足受到影响的人们最终期望的目标的各种相关选择机会的可能性。家长制主义者认为,根据某种最后的或者事后的估算,人们必然会承认他们自己最初是无知的或者是倾向于犯错误的,从而事后必然证实强加于他们作出的'正确的'选择的能力上的限制是合理的。"② 这从知识论的角度重申了市场机制的不可替代。

在布坎南看来,人类社会一直以来存在着两条实现发展的思路:一条是完善人们的道德,使得人们互相关爱;另一条则是建立与市场经济相匹配的法治,它"不需要人类在基本道德意识上变得'更好'。这一路径的出发点是,人就是他现实存在的样子,存在着道德上的弱点……但是,即使在这些限制之下,人们仍然有望通过恰当的规则设计、制定和维护,获得可持续的社会秩序;这些规则限制着每个人对他人的行为可以采取的方式"。③

为何要探索宪政经济学这样的问题?布坎南的初衷是扭转20世纪以来经济学研究中的一个误导,他指出:"这个世纪的经济学家颇为关注'市场失灵',它是在这个世纪中叶一直主宰着经济学思想的理论福利经济学家讨论的点",这些经济学家几乎不关注政治学和政治制度,"对市场失灵的分析中一旦出现了政策建议,他们便不想再做后续分析,以便证明那些作为委托人和代理人扮演着政治角色的人,大体上会像经济学家的信条所要求的那样采

---

① [澳]布伦南、[美]布坎南:《宪政经济学》,冯克利等译,中国社会科学出版社2004年版,第2—3页。
② [美]詹姆斯·布坎南:《财产与自由》,韩旭译,中国社会科学出版社2002年版,第91页。
③ [澳]布伦南、[美]布坎南:《宪政经济学》,冯克利等译,中国社会科学出版社2004年版,第2页。

取行动",他们以为"政治权威机构是由一群道德超人组成的,可以用一种受到恰当约束的社会福利函数去描述他们的行为",而"少数公共选择理论的先驱曾经初试锋芒,试图给我们的政治中的个人行为模型注入一点实在的现实主义因素,却被斥责为来自意识形态偏见。开明君主的神话似乎有着相当可观的维持能力"。① 另一方面,经济学研究往往注重经济行为的各种约束,而"正是在这一关键之点上,最为广义的宪政经济学与传统的分析框架分道扬镳了。宪政经济学将分析上的注意力指向约束条件的选择"②。在各种约束条件中,最大的可供选择的约束条件就是宪法,因为,宪法是元制度,是关于制定制度的制度。

要打破这些谬误,正确的途径就是回归古典经济学的人性假设以及基于其上的法治约束,正如布坎南所表明的那样:"我们相信,当代经济理论中的'经济人',即理性的、自利取向的最大化者,是用来评估不同制度体系之机制的恰当的人类行为模型。在这个方面,'经济人'的核心特点是,它假设互动主体之间的冲突普遍存在;正是这一假设决定着对掌权者的怀疑,并表达着我们(以及古典政治经济学家)对待制度设计的态度。这种怀疑主义意味着不能假设代理人在特定政体中拥有的自由裁量权将会根据别人的利益加以运用,除非制度结构中包含着一些能够造成这种结果的约束。从这个意义上说,我们的模型与主流的'仁慈专制者'政治模型相距甚远,在后一种模型中,把公共利益取向简单地设想为理所当然的事情。"③ 他坦言:"我们同我们的政治经济学先驱一样,认为唯有从'经济人'推导出来的社会冲突与合作模型,才适合于我们的宪政主义思想。"④ "规范地说,法制政治经济学的任务是帮助个人不断寻找能最好地服务于他们目的(无论是何目的)的政治博弈规则,这些个人,作为公民,最终控制着他们自己的社会地位。"⑤

---

① [澳]布伦南、[美]布坎南:《宪政经济学》,冯克利等译,中国社会科学出版社2004年版,第3—4页。
② [美]布坎南:《宪法秩序的经济学与伦理学》,朱泱等译,商务印书馆2008年版,第9页。
③ [澳]布伦南、[美]布坎南:《宪政经济学》,冯克利等译,中国社会科学出版社2004年版,第72—73页。
④ [澳]布伦南、[美]布坎南:《宪政经济学》,冯克利等译,中国社会科学出版社2004年版,第74页。
⑤ [美]詹姆斯·布坎南:《经济政策的宪法》,载《诺贝尔奖获奖者演说文集·经济学奖》(下),罗汉主译,上海人民出版社1999年版,第709页。

20世纪中期以来，西方经济学界对制度的研究产生了许多重要成果，如科斯的产权理论、诺斯等人对资本主义兴起的制度史研究，都愈加专业化和科学化了，与此相比，布坎南的宪政经济学所论述的问题则更具有普遍意义。和哈耶克、弗里德曼、科斯、诺斯等人一样，布坎南也是诺贝尔经济学奖获得者。1986年，瑞典皇家科学院在致布坎南的颁奖辞中这样写道："他将经济学中个人间相互交换的概念移植到了政治决策的领域中。于是，政治过程便成为一种旨在达到互利的合作手段。但政治秩序的形成要求人们接受一套规则、一种宪法。这反过来又强调了规则形成的极端重要性和宪法改革的可能性。布坎南认为，劝导政治家或试图影响特定问题的结局常常是徒劳的，事情结局在很大程度上是由规则体系决定的。"① 从法治经济思想的发展史角度看，布坎南的宪政经济学研究不仅捍卫了市场经济赖以运行的基本理念，而且具有丰富和深化法治经济理论内涵的学术价值。

（三）科斯的产权理论

科斯是另一位诺贝尔经济学奖获得者，他提出的产权理论不仅在西方经济学中具有革命性的创新意义，而且对中国经济改革进程的国有企业改革产生了重要的影响。

科斯认为，他的研究成果长期以来没有得到普遍的赞同，在很大程度上也未得到真正的理解，其实，他文章中的观点并不复杂，"以致可以把它们归入不证自明的真理行列"，问题在于，经济学家们通常所分析的交易是"发生在没有任何制度特征的背景中"的，他们分析的是"没有人性的消费者，没有组织的企业，甚至是没有市场的交易"，而在科斯看来，经济学家"应该研究的制度是企业和市场，它们共同构成了经济体系的制度结构。在主流经济学理论中，企业和市场在很大程度上被假定为既定，因而不是其考察对象。这导致一个后果，即在分析由企业开展的以及在市场中发生的各种活动的决定中，法律的关键性作用被大大忽略"。② 这就决定了科斯的经济学研究具有明显的法学特点。

为了证明法律在经济中的关键性作用，科斯从分析企业的性质入手。在《企业的性质》一文中他写道："市场的运行是有成本的，通过形成一个组织，

---

① 转引自百度"布坎南"词条。
② ［美］罗纳德·哈里·科斯：《企业、市场与法律》，盛洪、陈郁译，格致出版社、上海三联书店、上海人民出版社2009年版，第1、3、5页。

并允许某个权威（一个'企业家'）来支配资源，就能节约某些市场运行成本，企业家不得不在较低成本状态下行使他的职能，这是鉴于如下的事实：他可以以低于他所替代的市场交易的价格得到生产要素，因为如果他做不到这一点，总可以再回到公开市场。"① 这就是说，企业的产生是由于它可以用低于通过个体之间的合约生产某种产品的成本来完成某种产品的生产。

企业的这种性质可以从两个角度看出来，一个角度是，人类的经济活动是可以通过个体之间的合约来进行的，但是这样的方式是有成本费用的，而企业的出现就能节约这些成本；另一个角度是，为什么在企业之外还存在一个社会？或者说为什么社会无法通过一个企业的方式来运行？对此，科斯对法律与市场的相关分析很有启发性："很明显，从运转机制上说，那些存在至今的市场需要更多的交易赖以发生的物质设施，也需要建立健全主导交易主体权利与义务的法律规则。那些法律规则可以由市场的组织者订立，就如大多数商品交易所的情况。交易所在法律制订方面，所面临的主要问题是得到交易参与者的同意并保证它的实施，在商品交易所中，成员之间的协议是比较容易达成的，因为他们在相同的经营场址会晤，经营的商品种类有严格限制；规则的执行也是可行的，因为在交易所中，贸易机会本身就有重大价值，被拒绝进行贸易是一种制裁，其严厉程度足以促使大多数贸易者遵守交易所规则。如果交易的物质设施是分散的，分属于很多兴趣迥异的人，比如零售或批发的情况，私人法律体系的建立与实施就会非常困难。从而，在这些市场上的有关运行机制就必须依赖于国家的法律体系。"② 这就是说，在一个相同和相关产品的生产中，由于法律规则是比较容易被共同接受和实施的，组织企业就可以获得高于个体之间交易的收益。反之，就需要由另一种不同于和大于企业的机构来行使在企业和企业之间制定和实施法律规章的工作。

但这又产生了新的问题。在《社会成本问题》一文中，科斯认为：企业与企业之间，只有通过市场重新安排合法权利，才会导致产值的增加，"但这一论点假定市场交易的成本为零。一旦考虑到进行市场交易的成本，那么

---

① ［美］罗纳德·哈里·科斯：《企业、市场与法律》，盛洪、陈郁译，格致出版社、上海三联书店、上海人民出版社 2009 年版，第 40 页。
② ［美］罗纳德·哈里·科斯：《企业、市场与法律》，盛洪、陈郁译，格致出版社、上海三联书店、上海人民出版社 2009 年版，第 10 页。

第二章　市场化进程中中国法治经济的先行思想资料

显然只有这种重新安排后的产值增长多于它所带来的成本时，权利的重新安排才能进行。反之，禁令的颁布和支付损害赔偿金的责任可能会导致发生在无成本市场交易条件下的活动的终止（或阻止其开始）。在这种情况下，合法权利的初始界定会对经济制度运行的效率产生影响。权利的一种安排会比其他安排产生更多的产值。但除非这是法律制度确认的权利的安排，否则通过转移和合并权利达到同样后果的市场费用是如此之高，以至于最优的权利安排以及由此带来的更高的产值也许永远也不会实现"。[1]

于是，产权的重要性就凸显出来了，在这里，这种产权是"初始界定"的，是由"法律制度确定的"。换句话说，国家在制定法律时并不是随意的，企业之间在法律框架内进行交易是有成本的。因此，科斯质疑政府对市场的干预。庇古曾说：在经济领域，"我们不能期望所有的政府当局都会达到或全心全意地寻求那个最优的理想状态。实际的政府当局更倾向于无知、受制于不同利益群体的强大影响以及屈从于个人利益的贪污腐败"，但他认为，"在过去的条件下，干预往往被证明是不合理的"，但政府干预的缺陷"都是可以克服的"，在有些案例中，"政府代理的结构与方法的现代发展已经使这些代理适合在产业中从事有益的干预"。[2] 对此，科斯认为庇古的观点是"有些可笑的"，"他对某些特定问题的讨论似乎一直停留在对一些书籍和文章的阅读上"，而"现代经济学家大体上都使用了和庇古一样的方法，尽管他们在术语上有些微改变，但距离现实世界甚至更加遥远"。[3]

总之，科斯的产权理论是与交易成本和法治环境紧密相连的，即如他自己所说："如果没有交易成本，企业就没有存在的经济基础。……如果没有交易成本，法律就无关紧要。"[4] "经济政策是在替代性制度之间进行选择的结果，这些选择或由法律产生，或依赖于法律。"[5] 他对新制度经济学的开创性

---

[1] ［美］罗纳德·哈里·科斯：《企业、市场与法律》，盛洪、陈郁译，格致出版社、上海三联书店、上海人民出版社2009年版，第113页。
[2] 转引自［美］罗纳德·哈里·科斯：《企业、市场与法律》，盛洪、陈郁译，格致出版社、上海三联书店、上海人民出版社2009年版，第20—21页。
[3] ［美］罗纳德·哈里·科斯：《企业、市场与法律》，盛洪、陈郁译，格致出版社、上海三联书店、上海人民出版社2009年版，第21—22页。
[4] ［美］罗纳德·哈里·科斯：《企业、市场与法律》，盛洪、陈郁译，格致出版社、上海三联书店、上海人民出版社2009年版，第14页。
[5] ［美］罗纳德·哈里·科斯：《企业、市场与法律》，盛洪、陈郁译，格致出版社、上海三联书店、上海人民出版社2009年版，第27页。

贡献深刻影响了张五常、威廉姆森、张维迎等东西方学者。

第四节 中国古代的经济治理思想及其反思

当我们追溯法治经济的本土思想渊源时，亚当·斯密的一个判断是值得重视的。他在《国富论》中说："中国一向是世界上最富的国家，就是说，土地最肥沃，耕作最精细，人民最多而且最勤勉的国家。然而，许久以来，它似乎就停滞于静止状态了……也许在马哥孛罗时代以前好久，中国的财富就已完全达到了该国法律制度所允许的发展程度。"① 在他看来，"若易以其他法制，那么该国土壤、气候和位置所可允许的限度，可能比上述限度大得多"。② 这就促使我们反思这样的问题：中国古代经济治理的主要特点是什么？怎样看待这些由农业社会和集权体制导致的思想遗产？

中国古代法律制度是一个复杂的系统，就其与经济的关系而言，大致可以分为三个部分：（1）历朝政府颁布的各种成文的法令，如田制、税制等；（2）对政府行为和决策起支撑和引领作用的经济理念；（3）民间自发形成和演进的习惯风俗等。作为一个经济思想史回顾，这里主要对第二个方面的资料进行梳理。

一、以法家理论为核心的中国古代经济治理思想

（一）先秦时期的人性理论

中国古代的经济思想先秦时期最为活跃。作为经济分析的起点，那时的各家学派对人的自利本性已经有了深刻的描述。春秋时期的晏婴说过："凡有血气，皆有争心。"③ 所谓"争心"，意指人本能地维护并争取自身利益（比如物质财富）的心理。其中最主要的是对物质财富的占有及享受。这种心理是人之天性，既然这种心理是与生俱来的，即称之为"血气"，外界因素（比如统治者或说教者）无法将其泯灭。因此，晏婴总结道："且夫饰民之欲，

---

① ［英］亚当·斯密：《国民财富的性质和原因的研究》（上卷），郭大力、王亚南译，商务印书馆1979年版，第65页。
② ［英］亚当·斯密：《国民财富的性质和原因的研究》（上卷），郭大力、王亚南译，商务印书馆1979年版，第87页。
③ 《左传·昭公十年》。

而严其听，禁其心，圣人所难也。"① 当时，孔子也承认："富与贵，是人之所欲也。"② 后来，杨朱主张"为我"说道："古之人，损一毫利天下，不与也。悉天下奉一身，不取也。人人不损一毫，人人不利天下，天下治矣。"③

战国时，商鞅指出："民之性，饥而求食，劳而求佚，苦则索乐，辱则求荣，此民之情也。"④ 在商鞅看来，"民之于利"就如同"水之于下"，"四旁无择"⑤；"民之欲富贵也，共阖棺而后止"。⑥《管子》（战国部分）有这样的表述："凡人之情，见利莫能勿就，见害莫能勿避"，"其商人通贾，倍道兼行，夜以续日，千里而不远者，利在前也。渔人之入海，海深万仞，就波逆流，乘危百里，宿夜不出者，利在水也"。⑦ 荀子写道："若夫目好色，耳好声，口好味，心好利，骨体肤理好愉佚，是皆生于人之情性者也。"⑧ "人之情，食欲有刍豢，衣欲有文绣，行欲有舆马，又欲夫余财蓄积之富也。然而穷年累世而不知足者，是人之情也。"⑨ 韩非对人的自利心更是做了入木三分的刻画："王良爱马，越王勾践爱人，为战与驰。医善吮人之伤，含人之血，非骨肉之亲也，利所加也。故舆人成舆，则欲人之富贵。匠人成棺，则欲人之夭死。非舆人仁而匠人贼也。人不贵则舆不售，人不死则棺不卖。情非憎人也，利在人之死也。"⑩ 他还说："夫卖佣而播耕者，主人费家而美食，调布而求易钱者，非爱佣客也。曰如是，耕者且深，耨者熟耘也。佣客致力而疾耘耕，尽巧而正畦陌畦畤者，非爱主人也。曰如是，羹且美，钱布且易云也。"⑪ 这种观念表述一直延续到西汉前期，如《管子》（西汉部分）的作者仍然延续了对这种观念的表述："百姓无宝，以利为首，一上一下，唯利所处。"⑫ 司马迁为人们所熟知的一段话："天下熙熙，皆为利来；天下攘攘，皆

---

① 《晏子春秋·内篇谏下》。
② 《论语·里仁》。
③ 《列子·杨朱篇》。
④ 《商君书·算地》。
⑤ 《商君书·君臣》。
⑥ 《商君书·赏刑》。
⑦ 《管子·禁藏》。
⑧ 《荀子·性恶篇》。
⑨ 《荀子·荣辱篇》。
⑩ 《韩非子·备内》。
⑪ 《韩非子·外储说左上》。
⑫ 《管子·侈靡》。

为利往。"司马迁又曰:"富者,人之情性,所不学而俱欲也。"①

（二）法家经济思想的特点

基于这一人性假设,儒家提出类似于自由放任的政策主张,如孔子把"因民之所利而利之"②作为执政者的美德之一。司马迁把政府的作为分为五等:"善者因之,其次利道（导）之,其次教诲之,其次整齐之,最下者与之争。"③但在群雄逐鹿的战国时代,最后胜出的却是以法家主张为核心的秦国模式。这一模式的思想方法和经济体制特点集中体现在《商君书》。众所周知,商鞅变法所实施农战、抑商等举措,依靠的是国家的力量,政府的主导,法令则是主要工具。何以至此?或者说极端的行政干预为什么必要?《商君书》做过这样的解释:"民弱国强,国强民弱。故有道之国,务在弱民。""政作民之所恶,民弱;政作民之所乐,民强。民弱,国强;民强,国弱。"④类似的说法还有:"以强去强者,弱;以弱去强者,强。国为善,奸必多。国富而贫治,曰重富,重富者强;国贫而富治,曰重贫,重贫者弱。"⑤这里所说的弱民,是指让人民惧怕国家的法令,而"以强去强者,弱",则是指通过允许让人民变得强悍的途径来消除违法现象,一定会削弱国家的实力,所以,政府不能对人民太慈善,即使经济情况不差,国家也必须当作贫穷之邦来治理。可以看出,在商鞅的眼里,国家的利益是至高无上的,民众只是满足国家利益的工具或手段,当民众追求不同于国家利益的个人利益时,就被认为是对国家利益的危害,必须受到惩罚和清除,政府对经济的各种管制,就是为了防止这种情况的发生。在这里,法律只是统治者用来强迫民众的暴力。

为了推行农战,《商君书》制定了诸多限制民众偏离国家利益的举措。在文化上,它主张愚民,一方面"无以外权爵任与官",不让人借助外部势力获得名声,"则民不贵学问,又不贱农。民不贵学,则愚,愚,则无外交,无外交则国安不殆。民不贱农,则勉农而不偷";另一方面,"国之大臣诸大夫,博闻、辨慧、游居之事,皆无得为,无得居游于百县,则农民无所闻变见方。农民无所闻变见方,则知农无从离其故事,而愚农不知,不好学问。

---

① 《史记·货殖列传》。
② 《论语·尧曰》。
③ 《史记·货殖列传》。
④ 《商君书·弱民》。
⑤ 《商君书·去强》。

愚农不知，不好学问，则务疾农"。① 在生活上，它禁令重重，如"无得取庸，则大夫家长不建缮，爱子惰民不窳，而庸民无所于食，是必农"；"声服无通于百县，则民行作不顾，休居不听。休居不听，则气不淫。行作不顾，则意必壹。意壹而气不淫，则草必垦矣"；"废逆旅，则奸伪、躁心、私交、疑农之民不行，逆旅之民无所于食，则必农"；"使民无得擅徙，则诛愚乱农农（之）民无所于食，而必农"；等等。② 在法制上，"重刑而连其罪，则褊急之民不斗，很刚之民不讼，怠惰之民不游，费资之民不作，巧谀、恶心之民无变也。五民者不生于境内，则草必垦矣"。③

《商君书》在经济领域的规制则是以重农抑商为要点。在重农方面，它主张依据农民的粮食收成统一征税，"訾粟而税，则上壹而民平"，"上壹则信，信则臣不敢为邪。民平则慎，慎则难变"，同时，官府要提高办事效率，"无宿治，则邪官不及为私利于民，而百官之情不相稽，则农有余日"，"官属少，征不烦，民不劳，则农多日"。④ 在抑商方面，首先，禁止粮食自由买卖，"使商无得籴，农无得粜"，"农无得粜，则窳惰之农勉疾。商不得籴，则多岁不加乐。多岁不加乐，则饥岁无裕利。无裕利，则商怯；商怯，则欲农"。其次，提高商业税收，"贵酒肉之价，重其租，令十倍其朴（成本）"，"商贾少，农不能喜酣奭，大臣不为荒饱"，"则上不费粟"；"重关市之赋，则农恶商，商有疑惰之心。农恶商，商疑惰，则草必垦矣"。⑤ "欲农富其国者，境内之食必贵，而不农之征必多，市利之租必重。则民不得无田，无田不得不易其食。食贵则田者利，田者利则事者众。食贵，籴食不利，而又加重征，则民不得无去其商贾、技巧而事地利矣。故民之力尽在于地利矣。"⑥ 最后，加重商家徭役，"以商之口数使商，令之厮、舆、徒、重者必当名，则农逸而商劳。农逸则良田不荒，商劳则去来赍送之礼"。⑦ 此外，国家独占山泽之利，对俸禄之家征收人口税等，也都是为了鼓励务农，打击食利阶层。

---

① 《商君书·垦令》。
② 《商君书·垦令》。
③ 《商君书·垦令》。
④ 《商君书·垦令》。
⑤ 《商君书·垦令》。
⑥ 《商君书·外内》。
⑦ 《商君书·垦令》。

(三)秦汉以后的经济模式及其反思

秦始皇统一中国后,由于横征暴敛,二世而亡,继起的西汉政权吸取秦亡的教训,与民休养生息,经济得以恢复,但在武帝当政时,因为财政出现问题,重新运用法家所崇尚的国家力量,在《管子》轻重理论的支撑下,由桑弘羊设计推行盐铁官营、平准均输等经济干预政策,从而把先秦法家对产业的控制扩大到了对流通的驾驭。在桑弘羊看来,"富国何必用本农,足民何必井田也?"① 要稳定社会经济,要满足财政需要,国家直接控制经济是必要和有效之举,"故兴盐铁,设酒榷,置均输,蓄货长财,以佐助边费";② "盐铁之利,所以佐百姓之急,足军旅之费,务蓄积以备乏绝,所给甚众,有益于国,无害于民"。③ 这些举措确实弥补了当时的财政缺口,却在中国古代经济体制和治理思路上留下了重大隐患。一方面,这种政府干预经济以解决财政困难的做法成为路径依赖,被王莽、王安石等人反复运用,另一方面,传统农业经济在自发演进的基础上进入近代工商业时代的前景被堵塞了。

需要指出,中国古代以法家理论为核心的经济治理模式是隐蔽性的,儒家思想却常常被用来作为掩饰。但对这一治理模式的各种弊端,中国历史上不乏批评者。如苏轼对王安石变法持否定态度,他认为青苗法就是官府高利贷:"今陛下使农民举息,与商贾争利,岂理也哉……今青苗有二分之息,而不谓之放债取利,可乎?"④ 他说市易法把"民间生财自养之道,一切收之公上"⑤,其后果是商人亏损,市场萧条,"昔日号为天比户者,皆为市易所破,十无一二矣,其余自小民以上,大率皆有积欠","富户先已残破,中民又有积欠,谁敢赊卖物货,则商贾自然不行,此酒课利所以日亏,城市房廊所以日空也"。⑥ 至于均输法,更是有悖于市情民情:"夫商贾之事,曲折难行,其买也先期而与钱,其卖也后期而取直,多方相济,委典相通,倍称之息,由此而得。今官买是物必先设官置吏,簿书廪禄,为费已厚,非良不售,非贿不行。是以官买之价,比民必贵,及其卖也,弊复如前,商贾之利,何缘

---

① 《盐铁论·力耕》。
② 《盐铁论·本议》。
③ 《盐铁论·非鞅》。
④ 《苏轼文集》(第一册),中华书局1986年版,第303页。
⑤ 《苏轼文集》(第三册),中华书局1986年版,第876页。
⑥ 《苏轼文集》(第三册),中华书局1986年版,第957—958页。

而得。"这使"豪商大贾，皆疑而不敢动，以为虽不明言贩卖，然既已许之变易，变易既行，而不与商贾争利者，未之闻也"。①

叶适也把王安石列入言利之臣，指出："熙宁新政，重司农之任，更常平之法，排兼并，专敛散，兴利之臣四出候望，而市肆之会，关津之要，微至于小商、贱隶什百之获，皆有以征之。盖财无乏于嘉佑、治平，而言利无甚于熙宁、元丰，其借先王以为说而率上下以利，旷然大变其俗矣。"②"《周官》晚出，而刘歆遽行之，大坏矣；苏绰又坏矣；王安石又坏矣。千四百年更三大坏，而是书所存无几矣。"③"今天下之民，不齐久矣。开阖、敛散、轻重之权不一出于上，而富人大贾分而有之，不知其几千百年也，而遽夺之，可乎？夺之可也，嫉其自利而欲为国利，可乎？呜呼！居今之世，周公固不行是法矣。"④"盖王安石之法，桑弘羊、刘晏之所不道；蔡京之法，又王安石之所不道；而经总制之钱法也，虽吴居厚、蔡京亦羞为之。"⑤

明代的丘濬则把王安石和管仲联系起来加以批评。他写道："富国之术，无义不可，而取举债出息之利，则是万乘而为匹夫之事也……神宗用王安石而行此法，其流祸至于民离散而国破败。"⑥"天生众民，有贫有富，为天下王者，惟省力役，薄税敛，平物价，使富者安其富，贫者不至于贫，各按其分，止其所，得矣。乃欲夺富与贫以为天下，乌有是理哉？夺富之所有以与贫人且犹不可，况夺之而归之于公上哉！吁，以人君而争商贾之利，可丑之甚也。"⑦又说："管夷吾之为法，乃欲塞人之利，而隘其所由之途，其实夺之。示之以予之之形，而阴为夺之之计，是乃伯者功利之习，见利而不见义，知有人欲而不知有天理，乃先王之罪人也。……后世言利之徒，祖其说以聚敛，遂贻千万世生灵无穷之祸。"⑧但丘濬并非一概否定政府的作用，如关于稳定粮价政策他说："上之人制其轻重之政，而因时以敛散，使米价常平以便人。是虽伯者之政，而王道亦在所取也。"⑨

---

① 《苏轼文集》（第二册），中华书局1986年版，第736页。
② 《叶适集》（第三册），中华书局1961年版，第772页。
③ 《叶适集》（第一册），中华书局1961年版，第219页。
④ 《叶适集》（第三册），中华书局1961年版，第659页。
⑤ 《叶适集》（第三册），中华书局1961年版，第775页。
⑥ 《大学衍义补》，卷二五，制国用·市籴之令。
⑦ 《大学衍义补》，卷二五，制国用·市籴之令。
⑧ 《大学衍义补》，卷二八，制国用·山泽之利上。
⑨ 《大学衍义补》，卷二五，制国用·市籴之令。

由此也从一个侧面印证了亚当·斯密对中国古代经济在西汉停滞不前原因的分析，即中国古代是缺少一个能持续促进经济发展的法律制度环境的。在法家的治国理念中，首先，国家的强大是当务之急，民众个人的行为必须服务于政治需求；其次，法律是统治者为了达到这个目标，同时获取经济利益的工具，而不是维护市场交换、促进专业化分工的制度约束。于是，政府对经济的干预遂成为必然。虽然西欧法治经济也经历了艰苦的过程，而且发生在一千多年以后，但秦汉之间成型的外儒内法经济治理方式，由于堵塞了法治发育的路径，确实给中国经济的自发自然扩展带来了难以克服的困难。正如哈耶克所提到过的那样，亚洲存在过"因强大并有效地压抑了私人的创造力的政府"，它们使自己的国家在类似于欧洲的演进过程开端的时候就夭折，"在这些情况中，中华帝国最引人瞩目。在那里，当'国难'再起的时期，当政府的控制暂时被削弱的时候，向文明和复杂工业技术进步的大踏步迈进就会发生。但是，这些反叛行为，或者说，这些脱离常规之举，总是被执迷于刻板保守传统秩序的国家的威能所绞杀"。①

二、梁启超、严复对经济自由和传统经济思想的宣扬与分析

第一次鸦片战争以后，中国进入近代社会，随着西方国家的商品和经济理论的传入，中国学者分析和评价传统思想的方法和观点也出现了变化。

（一）梁启超对中国古代经济思想的反思

在梁启超的经济思想中，对中国古代经济文献的研究是重要的组成部分，其主要著述有：《〈史记·货殖列传〉今义》《王荆公》《管子传》《论中国财政学不发达之原因及古代财政学说之一斑》《墨子学案》《先秦政治思想》等。从他最早撰写的《〈史记·货殖列传〉今义》来看，梁启超的思想是倾向自由竞争的。② 比如梁启超对《老子》的"老死不相往来"论进行了批判："通商者天地自然之理，人之所借以自存也。故言理财之学者，当并国之差别界限而无之，有差别有界限，斯已下矣，若不相往来，又差别界限之下者也……是率天下而路，皆深陈商学精义，太史公最达此义，故篇首直揭邪说

---

① ［英］哈耶克：《不幸的观念》，刘戟锋等译，东方出版社1991年版，第32—33页。
② 钟祥财：《梁启超对中国古代经济思想的研究》，载《经济思想史评论》2010年第2期。

而斥为涂民耳目。"① 梁启超对司马迁提出的"善者因之，其次利导之，其次教诲之，其次整齐之，最下者与之争"，梁启超的解释是："因之"是遵守科学规律，"利导"是专利法等激励创新，"教诲"是设立学校，"整齐"是在没有创新的情况下对原有利益进行整顿，如漕运改革等，此"自善治财者视之，已为中下策矣"，他特别指出："与之争者，不思藏富于民之义，徒欲朘民之脂膏以自肥，輓近之计臣，日日策画筹度者，大率皆与之争也。故西人于民生日用必需之物，必豁免其税以便民，中国则乘民之急而重征之，如盐政之类是也。亦有西人良法美意，为便民而起，而中国恃为助帑之计，行之而骚扰滋甚者，如今日之邮政之类者。"②

在后来的研究中，梁启超的学术观点发生过一些变化和反复，如认为自由放任政策不适合中国当时的实际、肯定政府要履行一定的经济职能等，但基于市场经济的理念，他对中国古代的经济治理模式是持质疑态度的。如对王安石变法，他在《王荆公》一文中指出："青苗法者，不过一银行之业耳。欲恃之以摧抑兼并，其效盖至为微末。而银行之为业，其性质乃宜于民办而不宜于官办。但使国家为之详定条例，使贷者与貣者交受其益而莫能以相病，而国家复设一中央银行，以为各私立银行之枢纽，而不必直接与人民相贷貣，则其道得之矣。荆公之为此，所谓代大匠斫易伤其手也。"③对于市易法，梁启超给予了类似的否定评价，反对国家取代市场主体行使职能，认为国家直接行使本来由市场主体行使的职能，效果不好，因为这种做法也就是欧洲19世纪后期社会主义理论所主张的，即把社会上的所有商品交换都交给政府管理，即使不是全部，至少也必须由政府规定商品的价格，否则的话，就达不到稳定物价的目的，但"笼天下之货而悉由官司其买卖"实际上是"以国家为唯一之资本家，为唯一之企业家，更无第二者以与之竞争，夫是以可行。然其果可行与否，犹未敢断言也。若在现今社会制度之下，欲行此制，云胡而可"，梁启超认为："现今之经济社会，惟有听其供求相剂，而自至于平。所谓自由竞争者，实其不可动之原则也。今乃欲取营运之职，而悉归诸国家，靡论其必不能致也，苟能致焉，而其危险，乃将愈甚。盖其初

---

① 《饮冰室文集之二》，载《饮冰室合集》（第7册），中华书局1989年版，第36—37页。
② 《饮冰室文集之二》，载《饮冰室合集》（第7册），中华书局1989年版，第38页。
③ 《饮冰室文集之二十七》，载《饮冰室合集》（第7册），中华书局1989年版，第74页。

意本欲以裁抑兼并者，而其结果，势必至以国家自为兼并者也。夫兼并者之病民诚烈矣，然有一兼并者起，不能禁他之兼并者，不起而与之相竞，相竞则可以渐底于平矣。若国家为唯一之兼并者而莫与抗焉，则民之憔悴，更安得苏也。凡此皆市易法不可行之理由也。"①

关于《管子》中的官府借贷理论，梁启超既肯定它能在两千多年前就认识到国家掌握金融工具的重要性，同时又表示："夫富民贷而取重息，诚为朘削贫民之一显弊。有国牧民者，固不容坐视。虽然，贫民之贷焉者，必有其大不得已者存。禁贷而绝贷，以是为保护贫民，而不知益以困绝之也。若夫以法规定息率，视彼禁绝贷贷者，为道固稍进，然贫民之忍重息而举债也，必亦有其大不得已者存。贷者多而贷者寡，求过于供，息率势不得不昂。强以法律限制之，则贷者于普通息率之外，更须索犯法之保险费，然后肯出贷，是欲轻之而反以重之也。故善谋国者不为此下愚之策，惟设法以立完备之金融机关，使一国现有之资本，流通捷而效力增；而将来之资本，缘而增殖，则息率之日下，不期而自致焉，各国现行之政策是也。"② 他认为，政府的强制往往违反市场法则，把经济搞乱。

（二）严复对市场经济理论的宣扬

严复是亚当·斯密的《国富论》等西方社会科学论著的中译者，对市场经济思想在中国的传播作出了重要贡献。得益于对西方思想和中国传统文化的全面了解，严复对自由竞争和法治经济的论述具有多科学和中西比较的特点。

关于人性假设，严复在《天演论》中针对赫胥黎的观点有所批评，如赫氏认为仔细考察蜜蜂的行为特点，可以发现其与中国古代井田制度有吻合之处，严复则认为："古之井田与今之均富，以天演之理及计学公例论之，乃古无此事，今不可行之制。"③ 针对赫胥黎所言"人心常德，皆本之能相感通而后有。于是是心之中，常有物焉以为之宰，字曰天良。天良者，保群之主，所以制自营之私，不使过用以败群者也"等语，严复说："赫胥黎保群之论，可谓辨矣。然其谓群道由人心善相感而立，则有倒果为因之病，又不可不知

---

① 《饮冰室文集之二十七》，载《饮冰室合集》（第7册），中华书局1989年版，第78—79页。

② 《饮冰室文集之二十八》，载《饮冰室合集》（第7册），中华书局1989年版，第63页。

③ 王栻主编：《严复集》（第五册），中华书局1986年版，第1343页。

也。盖人之由散入群，原为安利，其始正与禽兽下生等耳，初非由感通而立也。夫既以群为安利，则天演之事，将能使群者存，不群者灭；善群者存，不善群者灭。善群者何？善相感通者是。然则善相感通之德，乃天择以后之事，非其始之即如是也。其始岂无不善相感通者？经物竞之烈，亡矣，不可见矣。"①

在《法意》的按语中，严复批评了当时以追求结果和财富占有平等为标榜的社会思潮，他写道："顾平等必有所以为平者，非可强而平之也。必其力平，必其智平，必其德平，使是三者平，则郅治之民主至矣。不然，使未至而强平之，是不肖者不服乎贤，愚者不令于智，而弱者不役于强也。夫有道之君主，其富者非徒富也，以勤业而富，以知趋时而富，以节欲而富；其贵者亦非徒贵也，以有德而贵，以有功劳而贵，以多才能而贵。乃强为平者曰，是皆不道，吾必铲之以与吾平。夫如是，则无富贵矣，而并亡其所以为富贵者矣。夫国无富贵者可也，无所以为富贵者不可也。无所以为富贵者之民，而立于五洲异种之中，则安能不为其至贫，又安得不为其至贱者乎！"②以上这些话除了政治学、历史学和法学内涵，崇尚竞争的市场经济意识显而易见。

关于经济自由主义，严复的主张是一以贯之的。严复在《天演论》中的一段按语中提到："今人则谓生学之理，舍自营无以自存。民智既开之后，则知非明道则无以计功，非正谊则无以谋利，功利何足病，问所以致之之道何如耳，故西人谓此为开明自营，开明自营于道义必不背。复所以谓理财计学，为近世最有功生民之学者，以其明两利为利，独利必不利故耳。"③严复早在《原强》一文中就视自由为经济增长的必要条件："是故富强者，不外利民之政也，而必自民之能自利始；能自利自能自由始；能自由自能自治始，能自治者，必其能恕、能用絜矩之道者也。"④除却《原富》，严复的经济自由主义主张还表现在其他著作中，比如在《〈庄子〉评语》中，他这样写道："凡国无论其为君主，为民主，其主治行政者，即帝王也。为帝王者，其主治行政，凡可以听民自为自由者，应一切听其自为自由，而后国民得各尽其

---

① 王栻主编：《严复集》（第五册），中华书局1986年版，第1347页。
② 王栻主编：《严复集》（第四册），中华书局1986年版，第957页。
③ 转引自黄克武：《自由的所以然：严复对约翰弥尔自由主义思想的认识与批判》，世纪出版集团、上海书店出版社2000年版，第207页。
④ 王栻主编：《严复集》（第一册），中华书局1986年版，第14页。

天职，各自奋于义务，而民生始有进化之可期。"① "上必无为而用天下者，凡一切可以听民自为者，皆宜任其自由也。下必有为为天下用者，凡属国民亦各尽其天职，各自奋于其应尽之义务也。"②

严复翻译的亚当·斯密的《国富论》，书名是《原富》，在其中的按语中，严复表达了对自由竞争的市场经济体制的认同和赞赏，认为自由、民权就是西欧各国富强的根本原因所在。其在翻译斯密关于自由、民权为西欧各国富强之因的论述之后，严复写道："余读是篇原文，不觉为之潸然出涕也。曰，呜呼！何其言之沉痛也。今夫国者非他，合亿兆之民以为之也。国何以富？合亿兆之财以为之也；国何以强？合亿兆之力以为之也……乃今之世既大通矣，处大通并立之世，吾未见其民之不自由者，其国可以自由也；其民之无权者，其国之可以有权也。且世之黜民权者，亦既主变法矣，吾不知以无权而不自由之民，何以能孤行其道以变其夫有所受之法也……故民权者，不可毁者也，必欲毁之，其权将横用而为祸愈烈者也。毁民权者，天下之至愚也，不知量而最足闵（悯）叹者也。"③

关于政府作用，严复写道："国功为一群之公利，凡可以听民自为者，其道莫善于无扰，此不独中土先圣所雅言，而亦近世计家所切诫，顾国家开物成务，所以前民用者，又有时而不可逯，逯之则其职溺矣。约而言之，其事有三。一、其事以民为之而费，以官为之则廉，此如邮政电报是已。二、所利于群者大，而民以顺私而莫为，此如学校之廪田，制造之奖励是已。三、民不知合群而群力犹弱，非在上者为之先导，则相顾趑趄。此则各国互异，而亦随时不同，为政者必斟酌察度，而后为之得以利耳。譬如英国，若垦田、若通道、至漕渠铁轨，大抵皆公司之所为。而至各国，则官办，若官为先导矣。然此必不得已而后为之。攘臂奋臆，常以官督商办为要图者，于此国财未有不病者也。"④ 这些见解都是严格符合《国富论》原意的。

基于此，他在《原富》按语中明确否定了中国古代政府对经济的干预政策，在他看来，中国历史上有"管氏之轻重，李悝之平籴，宏（弘）羊均

---

① 王栻主编：《严复集》（第四册），中华书局1986年版，第1118页。
② 王栻主编：《严复集》（第四册），中华书局1986年版，第1128—1129页。
③ ［英］亚当·斯密：《原富》（下册），严复译，商务印书馆1981年版，第753—754页。
④ ［英］亚当·斯密：《原富》（下册），严复译，商务印书馆1981年版，第789—790页。

输,寿昌常平"等政策文献,"古人所为,皆欲使二竞(指供求——引者注)相平而已。顾其事出于自然,设官斡之,强物情就己意,执不平以为平,则大乱之道也。用此知理财正辞,为礼家一大事,观古所设,则知其学所素讲者,汉氏以后,俗儒以其言利,动色相戒,不复知其为何学矣"。① 又说,西汉武帝时,"算缗之事,其为病民不待论矣,然吾闻美国行业产税一切听民自占,不设法令以待逃隐,然上下廓然,无欺匿无逆诈。可知民德稍进,虽至不可行之政皆可以施,往往纵任其民,而其民转厚自爱。彼任法术者乌足以于此乎!"② 在严复的分析中,"政府的巧取豪夺远远不如自由放任来得智慧,其为颠愚计者,名曰辅之,适以锢之;名曰抚之,适以苦之。生于其政,害于其事,此五洲国史可遍征以知其然者也。是故后之政家,金谓民之生计,祗宜听民自谋,上惟无扰,为神已多。而一切上之所应享,下之所宜贡者,则定之以公约,如此则上下相安而以富。史迁、申、老之言曰,善者因之,其次利导之,其次教诲之,其次整齐之,最下者与之争。又曰,此岂有政教发征期会哉?各劝其业,乐其事,若水之趋下,日夜无休时,不召而自来。不求而民出之,岂非道之所符,而自然之验耶?其丁宁反复之意,可谓至明切矣"。③

在中国近代,出于对自由竞争和市场经济理念的认同,对中国传统经济治理模式提出批评的还有胡适④、唐庆增等人。只是在当时崇尚政府干预的经济思潮的喧嚣和冲击下,他们的清醒分析并未引起应有的重视。

到了20世纪20年代以后,随着资本主义国家经济问题的日益严重,主张国家对经济进行干预的思潮逐渐形成,这也影响到我国的学术界,以至于到了30年代,呼吁实行统制经济的不乏其人。

三、吴景超、钱端升等人论经济权利和宪法

另外,也有一些学者对民主、自由等法治理念抱有信心。

---

① [英]亚当·斯密:《原富》(上册),严复译,商务印书馆1981年版,第50—51页。
② [英]亚当·斯密:《原富》(下册),严复译,商务印书馆1981年版,第711页。
③ [英]亚当·斯密:《原富》(下册),严复译,商务印书馆1981年版,第286页。
④ 胡适早年曾赞扬王莽的经济统制政策,但到了20世纪30年代就转而肯定司马迁"善者因之"的经济主张了。钟祥财:《胡适为什么忏悔——从胡适经济思想转变看中国近代理论现象》,载《探索与争鸣》2012年第9期。

(一) 顾翊群和唐庆增的看法

顾翊群在 1935 年著文分析了苏联计划经济的不可行，他指出："在我们的世界当中，消费自由是最可贵的，富人有听大戏坐汽车的自由，穷人亦有逛大世界的自由。只要口袋里有钱，无论何人可以有几千种或几万种不同的消费……计划经济者想以工程师在图案室计划的理想，把人民随时改变的消费习惯确定，请问可以成功否？现在仅有苏俄一国实行计划经济，虽然该国本身没有自由市场，但尚可以利用资本制度国的市场，以为本身生产评价的标准。假如实现计划经济者的理想，将全世界都实行此种制度，则评价的标准全失，美国人何以知道他们不应奖励种植桐树，中国人何以知道不应制造汽车呢？请问此种生产是不是盲目的生产呢？"①

唐庆增断言自由竞争的市场经济并未过时，在他看来，"放任主义，昔在欧洲盛行，惟欧战而后，遂渐有侧重干涉主义之倾向，我国今后应采之经济政策，将仿行欧制乎？仰沿用传统经济政策乎；则以旧习惯关系，窒碍难行，抑且遏止人民创造性，阻碍资本之积储，故不必亦步亦趋，效法欧美也。然现代人民，公众欲望，较前为复杂，故现今亦不能完全采取放任之态度。依愚见所及，现时我国应采之经济政策，固宜酌取往昔放任之精神，亦应设法避免干涉之弊窦"。②

(二) 吴景超的主张

在 1948 年发表的文章中，吴景超提出："我个人假如有一种偏见，那就是在价值系统中，我同样地重视'经济平等'与'经济自由'。我一向的看法，深信社会主义可以使我们经济平等，而计划经济则剥夺了消费者的自由。只有社会主义与价格机构一同运用，我们才可以兼平等与自由而有之。计划经济限制人民的自由，并非一种猜想，而是客观的事实，凡是实行计划经济的国家，不管他奉行什么主义，都难免侵犯人民的自由，因此损伤了他的福利。实行计划经济的国家，必然要集中控制，必须要把生产因素的支配权，托付于少数人之手。这少数人假如是大公无私的，假如都如蓝道尔（O.Landauer）所说，在其决定生产品的数量之先，要先解决几十万个方程式，其结果也不见得胜过价格机构下所表现的成绩。万一此少数人别有用

---

① 顾翊群：《入超果于中国有大害否》，载《社会经济月报》1935 年第 5 期。
② 唐庆增：《从历史上以观察我国今后应采之经济政策》，载《经济学季刊》1936 年第 6 期。

心，滥用其权利，逞其私意来支配生产因素，则其对于人民大众所产生的祸害，真是不可胜言。人类不要轻易放弃其自由。到今天为止，我们还没有看到一个制度，其保护人民消费自由的能力，胜过价格机构。所以我不愿意看到社会主义与计划经济联姻，而愿意他与价格机构百年偕老。"①

不难看出，尽管特殊的国内外军事和经济压力使政府集中资源和加强干预成为必要，但在一些民国经济学者的理念中，分散决策、自由选择和公平竞争等仍然是经济发展必须遵循的原则。这使法治经济的思想脉络在中国得以微弱的延续。

（三）钱端升的法学研究

作为法学家，钱端升的学术研究从20世纪20年代一直持续到80年代，出版的专著有《法国的政治组织》《德国的政府》《比较宪法》（合著）及《中国的政府与政治（1912—1949）》（英文）等。在1949年以前，他撰写论文对民国的宪法和孙中山的宪政思想等进行了探讨，新中国成立之初，他撰写的《比较宪法》（合著）对怎样制定一部社会主义的宪法发表了见解。

钱端升精通西方法律体系，在理念上他是崇尚依法治国的，也期望通过法制把中国引入现代化的发展道路，但他的法治观点又具有和政治学结合在一起的特点。如1934年，钱端升在《东方杂志》发表《评中华民国宪法草案》一文，除了对具体的技术问题提出修改意见，他还表示：在当时形势下，无论从执政党的立场，还是从普通国民的立场，"宪法均是不急之务"，"政府现在最大最急的任务是维持国内治安，增进行政效率，发展国民经济。要做到这些，则有待于执政者及各界领袖的觉悟与奋发，有了宪法不仅不能有所帮助，且转恐因采用宪法与夫改制时所引起的纠纷而多所阻碍"。②

在阐述他的法治构想时，钱端升重视经济和民生方面的问题，1935年10月，钱端升在《民族杂志》发表《孙中山先生的宪法观念》一文。关于宪法内容如何确定，钱端升逐一列举了孙中山的意见，如在谈到地方制度与中央地方分权的问题时，他认为反对中央集权与联省自治是孙中山的一贯主张，"依先生之意，宪法应保存县之自治权，而对于省则不必有太固定的制度，俾可以随时机而生变化"。③ 在谈到人民权利义务问题时，他指出："先

---

① 《第四种国家的出路——吴景超文集》，商务印书馆2008年版，第160页。
② 《钱端升自选集》，首都师范大学出版社2010年版，第365页。
③ 《钱端升自选集》，首都师范大学出版社2010年版，第383页。

生倡四种直接民权——选举，罢免，创制，复决——甚力"，"其于受益权方面，先生所尝说及者，则幼年有受教育之权，老弱残废及孕妇有受地方供养之权"。① 总之，孙中山先生的宪法主张并非历久不变，也不是面面俱到的，需要后人根据具体情况，严守其"遗教的精神，而不为文字所拘泥，则伸缩的余地自极客观"。②

1952年，钱端升在《中国建设》杂志上发表《人民政府如何运作》一文。在介绍了新中国的人民权力机构、如何选举代表、人民政府的产生、人民代表会议和人民政府之间的关系、人民如何参与政治等情况之后，钱端升指出：在中国，"作为国家权力的主人，人民也毫不犹豫地批评政府。提批评意见，不受时间和地点的限制"，"人民愈是有能力批评政府，他们就愈会感到他们有责任选出最合格的人去当人民会议的代表并通过他们选出最合格的人民政府的成员"。③ 在他看来，现在的中国人民，"认为在每一个方面他们都是自己的主人。这个改变是最为深远的。人民与政府已经变得不可分离了，政府已经开始具有人民群众占有并能给予的全部力量"。④

中国近代社会情况复杂，法治推进遭遇到各种突发因素的干扰，钱端升的上述见解体现了学者的理智和时代的特点。

四、顾准对市场经济产生原因的中西比较分析

在20世纪中国经济思想的发展史上，特别是在中华人民共和国成立以来社会主义经济思想的深化进程中，顾准是一个不可绕开的重要人物，通过对传统计划经济的深刻反思，在广泛阅读中外典籍的基础上，顾准不仅大胆提出了社会主义条件下企业经营必须遵循市场经济客观规律（即根据价格信号调整企业经营）的见解，而且还在人类文明演进的高度阐述了社会经济可持续发展的普遍性问题。

1957年，顾准在《经济研究》第3期上发表《试论社会主义制度下的商品生产和价值规律》（以下简称《试论》）一文。对这篇论文的核心思想，顾准在1969年所写的《我的反动世界观和反动政治思想、经济思想的初步清

---

① 《钱端升自选集》，首都师范大学出版社2010年版，第383页。
② 《钱端升自选集》，首都师范大学出版社2010年版，第383页。
③ 《钱端升自选集》，首都师范大学出版社2010年版，第561—562页。
④ 《钱端升自选集》，首都师范大学出版社2010年版，第562—563页。

算》中坦言:"在经济问题上,在苏共二十大及其后的修正主义思潮的影响下,我也把此前的强调市场体系、价格体制、经济核算、物质刺激这一套秩序系统化起来(《试论》)。此前没有经验过国家计划,现在经验过了,也加以考虑了,所得的结论,表面上是二元论的,实际上是否定国家计划作用的。我强调用经济方法管理经济,我说用'行政方法'管理经济是不能持久的(见《试论》)。我所说的行政方法,其实包括'经济方法'以外的一切方法,这里既否定了'计划第一',也否定了经济战线上的群众运动。我认为经济建设是和平建设,主席的人民战争的方针并不是经济战线上的根本方针。"① 这种对计划体制的否定和对市场经济的认同,是非常超前的。

顾准对中外历史的研究始于 20 世纪 50 年代,到 60 年代的"文化大革命"中更为深入了。在写于 1967 年的《历史讨论》中,顾准认为个人主义、私有制和民主制等是决定中国和欧洲不同历史走向的关键点。他认为:"希腊罗马文明和西周文明的本质是不同的","希腊、腓尼基、迦太基的海上贸易,决定了希腊文明的个人主义、私有权和民主制。西周则是宗法、封建。这二者,从物质基础到上层建筑,整整齐齐地形成二串鲜明不同的体系"。② 在顾准看来,"西周文明是'予一人'的专制主义。那时候,周天王还处于'组织贵族阶级统治'(德意志意识形态)的阶段,还没有发展到'专制主义加绝对君权'的阶段。战国的征伐兼并,秦的统一,儒—墨—法—术诸家的思想,使中国的政治走上了(一)专制主义;(二)中央集权;(三)绝对君权这个三位一体的体系。兼具这三种因素的国家,确是到秦汉才彻底完成的。扫除障碍的最后一幕是晁错请削六国,发挥这种国家威力到很高的程度的,第一个是汉武帝","从此以后,中国就走不出这个圈子了"。③

顾准指出:中国古代专制集权"这一套僵硬化的东西,到宋明为止,还维持了当时世界上十分先进的繁荣水平","可是这套东西,到头来不适合 17—19 世纪的世界的突飞猛进。唯其存在久,功绩大,所以丢掉也慢"。④ 他分析说,马克思在《资本论》中强调劳动力自由买卖对资本主义发展的重要意义,"然而中国的劳动力和土地可以自由买卖则由来已久。那么,为什

---

① 《顾准自述》,中国青年出版社 2002 年版,第 326 页。
② 《顾准笔记》,中国青年出版社 2002 年版,第 4 页。
③ 《顾准笔记》,中国青年出版社 2002 年版,第 4 页。
④ 《顾准笔记》,中国青年出版社 2002 年版,第 6 页。

么马克思认为基本条件的东西在中国并不缺乏,而资本主义却发展不起来呢?这就是因为中国没有个人主义和私有权的传统。私有权是有的,但是不完全的,它没有足以抵抗专制主义的思想和物质的力量。所以,中国历代不少商人发过财,但对汉武帝的'告算缗',桑弘羊的均输,或明清的禁矿,从来没有反抗过,连反抗的思想反映都没有过。有的,不过是顾炎武的'寓封建于郡县'的学说,这比起洛克的赤裸裸地代表伦敦商人反对君主侵犯商业利益,相差又何其远也?绝对君权的专制主义下面,可以有资产阶级,但不可以有资本主义。中国的资本主义,只有在专制主义管不到的租界里才'萌芽'得出来,这岂不是历史的证明吗?"① 在他看来,中国古代成长不出新兴工商业,"原因就在于这个专制主义中央集权的绝对君权的典章制度意识形态"。② "至于宗法制度之所以残留很久"是由于"它在意识形态上符合中央集权绝对君权的体系;它在物质生活上和小农经济这种生产关系并不矛盾。只要个人主义被排斥,这种制度的残余总是会残留下去的"。③

在后来的读书笔记中,顾准认为明清之际王夫之的抑末论是不足为奇的,因为"大陆国家的商业,只能如此,不可能是别的样子","唯有贸迁于古文明国和广大的蛮族区域之间的希腊,才能产生出重视商业,重视手工业的经济学;而且隐默地以这种经济学为前提,建立起整套希腊思想来……罗马承袭这套东西,演化为罗马法,而且在一种空前绝后的承袭希腊法权体系的意识形态下实行大征服;倒转来,大征服又成为这一套法权体系和意识形态得以延续下去的条件,这是一种世界历史上独一无二的事例","可是,即使如此,仅仅这一条,还不足以把资本主义抚育起来。必定要有岛国英国,来继承希腊时代和北欧海盗的航海传统,有统一的王权足以建立民族国家,又有新教的贪婪然而居积的精神,有名为反对希腊思想实则继承发展希腊思想的工具主义,才使机械文明的资本主义兴发起来了"。④ 因此,他断言:"不必惋惜中国'从来不是资本主义民族'。历史上没有任何条件使中国生长出资本主义来。人类文明总是互相传布互相渗透的。重要的问题在于学习——可不能'中学为体,西学为用'。拿这种态度来学习,是什么也学不到的。"⑤

---

① 《顾准笔记》,中国青年出版社2002年版,第5—6页。
② 《顾准笔记》,中国青年出版社2002年版,第6—7页。
③ 《顾准笔记》,中国青年出版社2002年版,第7页。
④ 《顾准笔记》,中国青年出版社2002年版,第235—236页。
⑤ 《顾准笔记》,中国青年出版社2002年版,第236页。

第二章 市场化进程中中国法治经济的先行思想资料

《希腊城邦制度——读希腊史笔记》是顾准生前用功甚勤、未及完稿的力作,在论述过程中,顾准运用中外比较的方法,揭示了中国古代经济停滞的症结所在。例如,他指出:"立法者这个名词,是文艺复兴以后的西方人常常使用的名词,如孟德斯鸠、卢梭,这个名词在我国和僭主、民选调解官一样是陌生的",中国在先秦时期有一些谋士,但"管仲、商鞅是君主的顾问和大臣,而不是民选的调解官;他们的立法活动,是为君主谋富国强兵,而不是为了调整阶级关系;他们立法取消了世卿政治,但是所确立的政治制度是专制政体。希腊的立法者,则把贵族政体基本上改变成了民主政体,甚至斯巴达的来库古也不算例外。何以两者间有此差别,看起来,上面的解释也是适用的。春秋战国时代,正当我国历史转变的关头,但是从殷商到西周、东周长期'神授王权'的传统,已经决定了唯有绝对专制主义才能完成中国的统一,才能继承发扬并传布中国文明,虽然这种专制主义使中国长期处于停滞不前,进展有限的状态之中,但这是历史,历史是没有什么可以后悔的。"①

在《关于原始积累和资本主义发展的笔记》中,顾准写道:市民阶级是欧洲资本主义产生的原因之一,但"就历史现实而论,其他的因素更为确实。所谓其他因素,《共产党宣言》所指明了的,有航海商业和殖民所扩大了的市场,蒸汽机和机器的发明",对照中国的状况,还必须补充的因素有"法权体系和意识形态所决定的、国家的商业本位的根本态度;欧洲古代,并且经过文艺复兴积累起来的科学技术,合理经营(包括复式簿记)的知识;宗教革命,尤其是,16世纪英国宗教纠纷中对天主教深刻憎恶所激起的、崇尚节俭积累的清教徒的上帝选民的意识"。② 因此,"在英国产生出资本主义来,是许多因素共同作用的结果。单独一个因素都不能达到这种结果"。③

由此可见,顾准对中国古代经济治理体制的反思是颇为深刻的,他从剖析传统计划经济的弊端入手,经过严谨的理论梳理和逻辑推导,得出社会主义经济必须和市场机制结合的结论。在后续的研究中,顾准对英国工业化的产生和发展进行了多学科的综合考察,最终认定哲学上的经验主义、经济学方法论的个人主义和健全的法治环境是现代市场经济的必要条件和充分条

---

① 《顾准文稿》,中国青年出版社2002年版,第604—605页。
② 《顾准文稿》,中国青年出版社2002年版,第339—340页。
③ 《顾准文稿》,中国青年出版社2002年版,第343页。

件。顾准的研究成果所达到的经济思想深度，是与他对社会主义经济问题的分析，对传统计划经济体制的认识密切相关的，也为后来开启的改革开放和市场化进程提供了重要的理论准备。

本章小结

通过上述文献梳理，可以发现在当代中国社会主义市场经济推进过程中提出和深化的法治经济思想有着多样性的先行资料。

首先，在人类社会的发展历史上，法律很早就已经存在，但无论在东方的中国，还是在西方的欧洲，古老的法律一直是统治阶级用来压制民众、维持政权的工具，以惩罚为主体的法律尽管可以实现国家一定时期的稳定，但由于缺少对人民基本权利的保护，经济发展的动力就得不到激发，而经济发展的乏力在自然灾害、人口增长和外族侵扰的压力下便常常成为社会动荡的导火索，使传统的法律制度难以为继。正是在这样的历史困局中，在经历了漫长的中世纪岁月后，具有现代特点的通过法治实现经济增长的思想逐渐形成，这就是本章第一节所介绍的英国古典经济学家们的原创性论述。

亚当·斯密的法治经济理论一方面是从对英国经济发展的历史考察中总结而成的，另一方面也是他和同时代的其他哲学家、法学家交流、探索的学术结晶，并对国家制度和经济政策产生影响，这种自下而上的文化现象，很大程度上也是西方法治经济思想演进的共同特点。亚当·斯密的论述给出了西方法治经济思想的基本框架，即以理性人的假设出发，为了通过专业化分工实现财富的增长，必须建立和完善旨在维护平等交易、自由竞争的法律制度，为了保护私有制，对政府的权力应该予以约束，使它能够在公共领域有效地行使公权力，并让市场充分发挥配置资源的作用。这个框架建构以后，西方学者基本上是根据社会经济发展中出现的新情况，从不同角度对市场经济的运行提出各自的完善法律的主张，如20世纪以来的奥地利学派、德国市场社会主义、货币学派、宪政经济学和产权理论等。因而，西方的法治经济思想虽然不时有理论争论和创新成果，在逻辑上是清晰的，在脉络上是一个持续和深化的走向。本章第三节体现了这一点。

但对本书的研究主题而言，以研究私有制基础上市场机制的西方经济学并不是唯一的先行资料，因为当代中国正在推进的是社会主义的市场经济，显然，马克思主义经典作家的相关论述具有特别重要的研究价值。依照时间顺序，本章第二节对此进行了回顾。从中可见，作为科学的马克思主义理论的有机组成部分，马克思和恩格斯虽然对资本主义的法律制度持否定的态度，认为它体现了对无产阶级进行政治压迫和经济剥削的国家机器的意志，但作为人类文明进步的成果，它在促进经济发展和维护个人自由等方面能够发挥的作用，还是应该予以批判地继承的。这些论述的当代意义将在本书后续的研究中凸显出来。

本章第四节勾勒了中国古代相关思想及其近现代嬗变的线索。史料表明，中国古代的法律体系是农业经济和封建社会的产物，其主要特点是自上而下的专制治理，个人权利和市场因素的生存空间十分有限，延续时间也比西方更长。对此，近代以来的严复等人运用中西比较的方法进行了反思，他们得出的结论是，法治环境的不良是中国经济落后的根源之一。随后，接受过西方教育的钱端升等学者提出了改善中国经济和法律制度的主张。这种探索延续到中华人民共和国成立以后，其中顾准的研究不仅有对历史和文化的剖析，而且深入到传统计划经济的方法论缺陷，成为改革开放中的经济思想先导。

第三章　市场化进程中中国法治经济的思想引领

当代中国的改革开放是在以邓小平为核心的党的第二代领导集体的决策下启动和推进的，具有自上而下的特点。当然，整个国民经济在市场化进程中获得快速发展，则是亿万人民群众投身于创造性劳动的成果。与西方现代化进程中法治建设先于经济增长的情况不同，中国的市场化改革是在经济短缺、濒于破产的倒逼下发生的，法治建设的重要性和必要性也逐渐得到人们的认同。新中国成立以后，按照传统计划经济的思路，决策层和学术界大都以为，只要建立了社会主义公有制，劳动者由于成为生产资料所有者的一分子，劳动积极性自然会极大地发挥出来，市场的竞争机制也就没有存在的必要，但实践证明，社会经济赖以可持续增长的创新动力来自于经济行为主体对自身利益的追求，来自于企业家的敢于冒险的禀赋，来自于分散在个人头脑中的知识的集聚、运用和增加，而这些都离不开市场；进一步看，一旦由市场发挥资源配置的重要作用，与之相适应的法治也就无法缺位。因此，法治经济在当代中国的推进是历史的必然。而作为中国法治经济的思想引领，邓小平等人对市场化改革和法治经济建设的重视、谋划和推动，无疑具有不可替代的重要作用和分析价值。

所谓思想引领，在中国的制度安排和语境中具有如下含义：一方面，在体制转型过程中，决策者的思想对重大政策的制定具有关键性的作用，正如林毅夫所说：在计划经济时期，国家的经济战略和政策，是由政治领袖人物决定的，"只有他们才有资格提出与经典作家不同的理论创新，这一点在所有社会主义国家都是如此"。[①] 这种情况在改革的初期也是如此，以后呈现变动和优化的态势。另一方面，虽然随着思想解放和理论探索的活跃，学者的研究成果越来越多地被决策者吸收，但国家经济战略和政策的制定，仍然具有为学术界的理论研究指明方向，提供更大的扩展空间和深化前景的作用。

---

① 林毅夫、胡书东：《中国经济学百年回顾》，载《经济学》2001年第1期。

第一节 邓小平对法治经济的倡导和阐述

邓小平是当代中国改革开放的总设计师,对中国社会主义市场经济的建立和发展,对这一进程中中国法治经济思想的提出和深化而言,他的重要贡献同样是不容置疑的。邓小平对法治经济的倡导,首先是基于对社会主义可以搞市场经济的认定,其次是强调法制建设对改革开放的必要性的认识,最后是从历史和政治体制改革的高度揭示了法治经济的必然。

一、邓小平的市场经济理念

新中国成立后,在苏联经济体制的影响下,加上我国建设社会主义的经验不足,高度集中的计划经济体制于20世纪50年代中期建成。这一体制对于在短期内集中全国力量构建完整的国民经济体系、增强国力起到了巨大作用。但是,随着经济的发展,计划经济体制缺乏活力等弊端也逐步凸显出来。50年代末,毛泽东曾经对此做过反思,并就利用商品生产和商品交换发展经济的问题进行了研究和思考,提出一系列有意义的观点,如商品生产和商品交换是为社会主义服务的工具等。遗憾的是这一探索后来中断了。吸取了以往经济工作中的教训,本着实事求是、实践是检验真理的唯一标准的马克思主义思想方法,邓小平在改革开放之初,就意识到发挥市场作用的重要性。

早在1978年,邓小平就在一份手稿中写道:"自主权与国家计划的矛盾,主要从价值法则、供求关系来调节。"这表明邓小平此时已经对市场的经济作用给予了重视。[①] 1979年,邓小平的看法趋于明朗,他指出:"说市场经济只存在于资本主义社会,只有资本主义的市场经济,这肯定是不正确的。社会主义为什么不可以搞市场经济,这个不能说是资本主义……市场经济,在封建社会时期就有了萌芽。社会主义也可以搞市场经济。"[②] 1980年,在一次讲话中,邓小平把"计划调节和市场调节相结合"作为探索合乎中国

---

① 转引自于光远:《1978:我亲历的那次历史大转折》,中央编译出版社2008年版,第162页。

② 《邓小平文选》(第二卷),人民出版社1994年版,第236页。

实际的经济发展道路的内容之一①。1982年10月，邓小平说："计划与市场的关系问题如何解决？解决得好，对经济的发展就很有利，解决不好，就会糟。"②1984年，《中共中央关于经济体制改革的决定》中提出"公有制基础上的有计划的商品经济"，邓小平认为这"写出了一个政治经济学的初稿，是马克思主义基本原理和中国社会主义实践相结合的政治经济学"③。

此后，邓小平关于社会主义与市场经济的兼容性的认识更加明晰。如他在1985年10月与美国企业家谈话中表示："社会主义和市场经济之间不存在根本矛盾……把计划经济和市场经济结合起来，就更能解放生产力，加速经济发展。"④1987年，邓小平又指出："计划和市场都是方法嘛。只要对发展生产力有好处，就可以利用。它为社会主义服务，就是社会主义的；为资本主义服务，就是资本主义的。"⑤1989年，邓小平强调："我们要继续坚持计划与市场调节相结合，这个不能改。实际工作中，在调整时期，我们可以加强或者多一点计划性，而在另一个时候多一点市场调节，搞得更灵活一些。"⑥1990年底，邓小平在同几位中央负责同志的谈话时提到："必须从理论上搞懂，资本主义与社会主义的区分不在于是计划还是市场这样的问题。社会主义也有市场经济，资本主义也有计划控制……不要以为搞点市场经济就是资本主义道路，没有那么回事。计划和市场都得要。不搞市场，连世界上的信息都不知道，是自甘落后。"⑦不久又说：计划和市场"两者都是手段，市场也可以为社会主义服务"⑧。

1992年1月18日至2月21日，邓小平发表著名的"南方谈话"，其中提到："计划多一点还是市场多一点，不是社会主义与资本主义的本质区别。计划经济不等于社会主义，资本主义也有计划；市场经济不等于资本主义，社会主义也有市场。计划和市场都是经济手段……社会主义要赢得与资本主义相比较的优势，就必须大胆吸收和借鉴人类社会创造的一切文明成果，吸收和借鉴当今世界各国包括资本主义发达国家的一切反映现代社会化生产规

---

① 《邓小平文选》（第二卷），人民出版社1994年版，第247页。
② 《邓小平文选》（第三卷），人民出版社1993年版，第17页。
③ 《邓小平文选》（第三卷），人民出版社1993年版，第83页。
④ 《邓小平文选》（第三卷），人民出版社1993年版，第148—149页。
⑤ 《邓小平文选》（第三卷），人民出版社1993年版，第203页。
⑥ 《邓小平文选》（第三卷），人民出版社1993年版，第306页。
⑦ 《邓小平文选》（第三卷），人民出版社1993年版，第364页。
⑧ 《邓小平文选》（第三卷），人民出版社1993年版，第367页。

律的先进经营方式、管理方法。"① 作为改革开放的总设计师，邓小平提出坚定不移地走社会主义市场经济的道路，把牢了经济体制改革的正确方向，有力地促进了国人对市场经济的科学认识。正是在以邓小平同志为核心的党的第二代领导集体的不断推动下，中国经济体制的改革进展显著，这在党的重要文献中有集中体现。

1981年6月，党的十一届六中全会通过了《中国共产党中央委员会关于建国以来党的若干历史问题的决议》，其中提出："社会主义生产关系的变革和完善必须适应于生产力的状况，有利于市场的发展。国营经济和集体经济是我国基本的经济形式，一定范围的劳动者个体经济是公有制经济的必要补充。必须实行适合于各种经济成分的具体管理制度和分配制度。必须在公有制基础上实行计划经济，同时发挥市场调节的辅助作用。要大力发展社会主义的商品生产和商品交换。"②

1982年9月，党的十二大报告提出："正确贯彻计划经济为主、市场调节为辅的原则，是经济体制改革的一个根本性问题。我们要正确划分指令性计划、指导性计划和市场调节各自的范围和界限，在保持物价基本稳定的前提下有步骤地改革价格体系和价格管理办法，改革劳动制度和工资制度，建立起符合我国情况的经济管理体制，以保证国民经济的健康发展。"③

1984年9月，当时的国务院主要领导同志给胡耀邦、邓小平、李先念、陈云写信，建议把中国的经济体制概括为以下四层意思：（1）中国实行计划经济，不是市场经济。（2）自发地盲目地通过市场进行调节的生产和交换，只限于小商品、三类农副产品和服务修理行业，它们在整个国民经济中起辅助作用。（3）计划经济不等于指令性计划为主。指令性计划和指导性计划都是计划经济的具体形式……在当前和今后的相当长时间内，我们的方针应当是逐步缩小指令性计划，扩大指导性计划。（4）指导性计划主要用经济手段来调节，指令性计划也必须考虑经济规律特别是价值规律的作用。该同志认为，社会主义经济是以公有制为基础的有计划的商品经济。计划要通过价值规律来实现，要运用价值规律为计划服务。"计划第一，价值规律第二"这一表述并不确切，今后不宜继续沿用。这封信很快得到了4位政治局常委

---

① 《邓小平文选》（第三卷），人民出版社1993年版，第373页。
② 《三中全会以来重要文献选编》（下），人民出版社1982年版，第840—841页。
③ 《十二大以来重要文献选编》（上），人民出版社1986年版，第23页。

的同意。邓小平认为这封信写得很好,并提议在全党范围内传达。①

这个建议后来在党的正式文件中得到体现。《中共中央关于经济体制改革的决定》中说:"根据历史的经验和十一届三中全会以来的实践,应该对我国计划体制的基本点进一步作出如下的概括:第一,就总体说,我国实行的是计划经济,即有计划的商品经济,而不是那种完全由市场调节的市场经济;第二,完全由市场调节的生产和交换,主要是部分农副产品、日用小商品和服务修理行业的劳务活动,它们在国民经济中起辅助的但不可缺少的作用;第三,实行计划经济不等于指令性计划为主,指令性计划和指导性计划都是计划经济的具体形式;第四,指导性计划主要依靠运用经济杠杆的作用来实现,指令性计划则是必须执行的,但也必须运用价值规律。按照以上要点改革现行的计划体制,就要有步骤地适当缩小指令性计划的范围,适当扩大指导性计划的范围。对关系国计民生的主要产品中需要由国家调拨分配的部分,对关系全局的重大经济活动,实行指令性计划;对其他大量产品和经济活动,根据不同情况,分别实行指导性计划或完全由市场调节。"②

1984年10月,党的十二届三中全会召开。会议通过了《中共中央关于经济体制改革的决定》,其中提出:"加快以城市为重点的整个经济体制的改革的步伐"③,强调"商品经济的充分发展,是社会经济发展的不可逾越的阶段,是实现我国经济现代化的必要条件。只有充分发展商品经济,才能把经济真正搞好,促使各个企业提高效率,灵活经营,灵敏地适应复杂多变的社会需求,而这是单纯依靠行政手段和指令性计划所不能做到的"。④ 这个文件重点阐述了以下十个问题:"一、改革是当前我国形势发展的迫切需要;二、改革是为了建立充满生机的社会主义经济体制;三、增强企业活力是经济体制改革的中心环节;四、建立自觉运用价值规律的计划体制,发展社会主义商品经济;五、建立合理的价格体系,充分重视经济杠杆的作用;六、实行政企职责分开,正确发挥政府机构管理经济的职能;七、建立多种形式的经济责任制,认真贯彻按劳分配原则;八、积极发展多种经济形式,进一步扩大对外的和国内的经济技术交流;九、起用一代新人,造就一支社会主义经

---

① 杨继绳:《邓小平时代:中国改革开放纪实》,中央编译出版社1998年版,第326—327页。
② 《十二大以来重要文献选编》(中),人民出版社1986年版,第569—570页。
③ 《十二大以来重要文献选编》(中),人民出版社1986年版,第558页。
④ 《十二大以来重要文献选编》(中),人民出版社1986年版,第568页。

济管理干部的宏大队伍；十、加强党的领导，保证改革的顺利进行。"① 邓小平高度评价了这个文件，"这次经济体制改革的文件好，就是解释了什么是社会主义，有些是我们老祖宗没有说过的话，有些新话。我看讲清楚了"。②

1987年10月，党的十三大召开。大会通过的政治报告中提出："为了加快和深化改革，必须加深对我国经济体制改革性质的科学理解。"③ "社会主义有计划商品经济的体制，应该是计划与市场内在统一的体制。"④ "为此，需要明确几个基本观念：一、社会主义商品经济同资本主义商品经济的本质区别，在于所有制基础不同，社会主义商品经济的发展离不开市场的培育和完善，利用市场调节决不等于搞资本主义；二、必须把计划工作建立在商品交换和价值规律的基础上。以指令性计划为主的直接管理方式，不能适应社会主义商品经济发展的要求，不能把计划调节和指令性计划等同起来，应通过国家和企业之间、企业与企业之间按照等价交换原则签订定货合同等多种办法，逐步缩小指令性计划的范围。国家对企业的管理应逐步转向以间接管理为主；三、计划和市场的作用范围都是覆盖全社会的。新的经济运行机制，总体上来说应当是'国家调节市场，市场引导企业'的机制。"⑤ 不难看出，原来"计划经济为主、市场调节为辅"的提法已经被替换了。⑥

这个报告还提出了深化经济体制改革的主要任务："一、按照所有权经营权分离的原则，搞活全民所有制企业；二、促进横向经济联合体的进一步发展；三、加快建立和培育社会主义市场体系；四、逐步健全以间接管理为主的宏观经济调节体系；五、在公有制为主体的前提下继续发展多种所有制经济；六、实行以按劳分配为主体的多种分配方式和正确的分配政策。"⑦ 关于第1条，报告认为："全民所有制企业不可能由全体人民经营，一般也不适宜

---

① 1984年10月20日，中共十二届三中全会举行会议通过《中共中央关于经济体制改革的决定》，载人民网，http://cpc.people.com.cn/GB/64162/64165/70486/70506/4812023.html。
② 《邓小平文选》（第三卷），人民出版社1993年版，第91页。
③ 《十三大以来重要文献选编》（上），人民出版社1991年版，第25页。
④ 《十三大以来重要文献选编》（上），人民出版社1991年版，第26页。
⑤ 《十三大以来重要文献选编》（上），人民出版社1991年版，第27页。
⑥ 顾龙生主编：《中国共产党经济思想发展史》，山西经济出版社1996年版，第892页。
⑦ 1987年10月25日，中国共产党第十三次全国代表大会上的报告（2），载人民网，http://cpc.people.com.cn/GB/64162/64168/64566/65447/4526369.html。

由国家直接经营，硬要这样做，只能窒息企业的生机和活力。实行所有权和经营权分离，把经营权真正交给企业，理顺企业所有者、经营者和生产者的关系，切实保护企业的合法权益，使企业真正做到自主经营，自负盈亏，是建立有计划商品经济体制的内在要求。"① 关于第 3 条，报告指出："社会主义的市场体系，不仅包括消费品和生产资料等商品市场，而且应当包括资金、劳务、技术、信息和房地产等生产要素市场；单一的商品市场不可能很好发挥市场机制的作用。社会主义的市场体系还必须是竞争的和开放的；垄断的或分割的市场不可能促进商品生产者提高效率，封闭的市场不利于发展国内的合理分工和促进国际贸易。"② 关于第 5 条，报告强调："社会主义初级阶段的所有制结构应以公有制为主。目前全民所有制以外的其他经济成分，不是发展得太多了，而是还很不够。对于城乡合作经济、个体经济和私营经济，都要继续鼓励它们发展。公有制经济本身也有多种形式。除了全民所有制、集体所有制以外，还应发展全民所有制和集体所有制联合建立的公有制企业，以及各地区、部门、企业互相参股等形式的公有制企业。"③ "实践证明，私营经济一定程度的发展，有利于促进生产，活跃市场，扩大就业，更好地满足人民多方面的生活需求，是公有制经济必要的和有益的补充。必须尽快制订有关私营经济的政策和法律，保护它们的合法利益，加强对它们的引导、监督和管理。"④

二、邓小平论用法律手段处理经济问题和加强法制

在推进改革开放的实践中，邓小平清醒地认识到，逐步学会用法律手段处理经济问题和加强法制是未来发展的必由之路。

1978 年 12 月，邓小平在为党的十一届三中全会做准备的中央工作会议上作了题为《解放思想，实事求是，团结一致向前看》的总结报告，他在其中第二部分着重强调了发扬经济民主的问题。邓小平指出："现在我国的经济管理体制权力过于集中，应该有计划地大胆下放，否则不利于充分发挥国家、地方、企业和劳动者个人四个方面的积极性，也不利于实行现代化的经

---

① 《十三大以来重要文献选编》（上），人民出版社 1991 年版，第 27—28 页。
② 《十三大以来重要文献选编》（上），人民出版社 1991 年版，第 29—30 页。
③ 《十三大以来重要文献选编》（上），人民出版社 1991 年版，第 31 页。
④ 《十三大以来重要文献选编》（上），人民出版社 1991 年版，第 32 页。

济管理和提高劳动生产率。"① 邓小平指出:"应该让地方和企业、生产队有更多的经营管理的自主权。我国有这么多省、市、自治区,一个中等的省相当于欧洲的一个大国,有必要在统一认识、统一政策、统一计划、统一指挥、统一行动之下,在经济计划和财政、外贸等方面给予更多的自主权。"② 邓小平强调:"当前最迫切的是扩大厂矿企业和生产队的自主权,使每一个工厂和生产队能够千方百计地发挥主动创造精神。一个生产队有了经营自主权,一小块地没有种上东西,一小片水面没有利用起来搞养殖业,社员和干部就要睡不着觉,就要开动脑筋想办法。全国几十万个企业,几百万个生产队都开动脑筋,能够增加多少财富啊!"③ 不仅如此,经济民主还要落实到劳动者个人,"要切实保障工人农民个人的民主权利,包括民主选举、民主管理和民主监督。不但应该使每个车间主任、生产队长对生产负责任,想办法,而且一定要使每个工人农民都对生产负责任、想办法"。④

另外,邓小平强调:"为了保障人民民主,必须加强法制。必须使民主制度化、法律化,使这种制度和法律不因领导人的改变而改变,不因领导人的看法和注意力的改变而改变。现在的问题是法律很不完备,很多法律还没有制定出来。往往把领导人说的话当作'法',不赞成领导人说的话就叫作'违法',领导人的话改变了,'法'也就跟着改变。所以,应该集中力量制定刑法、民法、诉讼法和其他各种必要的法律,例如工厂法、人民公社法、森林法、草原法、环境保护法、劳动法、外国人投资法等等,经过一定的民主程序讨论通过,并且加强检察机关和司法机关,做到有法可依,有法必依,执法必严,违法必究。"⑤ 在这里,邓小平所说的法制,是与人治相对立的一个概念,他要求改变把领导人的话当作"法"的现象,实际上就是主张法制。因此可以说,邓小平是改革开放以后第一个主张法制的人。

值得注意的是,邓小平提出要用法律方法处理经济问题,并不仅仅是对国家的宏观政策和对外资而言的,其覆盖面很广,他认为:"国家和企业、企业和企业、企业和个人等等之间的关系,也要用法律的形式来确定;它们之间的矛盾,也有不少要通过法律来解决。现在立法的工作量很大,人力很不

---

① 《邓小平文选》(第二卷),人民出版社1994年版,第145页。
② 《邓小平文选》(第二卷),人民出版社1994年版,第145—146页。
③ 《邓小平文选》(第二卷),人民出版社1994年版,第146页。
④ 《邓小平文选》(第二卷),人民出版社1994年版,第146页。
⑤ 《邓小平文选》(第二卷),人民出版社1994年版,第146—147页。

够，因此法律条文开始可以粗一点，逐步完善。有的法规地方可以先试搞，然后经过总结提高，制定全国通行的法律。修改补充法律，成熟一条就修改补充一条，不要等待'成套设备'。总之，有比没有好，快搞比慢搞好。此外，我们还要大力加强对国际法的研究。"①

1979年6月，邓小平在一次讲话中重申："我们好多年实际上没有法，没有可遵循的东西。这次全国人大开会制定了七个法律……这次会议以后，要接着制定一系列的法律。我们的民法还没有，要制定；经济方面的很多法律，比如工厂法等等，也要制定。我们的法律是太少了，成百个法律总要有的，这方面有很多工作要做，现在只是开端。民主要坚持下去，法制要坚持下去。这好像两只手，任何一只手削弱都不行。"②

法治的作用有两方面，一是保护公民的正当权益，二是打击各种违法犯罪活动和干部腐败行为，二者相辅相成，缺一不可。针对改革开放初期发生的无序、失范现象，邓小平提出了治理之策。

1980年8月，他在一次重要讲话中要求："充分发扬人民民主，保证全体人民真正享有通过各种有效形式管理国家，特别是管理基层地方政权和各项企业事业的权力，享有各项公民权利，健全革命法制，正确处理人民内部矛盾，打击一切敌对力量和犯罪活动，调动人民群众的积极性，巩固和发展安定团结、生动活泼的政治局面。"③ 1982年4月，邓小平说："我们自从实行对外开放和对内搞活经济两个方面的政策以来，不过一两年时间，就有相当多的干部被腐蚀了。卷进经济犯罪活动的人不是小量的，而是大量的。犯罪的严重情况，不是过去'三反'、'五反'那个时候能比的"，"这股风来得很猛。如果我们党不严重注意，不坚决刹住这股风，那么，我们的党和国家确实要发生会不会'改变面貌'的问题。这不是危言耸听"。④ 他表示："打击经济犯罪活动，我们说不搞运动，但是我们一定要说，这是一个长期的经常的斗争。我看，至少是伴随到实现四个现代化那一天。"⑤ 为此，邓小平还提出在全体人民中树立法制观念，因为，"我们国家缺少执法和守法的传统，从党的十一届三中全会以后就开始抓法制，没有法制不行。法制观念与人们

---

① 《邓小平文选》(第二卷)，人民出版社1994年版，第147页。
② 《邓小平文选》(第二卷)，人民出版社1994年版，第189页。
③ 《邓小平文选》(第二卷)，人民出版社1994年版，第322页。
④ 《邓小平文选》(第二卷)，人民出版社1994年版，第402—403页。
⑤ 《邓小平文选》(第二卷)，人民出版社1994年版，第403页。

的文化素质有关"①。

在1992年初的"南方谈话"中,邓小平再次强调:"事实证明,共产党能够消灭丑恶的东西。在整个改革开放过程中都要反对腐败。对干部和共产党员来说,廉政建设要作为大事来抓。还是要靠法制,搞法制靠得住些。"②

三、从政治体制改革和反思历史的高度谈推进法治建设

邓小平的法治经济思想在改革开放的过程中是不断深化的。随着经济体制转型的加快,他越来越认识到,要消除各种体制机制障碍,同步推进党和国家领导制度的改革并对历史进行反思势在必行。

在1980年8月所作的《党和国家领导制度的改革》的讲话中,邓小平分析了官僚主义的危害及其根源。他指出:"官僚主义是一种长期存在的、复杂的历史现象。我们现在的官僚主义现象,除了同历史上的官僚主义有共同点以外,还有自己的特点,既不同于旧中国的官僚主义,也不同于资本主义国家中的官僚主义。"③究其根源,首先,"它同我们长期认为社会主义制度和计划管理制度必须对经济、政治、文化、社会都实行中央高度集权的管理体制有密切关系。我们的各级领导机关,都管了很多不该管、管不好、管不了的事,这些事只要有一定的规章,放在下面,放在企业、事业、社会单位,让他们真正按民主集中制自行处理,本来可以很好办,但是统统拿到党政领导机关、拿到中央部门来,就很难办。谁也没有这样的神通,能够办这么繁重而生疏的事情";其次,"我们的党政机构以及各种企业、事业领导机构中,长期缺少严格的从上而下的行政法规和个人负责制,缺少对于每个机关乃至每个人的职责权限的严格明确的规定"。④这两个弊端中,前者是指由观念导致的制度,后者是指由制度导致的后果,而他所批评的制度,就是与现代法治精神相背离的人治做法。因此,邓小平主张进行的党和国家领导制度的改革,实际上也就是要建设包括经济在内的法治社会。

邓小平接着谈到了如何消除腐败的问题。他说:"当前,也还有一些干部,不把自己看作是人民的公仆,而把自己看作是人民的主人,搞特权,特

---

① 《邓小平文选》(第三卷),人民出版社1993年版,第164页。
② 《邓小平文选》(第三卷),人民出版社1994年版,第379页。
③ 《邓小平文选》(第二卷),人民出版社1994年版,第327—328页。
④ 《邓小平文选》(第二卷),人民出版社1994年版,第328页。

殊化，引起群众的强烈不满，损害党的威信，如不坚决改正，势必使我们的干部队伍发生腐化。我们今天所反对的特权，就是政治上经济上在法律和制度之外的权利。搞特权，这是封建主义残余影响尚未肃清的表现。旧中国留给我们的，封建专制传统比较多，民主法制传统很少。解放以后，我们也没有自觉地、系统地建立保障人民民主权利的各项制度，法制很不完备，也很不受重视，特权现象有时受到限制、批评和打击，有时又重新滋长。克服特权现象，要解决思想问题，也要解决制度问题。公民在法律和制度面前人人平等，党员在党章和党纪面前人人平等。人人有依法规定的平等权利和义务，谁也不能占便宜，谁也不能犯法。不管谁犯了法，都要由公安机关依法侦查，司法机关依法办理，任何人都不许干扰法律的实施，任何犯了法的人都不能逍遥法外。"①

　　认为中国很少民主法制的传统，揭示了在中国推进法治的艰巨性，也体现了邓小平思想的深刻性。在他看来，现有体制所具有的种种弊端，"多少都带有封建主义色彩"，其影响是广泛的，"如社会关系中残存的宗法观念、等级观念；上下级关系和干群关系中在身份上的某些不平等现象；公民权利义务观念薄弱；经济领域中的某些'官工'、'官商'、'官农'式的体制和作风……文化领域中的专制主义作风；不承认科学和教育对于社会主义的极大重要性，不承认没有科学和教育就不可能建设社会主义；对外关系中的闭关锁国、夜郎自大；等等"。②总之，"我们进行了二十八年的新民主主义革命，推翻封建主义的反动统治和封建土地所有制，是成功的，彻底的。但是，肃清思想政治方面的封建主义残余影响这个任务，因为我们对它的重要性估计不足，以后很快转入社会主义革命，所以没有能够完成。现在应该明确提出继续肃清思想政治方面的封建主义残余影响的任务，并在制度上做一系列切实的改革，否则国家和人民还要遭受损失"。③

　　在回答外国记者提出的如何防止"文化大革命"悲剧重演的问题时，邓小平也从这个高度强调了健全法制的重要性，他说："我们过去的一些制度，实际上受了封建主义的影响，包括个人迷信、家长制或家长作风，甚至包括干部职务终身制。我们现在正在研究避免重复这种现象，准备从改革制

---

① 《邓小平文选》（第二卷），人民出版社1994年版，第329页。
② 《邓小平文选》（第二卷），人民出版社1994年版，第334页。
③ 《邓小平文选》（第二卷），人民出版社1994年版，第335页。

度着手。我们这个国家有几千年封建社会的历史，缺乏社会主义的民主和社会主义的法制。现在我们要认真建立社会主义的民主制度和社会主义法制。只有这样，才能解决问题。"① 他的深邃思考和明确指示，规定了中国法治经济建设的正确方向和科学路径，成为当代中国经济体制转型和快速增长的智慧引领。

第二节 胡耀邦、彭真的法治见解

对当代中国的改革开放，胡耀邦在担任党的重要领导职务期间发挥了重要的推动作用。与此同时，作为老一辈无产阶级革命家，彭真在立法方面为推进法治经济发展所作的贡献也值得称道。

一、胡耀邦的经济改革主张和法治理念

胡耀邦是当代中国改革开放的重要发起者和推动者。对传统社会主义计划经济体制的缺陷，他有自己的分析思考。1969年3月，"文化大革命"正如火如荼，党的九大召开在即，在极"左"思潮泛滥的情况下，胡耀邦给毛泽东写信，对苏联计划经济体制及中国经济发展等问题提出看法，明确表示，中国的经济如果"完全缩回到或者基本上缩回到斯大林时代的计划经济的老框框中去，这是很可悲的"。② 胡耀邦分析道："斯大林的战前的第一次工业大跃进，似乎过多指靠了工业利润的积累，因而使农民负担过重。这至少是使苏联农业没有跃进的原因之一。""斯大林是人类历史上有数的勇敢的思想家，但在这个问题上（原引者注：指农业和农民）却放不开。他曾经不许集体农庄拥有自己的大型农业机械，更不许办工业，结果使苏联整个农业长期富裕不起来。"③ "我怎么也想不通：斯大林的道路和形式有实在的可能性。""一个最简单的事实：单纯的农业，在一个相当长的时期内，似乎很难几倍、十几倍地增长。在我国人口多、耕地少的情况下就更困难。这么看来要么就是共产主义遥遥无期，不可实现；要么就是在一定时候人为地强制推

---

① 《邓小平文选》（第二卷），人民出版社1994年版，第348页。
② 转引自胡德平：《中国为什么要改革——思忆父亲胡耀邦》，人民出版社2011年版，第16—17页。
③ 转引自胡德平：《中国为什么要改革——思忆父亲胡耀邦》，人民出版社2011年版，第14页。

行'产品交换'。"① 胡耀邦断言:"不是建筑在物质极为丰富基础上的东西,只不过是一种禁欲式的空招牌,花架子。"②

改革开放以后,胡耀邦对传统经济体制的反思更加深入。1979年10月,他在省、市、区党委第一书记座谈会上总结了以往经济工作的三条基本教训,即(1)我们没有真正集中主要精力搞经济;(2)我们的经济建设实行了一条不对头的方针;(3)我们的高度集中的管理体制严重地束缚了生产的发展。关于第3条,胡耀邦指出:"中央高度集权,自古以来不好,连在封建社会也是一种不好的办法。任何时候,任何事情,任何人,什么都搞高度的集权,不搞分权,不搞分级,历来不好。我提议,同志们看看范文澜的《中国通史》续编第一、二章,那里讲了北宋高度的中央集权所带来的危害。还有尚钺的《中国历史纲要》第五章也讲到这个问题。""为什么管理体制过分集中不行呢?理由就是我们的事业不能靠少数人,我们搞经济建设要靠大多数人,靠各级组织和广大人民群众的积极性。我们力量的源泉不在少数人的头脑中间,而是在全党、全军、全国人民身上。"③ 他建议对企业实行中央和地方的分级管理,同时要搞企业自主权。

基于这种认识,胡耀邦明确主张分权、放权,他敏锐地指出:"我们的社会主义建设,在计划方法和经营管理体制等方面,相当一个时期受了外国模式的影响,也受了国内战争和抗日战争时期的分散经济(半自给自足经济)、一元化领导(党政企界限不清)和在军队、机关中的供给制分配方式的影响。几十年来的实践证明,这些模式在我们进行全国范围的社会主义建设的过程中是不成功的,也不适合我国现在的国情。现在,我们确定了在本世纪末要力争达到的奋斗目标,而这些不成功的有害的模式,却严重地束缚着我们的手脚,禁锢着我们许多同志的头脑,归根到底束缚了生产力的发展。不抓紧改革,我们的奋斗目标就有落空的危险。"④ 他结合实际,对传统计划经济作了反思,如说:"我们过去搞了很多盲目性。多少年一手要投资,一手减任务,不知浪费了多少钱。搞了三十年,家当可不少了。固定资产除

---

① 转引自胡德平:《中国为什么要改革——思忆父亲胡耀邦》,人民出版社2011年版,第15页。

② 转引自胡德平:《中国为什么要改革——思忆父亲胡耀邦》,人民出版社2011年版,第53页。

③ 《胡耀邦文选》,人民出版社2015年版,第155页。

④ 《胡耀邦文选》,人民出版社2015年版,第477页。

了美国、苏联,我们占第三位。但是许多厂子不能开工,产品不对路,浪费惊人。已经吃不饱的地方,还要新建厂子,有的如轻工业,却不投资。现在老百姓买东西要求高了,不光布匹、的确良,许多地方要收音机、自行车、电视机、录像机,这些东西又不投资。有些东西不要多少钱可搞上去,不搞。不调整不行","我们要革命就得改革,经济体制、财政体制要改革,干部体制也要改革,不改革还得了?各行各业的规章制度有许多适应不了这一形势"。① 又说:"党的富国富民政策,是最大的群众观点,不领导群众勤劳致富,是最没有群众观点的。什么怕失控、失灵呀,根本的问题是有些同志,就是抓住瞎指挥权不放,或者抓住谋私的权不放。因为一办起家庭农场,他就不能瞎指挥了,也就没有谋私的权了……目前,办家庭农场,群众说是'上面放、下面望、中间有个顶门杠'。就是怕有顶门杠,你们有中梗阻没有?你们的顶门杠拿掉了没有?不行的就是要调开,拿下来。"② 这种改革又是实践的,渐进的,不能沿用过去搞运动的做法,他表示:"我做过军队工作、组织工作、宣传工作,现在想专心研究一点经济问题,从县一级研究起。中国幅员辽阔,经济条件千差万别,用解剖一个麻雀,树立一个典型,像大庆、大寨,全国都来照搬的那个办法来搞现代化建设,看来不行。我想走遍全国所有的县,进行比较研究。"③

基于对市场经济的认同,胡耀邦对经济改革中出现的个体经济和私营企业持大力支持的态度。1983年,他在接见全国发展集体经济和个体经济安置城镇青年就业先进表彰大会代表时说:"集体经济和个体经济的广大劳动者不向国家伸手,为国家的富强,为人民生活方便,做出了贡献。党中央对他们表示敬意,表示慰问。"④ 1986年,他在会见外宾时表示:"个体经济对社会主义经济而言,绝对是一个必不可少的补充,不仅对国家有好处,对人民生活的提高同样有好处……一部分小私营企业,规模不大,资本数量很小,未来的一段时期内,我们将采取可能的方式来实现其增长,但无论如何,私企

---

① 转引自胡德平:《中国为什么要改革——思忆父亲胡耀邦》,人民出版社2011年版,第168页。
② 转引自胡德平:《中国为什么要改革——思忆父亲胡耀邦》,人民出版社2011年版,第297页。
③ 转引自胡德平:《中国为什么要改革——思忆父亲胡耀邦》,人民出版社2011年版,第213页。
④ 《胡耀邦文选》,人民出版社2015年版,第529页。

不能超过集体经济和国营经济。"① "在今明两年,我们首先要考虑一个问题,就是领导个体、私企走上健康发展的道路。在党内需要找个时间讨论几个经济问题,看是否像马克思说的那样,雇佣人员多于七个人就是剥削,我觉得这个问题值得推敲。"② "我们党内现在有的经济学家在争论,按马克思的说法,雇工超过七人就是剥削。我看这种争论没多大意思。""中国的一些私营企业也要不断地获取资源,他们通过优惠信贷发展企业,这样的发展一旦形成规模,就将其改造成集体企业。对于私企的老板,只要是有能力的人,我们也会把他们提拔为经理或厂长。"③ 而要促进这些新经济因素的成长,规范的法治环境就是必不可少的了。

如何通过法治建设推进改革和治理腐败?胡耀邦提出了自己的见解。首先,他强调要处理好严厉打击经济犯罪活动和搞活经济的关系问题,在1986年的一次讲话中他说:"现在我们抓的大案要案,大都是经济上的,这同当前的实际情况相吻合,今后一个时期以经济案件为重点的方针我赞成。但是经济大案要案里面重点打击的是什么?现在下面有什么舆论?要防止什么?在哪些问题上要拿出具体规定来?有哪些问题会引起一些人的疑虑?这些都要想一想。我们抓经济上的大案要案,是为了保护正常的经济往来,不要因为抓经济大案要案,使得人们该办的事不敢办。会不会出现这种情况?出现了怎么办?我们了解的问题不等于下边干部了解,下边干部了解的问题不等于群众了解。我想到一个办法,就是要你们不断地发表评论员文章,发表谈话,加强具体指导,把下面可能产生的误解和怀疑,解决在抓经济大案要案的过程中。"④

其次,"在以抓经济上的大案要案为重点的同时,还要注意抓其他严重败坏党风的案件","严重的渎职行为,长期官僚主义,玩忽职守,使国家在经济上和政治上蒙受重大损失的,也要抓紧处理。大案要案往往在两顶帽子下开脱了,一顶是官僚主义,一顶是不正之风"。⑤ 此外,还要建立符合法

---

① 转引自胡德平:《中国为什么要改革——思忆父亲胡耀邦》,人民出版社2011年版,第30页。
② 转引自胡德平:《中国为什么要改革——思忆父亲胡耀邦》,人民出版社2011年版,第31页。
③ 转引自胡德平:《中国为什么要改革——思忆父亲胡耀邦》,人民出版社2011年版,第32页。
④ 《胡耀邦文选》,人民出版社2015年版,第637—638页。
⑤ 《胡耀邦文选》,人民出版社2015年版,第638—639页。

治精神的体制机制,"查处案件还是由政法部门、纪检部门按系统指导。凡属党纪问题,中纪委统一处理;触犯刑法、经济法律的,归政法部门处理,但要协调、配合好"。①

在同年出访英国期间,胡耀邦充满信心地表示:"我们还决心继续发展社会主义民主,使其制度化、法律化,发扬人民群众的主人翁精神,确保他们在政治、经济、文化和社会各方面生活中的民主权利和有效监督。这样就能使我们的一整套正确方针政策,得以在社会主义民主和法制的轨道上,继续稳定地贯彻实施。"② 这体现了改革开放以来最高决策层对推进法治经济和制度建设的明确方向。

二、彭真的法治经济见解

在担任全国人大主要领导职务期间,彭真高度重视立法工作,主持制定了多部法律法规,为中国法制化建设作出了重要贡献。他对法治经济的看法体现在相关的讲话中。

经历了"文化大革命"的教训,彭真对健全法制的重要性尤为强调,他在1985年7月的一次讲话中指出:"十亿人的国家,如果没有举国上下、全国人民共同遵守的宪法和法律,如果不是不管什么人,都要遵守宪法和法律。都没有超越宪法和法律的特权,那么国家的安定和社会主义事业的顺利进行,就不能说是有保证的。"③ "是不是还允许今后再发生'文化大革命'那种情况?我看,没有哪个老百姓,没有哪个忠实于共产主义事业的同志,希望再发生'文化大革命'。但是,只有愿望不行啊!总要有个东西作保障。什么东西?就是要健全社会主义民主和法制。十亿人统统都要按照宪法、法律办事,就是一项重要保障。这是党的十一届三中全会下的决心……健全社会主义法制,才有可能少出一点乱子,保证四化建设的顺利进行,保证各项工作的顺利进行。这是关系到党、军队、国家和十亿人民的前途和命运的大问题。"④

在改革开放的新形势下,政法工作的根本任务是什么?彭真在1982年7

---

① 《胡耀邦文选》,人民出版社2015年版,第640页。
② 《胡耀邦文选》,人民出版社2015年版,第651页。
③ 《彭真文选(一九四一——一九九〇)》,人民出版社1991年版,第532—533页。
④ 《彭真文选(一九四一——一九九〇)》,人民出版社1991年版,第533—534页。

月作了这样的阐述:"党和国家的工作重点早已转移到社会主义现代化建设上来",那么,政法方面"尽管它的具体工作涉及政治、经济、文化,涉及社会生活各个方面,它和上层建筑的其他部分要互相配合和支持,但是归根到底,必须在四项基本原则的指导下,为社会主义现代化建设服务,为经济基础服务。这是最根本的"。① 这就是说,随着经济体制的转型,政法工作就应该转变为服务于体制改革和经济发展的法治形态了。

这种转变既是一个制度创新的过程,也是一个渐进探索的过程,但市场化的方向是明确的,正如彭真在 1985 年 1 月所说:"对外开放,以城市为重点的经济体制改革,是实现社会主义四个现代化的重要环节。生产力的发展势必引起生产关系或者说是经济关系的变化,随之就要引起上层建筑的变化。在上层建筑中,政法战线与经济基础的联系很密切,归根结底是为经济基础服务的。对外开放、经济体制改革涉及的问题很广泛、很复杂,变化是很深刻的。我们既然要为它服务,就必须了解它,了解有些什么问题,应当怎么解决;了解试验中有哪些是成功的,哪些不完全成功……发展全民、集体和个体经济三种经济,刑法就写了,宪法更进了一步。既然存在三种经济,它们彼此之间当然要交换产品。各种经济内部及生产者和消费者之间也要进行交换。社会主义社会是个漫长的历史阶段,我们现在还处在社会主义初期,怎么可以想象没有商品生产和商品交换?对外开放不讲商品行吗?"② 但是,推进法治不可能一蹴而就,应该循序渐进,所以彭真又说:"现在对外开放、经济体制改革正在进一步展开,急需的主要还不是立法,而是制定一些暂时的规定或者条例,以便使工作比较有条理地有秩序地进行。目前这个阶段,许多新的问题需要探索、试验。实践证明可以定下来的,才可以立法……法律制定以后,还有许多实际问题需要解决。我们国家大,各地政治、经济、文化发展又很不平衡,只靠中央搞个决定、指示或靠国家立法,一刀切,事实证明是不够的。"③

文化观念转变的长期性也决定了法治建设不能急于求成,在彭真看来,"旧中国没有民主,老百姓开个会都不行,撒一张传单就可以抓起来杀头。没有民主,还有什么法制?那时候法制是反动的法制,没有民主的法制。建

---

① 《彭真文选(一九四一——一九九〇)》,人民出版社 1991 年版,第 425—426 页。
② 《彭真文选(一九四一——一九九〇)》,人民出版社 1991 年版,第 511—512 页。
③ 《彭真文选(一九四一——一九九〇)》,人民出版社 1991 年版,第 512—513 页。

国以后，我们在法制建设方面的基础比较薄弱，政法干部也比较少，这是有原因的。拿我们党来说，革命战争期间，主要是靠政策办事，注重的是政策，没有依法办事的习惯。还有，我国经历了几千年的封建社会，封建残余思想至今影响着我们。有的人没有当'长'的时候对民主和法制还觉得重要，当了什么首长就对民主和法制不那么热心了，甚至有点嫌麻烦了。切不要低估封建残余思想的影响。此外，还要看到，我国经济不发达，人民文化水平低，十亿人民都养成依照宪法、法律办事的习惯，需要有一个过程。"①

为了适应经济体制改革和社会治理转型的需要，彭真较早参与组织了民法的起草工作。1981年5月，他在相关座谈会上提出：一方面，"研究问题、立法，不能割断历史。我国历史上不是没有民法，风俗习惯中也有很多实际是民法，即习惯法。民法一方面要以现实的经济关系为基础；另一方面法律本身又有自己的发展历史和体系。起草民法，除研究现实的社会经济关系外，还要研究我国历史的实际，研究我国的民法史，批判地吸收其中好的有用的东西"；另一方面，"我们还要研究外国的民法。资本主义的民法比封建主义的进步，社会主义的民法比资本主义的进步，并且有本质的不同。对资本主义国家的民法，对社会主义国家的民法，都要进行研究。它们有很多经验可供我们借鉴，凡是好的、对我们有用的，都要吸收"。②

关于借鉴外国的成功经验，彭真在1988年1月再次提到："应该看到，我们的国家是在半殖民地、半封建社会生产力低下的基础上起步进行社会主义建设的，资本主义已有几百年的发展历史，我们建国才不过几十年，所以，直至目前，我们在经济上和文化上还落后于发达的资本主义国家，我国还处在社会主义的初级阶段。这就发生了一个如何对待资本主义国家先进的科学技术和管理经验的问题。正确的态度应该是，一切对我们有益的和有用的东西，我们都要认真学习，取人之长，补己之短。"③

在领导起草工厂法的过程中，彭真也就相关问题发表了看法。他表示："我们管大工厂有三十多年了，如果从东北接管日本人留下的工厂算起，将近四十年了。几十年来，我们已有很多经验，已有了比较完整的一套管理办法，但总觉得工厂的领导体制还不很理想，主要是党、政、工三者的关系、

---

① 《彭真文选（一九四一——一九九〇）》，人民出版社1991年版，第534页。
② 《彭真文选（一九四一——一九九〇）》，人民出版社1991年版，第423页。
③ 《彭真文选（一九四一——一九九〇）》，人民出版社1991年版，第617页。

分工如何摆得更适合的问题还没有完全解决，还需要继续探讨。"① 他认为国营企业不能没有党的领导，关键是党怎样领导好企业，"总起来说，实行厂长负责制，不是削弱党的领导，也不是原样恢复'一长制'，而是要党、政、工三家搞好分工，各尽其责，同心同德，群策群力，在党的领导下，共同完成厂矿的任务"。②

总起来看，彭真关于法治经济的见解主要是从人大立法的角度提出的，侧重点是在指导性的原则阐述，经济学和法学方面的理论分析不多。20世纪80年代中国法治建设的进展是明显的，这说明了，和充满活力的市场机制一样，富有成效的立法改革也是推进法治经济的重要力量。

第三节 万里、乔石的法治经济思想

在改革开放的过程中，在国家机关和政府部门担任重要领导职务的万里、乔石等人也对法治经济问题提出了各自的见解，他们的阐述对推进社会主义法治建设和市场经济的发展发挥了积极作用。

一、万里的农村经济改革思想中的法治意识

万里是1978年以后中国农村经济改革的主要实践者、组织者之一，邓小平曾说：农村改革，"开始的时候，并不是所有的人都赞成改革。有两个省带头，一个是四川省，那是我的家乡；一个是安徽省，那时候是万里同志主持"。③ 1977年，万里被中央派到安徽省担任领导工作。在省委农村工作会议上，他明确指出："农业是国民经济的基础，农业一落后或遭了灾，就会影响整个国民经济的发展，连吃饭穿衣都成问题，更不用说实现四个现代化了。""农村中心问题是把农业生产搞好，各级领导、各个部门，都要着眼于发展农业生产。集体经济要巩固、发展，还必须在生产发展的基础上使人民生活不断有所改善。凡是阻碍生产发展的做法和政策都是错误的。"④ 1979

---

① 《彭真文选（一九四一——一九九〇）》，人民出版社1991年版，第497页。
② 《彭真文选（一九四一——一九九〇）》，人民出版社1991年版，第501页。
③ 《邓小平文选》（第三卷），人民出版社1993年版，第238页。
④ 《万里论农村改革与发展》，中国民主法制出版社1996年版，第1页。

年，万里宣布："我们领导农业的指导思想是，必须在三五年内，采取各种措施，发展农业生产，减轻农民负担，增加农民收入，改善农民生活，使农民能够休养生息，得以致力于加速发展农业生产，并在这个基础上逐步实现农业现代化。"① 通过发展经济改善人民生活，调整农业政策是为了实现这个目的，万里对此的认识体现了改革开放的基本逻辑和必然趋势。

万里对农村改革中农民的大胆创造给予了支持。1978年2月，他率先提出：要真正落实党的农业政策，必须切实尊重生产队的自主权。他认为："生产队是人民公社的基本核算单位。在国家计划指导下，生产队有权因地制宜、因时制宜地进行种植，决定增产措施。在保证完成国家规定的农副产品交售任务后，生产队有权将经营所得的现金和产品，在全队范围内进行分配和处理。切实尊重生产队的自主权，就能激发广大社员群众关心集体生产，激发广大生产队干部用更大的劲头办好集体事业，巩固和发展人民公社集体经济，促进生产力的大发展。忽视甚至损害生产队的自主权，就会挫伤生产队干部和社员群众的积极性，不利于生产的发展。"② 他强调："尊重生产队的自主权，实质上是个尊重实际、尊重群众、发扬民主和反对官僚主义'瞎指挥'的大问题"，"不尊重生产队自主权，这是我们过去农村工作中许多错误的根源。历史上的教训太深刻了"③。在万里看来，"如果不关心群众生活，不发扬民主，想要发展快，办不到。社会主义是要提高劳动生产率，充分发扬民主，使人民群众的生活不断得到改善"。④ 这体现了万里的农村改革思想从一开始就具有了发扬民主、尊重农民生产自主权等法治意识。值得肯定的是，此前安徽省制定的关于当前农村经济政策的几个问题的规定（试行草案），正是万里这一思想认识的产物。而这个文件的颁发实行，启动了安徽农村经济改革的进程，进而对全国经济的发展产生了深刻的影响。

1980年下半年，万里被调到中央，负责全国的农业工作。依据十一届三中全会制定的把工作重心转移到经济建设上来的主导思路，加上在安徽省领导农业经济改革的实践经验，万里对全国农业发展中的问题和解决对策提出了自己的见解。他认为要促进农业的真正发展，必须认真总结30年来农业发

---

① 《万里论农村改革与发展》，中国民主法制出版社1996年版，第40—41页。
② 《万里论农村改革与发展》，中国民主法制出版社1996年版，第4—5页。
③ 《万里论农村改革与发展》，中国民主法制出版社1996年版，第5页。
④ 《万里论农村改革与发展》，中国民主法制出版社1996年版，第18—19页。

展的历史教训。万里把梳理的弊端同封建主义影响联系起来,他说:"封建思想的余毒是不可轻视的,封建主义还影响着我们的各个方面,不仅在思想上、政治上有,在经济上也有。例如,自给自足的自然经济;生产指挥上搞超经济的强制劳动,一平二调,强行征购农民的东西,牺牲农民的利益;领导作风上的家长制,一言堂,打骂群众,农民、技术人员处于无权的地位;生产上不讲经济效果,不计消耗,不计成本。诸如此类问题的存在,都在影响社会主义农业现代化的发展。"① 正是有了这样的认识深度,万里协助邓小平制定的农村改革政策才具有显著的历史进步意义。

万里后来担任全国人大常委会委员长,在这个全国最高立法机构的领导岗位上,他继续为推进改革开放和法治经济建设作出了积极贡献。

二、乔石的法治经济主张

乔石从 20 世纪 80 年代中期开始在政法系统担任领导工作,1993 年至 1998 年担任第八届全国人大常委会委员长。在这期间,他就推进民主法制建设、依法管理社会、加强经济立法、构建社会主义市场经济法律体系框架等问题发表了多次讲话。

1987 年 4 月,乔石在全国政府法制工作会议上指出:"经过八年来的改革,我国经济体制的格局发生了一系列显著的变化:一是改变了企业的单一公有制和高度集中的经营方式,企业的活力明显提高了。农村实行了联产承包责任制,发展了多种经营和商品经济。二是大幅度减少了国家直接计划管理的产品,扩大了市场调节的范围和比重,市场机制开始发挥越来越重要的作用。三是金融体制的改革,使得金融手段开始在调节社会总需求、促进生产建设方面起着重要作用。四是引进外资和国外先进技术逐步增加,我国由封闭式经济开始向开放型经济转变。这些改革虽然是初步的,但已经显示出威力。"② 他同时强调:"经济体制的改革,要求政府转变管理经济的职能,逐步由过去那种主要采取行政手段直接管理经济活动,转变为主要运用经济手段和法律手段来间接控制和调节经济的运行,把宏观控制和微观搞活结合起

---

① 《万里论农村改革与发展》,中国民主法制出版社 1996 年版,第 100 页。
② 《乔石谈民主与法治》(上),人民出版社、中国长安出版社 2012 年版,第 120—121 页。

来。"① 他批评说:"我们有些部门和地方的领导同志,看不清经济体制已经发生和将要发生的巨大变化,认识不足,法制观念不强,有的甚至有法不依,习惯于用行政手段直接干预经济活动,这种做法不改变,就会为改革设置障碍,影响改革的顺利进行。"②

同年7月,乔石在经济法电视讲座上表示:"经济法是一门很重要的法律学科,是国家领导、组织和管理经济活动的重要工具……随着经济体制改革和政治体制改革的深入,随着对外开放,对内搞活经济,经济关系越发展,经济法越来越重要。"③ 他认为:"在总结改革经验的基础上,可能加快一些我们改革、开放的步子。我们要逐步使企业真正成为自主经营、自负盈亏的法人,还要改革价格体系和投资体制,完善市场机制。"④

1988年7月,乔石在东北三省负责同志座谈会上强调,政法工作要为建立社会主义商品经济新秩序做出贡献,⑤ 并提出了四点要求:(1)政法工作要明确树立为建设社会主义商品经济新秩序而努力的观念,对社会治安要有一个长期斗争的思想准备;(2)各级党委和政府的领导同志要牢固树立"两手抓"的思想,即一手抓改革开放和经济建设,一手抓严厉打击严重刑事犯罪和经济犯罪;(3)各级政法机关要把为政廉洁作为"从严治警"的重要内容,养成公正、廉洁的好风气;(4)改善和加强党对政法工作的领导。

1992年1月,乔石在全国政法工作会议上发表讲话,要求政法工作者在新的形势下牢固树立为经济建设和改革开放服务的思想,⑥ 其主要任务包括三项:(1)深入开展打击经济领域犯罪的斗争;(2)充分运用法律手段,维护正常经济秩序;(3)加强法制宣传和法律服务工作,积极参与经济秩序的综合治理。

在邓小平发表"南方谈话",党的十四大正式确立社会主义市场经济的改革取向以后,乔石走上了全国人大常委会委员长的领导岗位,在5年的任期内,他对建立社会主义市场经济法律体制提出了一系列见解。

1993年4月,乔石在八届全国人大常委会第一次会议上强调:"党的十四

---

① 《乔石谈民主与法治》(上),人民出版社、中国长安出版社2012年版,第121页。
② 《乔石谈民主与法治》(上),人民出版社、中国长安出版社2012年版,第121页。
③ 《乔石谈民主与法治》(上),人民出版社、中国长安出版社2012年版,第128页。
④ 《乔石谈民主与法治》(上),人民出版社、中国长安出版社2012年版,第128页。
⑤ 《乔石谈民主与法治》(上),人民出版社、中国长安出版社2012年版,第160页。
⑥ 《乔石谈民主与法治》(上),人民出版社、中国长安出版社2012年版,第283页。

大提出，我国经济体制改革的目标是建立社会主义市场经济体制。这次大会（指八届全国人大常委会第一次会议——引者注）通过的宪法修正案已经把党的这一主张变为国家意志，以根本大法的形式确立下来。建立社会主义市场经济体制，涉及经济基础和上层建筑的许多领域，必须要有相应的社会主义民主和法制作保证。"① 为此，他把加快经济立法作为全国人大常委会第一位的工作，在他看来，"抓紧制定和修改经济方面的法律，是发展社会主义市场经济的客观需要，是保护公平竞争、促进市场发育、建立市场经济秩序、完善宏观调控和保护公民权益的有力手段。它关系到改革开放的全局，关系到社会主义市场经济体制能否顺利地建立，从而直接影响着我国在90年代能否把整个国民经济提高到一个新水平，能否加入国际竞争的行列"。②

在具体的工作推进方面，乔石提出了重视从总体上和法理上的研究、从大局和人民根本利益出发、进一步完善立法体制、大胆吸收和借鉴国外立法经验等原则。关于第4条，他指出："人类社会的一切文明成果，包括西方发达国家的立法经验，都要结合我国实际加以改造、吸收，为我所用。市场经济已经有几百年的发展历史，尽管在不同的社会制度下会有一些不同特点，但它运行的基本规律，如价值规律、供求规律是相同的，竞争机制、资源配置原则也是相同的。当今的世界经济已经发展到这样的阶段，它使一个国家统一和开放的市场体系，必然具有国际化的趋向。因此，在制定市场经济方面的法律时，必须借鉴国外经验，注意与国际上的有关法律和国际惯例相衔接，这样才能有利于我国经济参与国际竞争，有利于吸引外商投资。"③

1994年12月，乔石在谈到建立社会主义市场经济法律体制框架的问题时列举了需要抓紧出台的几个方面的法律：（1）规范市场主体的法律，即"必须用法律来保障和明确市场主体的权利和义务。确保它们能够自主经营、自负盈亏、自我发展、自我约束"；（2）调整市场主体关系、维护公平竞争的法律，因为，"社会主义市场交换关系遵守自愿、公平、等价有偿、诚实信用的原则。这就需要规范市场主体的竞争行为，维护市场秩序"；（3）改善和加强宏观调控、促进经济协调发展方面的法律，在乔石看来，"市场有

---

① 《乔石谈民主与法治》（下），人民出版社、中国长安出版社2012年版，第336页。
② 《乔石谈民主与法治》（下），人民出版社、中国长安出版社2012年版，第337—338页。
③ 《乔石谈民主与法治》（下），人民出版社、中国长安出版社2012年版，第337—339页。

其自身的弱点和消极方面,必须改善和加强国家对市场经济的宏观调控。有些市场经济高度发达的国家,也认为他们实行的是严格宏观调控下的市场经济。我们国家处于机制转换过程中,既需要解放思想,放手培育市场,充分发挥竞争机制的作用,也丝毫不能忽视国家对市场的宏观调控,这就需要加紧制定、完善这方面的法律";(4)建立和健全社会保障制度方面的法律,例如,"对市场经济造成的破产、失业等,需要有相应的社会保障,减少社会震动"。①

作为国家最高立法机构负责人,乔石的法治经济思想总是与改革开放以来我国经济社会发展的进程紧密联系,并以全局性、制度性和导向性为其显著特色。

第四节 江泽民、胡锦涛的法治经济论述

在以邓小平同志为核心的党的第二代领导集体开启了改革开放的历史征程以后,江泽民、胡锦涛相继担任了党的总书记职务。在任期间,他们坚持党的十一届三中全会精神,为推进中国特色社会主义伟大事业、建立和完善中国法治经济建设提出了一系列重要思想。

一、江泽民的法治经济论述

在邓小平"南方谈话"精神的推动下,建立和发展社会主义市场经济作为改革的取向被确定下来,与此相适应,加强社会主义民主和法制的要求也演进为依法治国的战略。

1992年6月,中共中央总书记江泽民在中共中央党校省部级干部进修班发表讲话时指出:"加快经济体制改革的根本任务,就是要尽快建立社会主义的新经济体制。而建立新经济体制的一个关键问题,是要正确认识计划和市场问题及其相互关系,就是要在国家宏观调控下,国家重视和发挥市场在资源配置中的作用。""历史经验说明,商品经济的充分发展是实现社会经济高度发达不可逾越的阶段。充分发展的商品经济,必然离不开充分发育的完善

---

① 《乔石谈民主与法治》(下),人民出版社、中国长安出版社2012年版,第420—421页。

的市场机制。"① 在他看来,"市场是配置资源和提供激励的有效方式,它通过竞争和价格杠杆把稀缺物资配置到能创造最好效益的环节中去,并给企业带来压力和动力。而且,市场对各种信号的反应也是灵敏迅速的"。② 同年10月,江泽民在党的"十四大"政治报告中宣布:"我国经济体制改革的目标是建立社会主义市场经济体制,以利于进一步解放和发展生产力。"③

1993年11月,党的十四届三中全会通过了《中共中央关于建立社会主义市场经济体制若干问题的决定》。《中共中央关于建立社会主义市场经济体制若干问题的决定》中包括十个部分的内容:"一、我国经济体制改革面临的新形势和新任务;二、转换国有企业经营机制,建立现代企业制度;三、培育和发展市场体系;四、转变政府职能,建立健全宏观经济调控体系;五、建立合理的个人收入分配和社会保障制度;六、深化农村经济体制改革;七、深化对外经济体制改革,进一步扩大对外开放;八、进一步改革科技体制和教育体制;九、加强法律制度建设;十、加强和改善党的领导,为本世纪末初步建立社会主义市场经济体制而奋斗。"④

1997年9月,党的十五大召开,江泽民作了题为《高举邓小平理论伟大旗帜,把建设有中国特色社会主义事业全面推向二十一世纪》的报告,其中提出:"公有制为主体,多种所有制经济共同发展,是我国社会主义初级阶段的一项基本经济制度。这一制度的确立,是由社会主义性质和初级阶段国情决定的:第一,我国是社会主义国家,必须坚持公有制作为社会主义经济制度的基础;第二,我国处在社会主义初级阶段,需要在公有制为主体的条件下发展多种所有制经济;第三,一切符合'三个有利于'的所有制形式都可以而且应该用来为社会主义服务。"⑤

2000年1月,江泽民在一次讲话中阐述了社会主义市场经济中政府的作用,他强调:"我们发展社会主义市场经济,一定要充分发挥市场对资源配置的基础性作用。同时,也要看到,我国市场体系还不完善,市场本身又存在

---

① 《江泽民文选》(第一卷),人民出版社2006年版,第198页。
② 《江泽民文选》(第一卷),人民出版社2006年版,第200页。
③ 《江泽民文选》(第一卷),人民出版社2006年版,第226页。
④ 中国共产党第十四届中央委员会第三次全体会议于1993年11月14日通过《中共中央关于建立社会主义市场经济体制若干问题的决定》,载http://cpc.people.com.cn/GB/64162/134902/8092314.html。
⑤ 《江泽民文选》(第二卷),人民出版社2006年版,第19页。

一些难以克服的缺陷。因此，我们必须努力健全宏观调控体系，善于正确运用包括预算、税收、转移支付等在内的财政手段，发挥其在资源配置、收入分配、调控经济、监督管理上的重要职能作用，以促进我国经济健康发展和社会全面进步。"①

在最终确定社会主义市场经济改革目标的情况下，提升法治理念、推进法治建设的重要性也日益凸显出来。

就在党的十四大报告中，江泽民强调了法治在经济体制改革的必要性。在阐述政府职能转变问题时，他指出："这是上层建筑适应经济基础和促进经济发展的大问题。不在这方面取得实质性进展，改革难以深化，社会主义市场经济体制难以建立。转变的根本途径是政企分开。凡是国家法令规定属于企业行使的职权，各级政府都不要干预。下放给企业的权利，中央政府部门和地方政府都不得截留。政府的职能，主要是统筹规划，掌握政策，信息引导，组织协调，提供服务和检查监督。进一步改革计划、投资、财政、金融和一些专业部门的管理体制，同时强化审计和经济监督，健全科学的宏观管理体制与方法。合理划分中央与省、自治区、直辖市的经济管理权限，充分发挥中央和地方两个积极性。"②

在谈到政治体制改革的问题时，江泽民强调："同经济体制改革和经济发展相适应，必须按照民主化和法制化紧密结合的要求，积极推进政治体制改革。我们的政治体制改革，目标是建设有中国特色的社会主义民主政治，绝不是搞西方的多党制和议会制。我国宪法规定，中华人民共和国国家机构实行民主集中制的原则。这是我们的一项根本制度。人民民主是社会主义的本质要求和内在属性。没有民主和法制就没有社会主义，就没有社会主义的现代化。我们应当在发展社会主义民主、健全社会主义法制方面取得明显进展，以巩固和发展稳定的社会政治环境，保证经济建设和改革开放的顺利进行。"③他要求："加强立法工作，特别是抓紧制订与完善保障改革开放、加强宏观经济管理、规范微观经济行为的法律和法规，这是建立社会主义市场经济体制的迫切要求。要严格执行宪法和法律，加强执法监督，坚决纠正以言代法、以罚代刑等现象，保障人民法院和人民检察院依法独立进行审判和检

---

① 《江泽民文选》(第二卷)，人民出版社2006年版，第509—510页。
② 《江泽民文选》(第一卷)，人民出版社2006年版，第229—230页。
③ 《江泽民文选》(第一卷)，人民出版社2006年版，第235页。

察。加强政法部门自身建设，提高人员素质和执法水平。要把民主法制实践和民主法制教育结合起来，不断增强广大干部群众的民主意识和法制观念。"①

1996年2月，江泽民在《坚持依法治国》一文中分析了法治与市场经济的密切关系。他写道："世界经济的实践证明，一个比较成熟的市场经济，必然要求并具有比较完备的法制。市场经营活动的运行、市场秩序的维系、国家对经济活动的宏观调控和管理，以及生产、交换、分配、消费等各个环节，都需要法律的引导和规范；在国际经济交往中，也需要按照国际惯例和国与国之间约定的规则办事。这些都是市场经济的内在要求。我们要实现经济体制和经济增长方式的根本性转变，也必须按照市场的一般规则和我们的国情，健全和完善法制，全面建立社会主义市场经济和集约型经济所必需的法律体系。"② 为此，"既要加强立法工作，不断健全和完善法制；又要加强普法教育，不断提高干部群众遵守法律、依法办事的素质和自觉性"。③

在党的十六大报告中，江泽民在部署法制建设工作时要求："适应社会主义市场经济发展、社会全面进步和加入世贸组织的新形势，加强立法工作，提高立法质量，到二零一零年形成中国特色社会主义法律体系。坚持法律面前人人平等。加强对执法活动的监督，推进依法行政，维护司法公正，提高执法水平，确保法律的严格实施。维护法制的统一和尊严，防止和克服地方和部门的保护主义。拓展和规范法律服务，积极开展法律援助。加强法制宣传教育，提高全民法律素质，尤其要增强公职人员的法制观念和依法办事能力。党员和干部特别是领导干部要成为遵守宪法和法律的模范。"④

显而易见，在江泽民担任党的总书记期间，加强法制建设始终是党的中心工作之一，并且是和发展社会主义市场经济密切联系在一起的。这体现出随着经济体制改革的推进和社会经济的发展，法治经济理念正在经历一个不断清晰和深化的过程。

二、胡锦涛的法治经济论述

在胡锦涛担任党的总书记期间，社会主义市场经济的改革继续推进，对

---

① 《江泽民文选》（第一卷），人民出版社2006年版，第236页。
② 《江泽民文选》（第一卷），人民出版社2006年版，第511—512页。
③ 《江泽民文选》（第一卷），人民出版社2006年版，第513页。
④ 《江泽民文选》（第三卷），人民出版社2006年版，第555页。

此，胡锦涛做过专门的论述和强调。

2005年11月，胡锦涛指出："在社会主义市场经济条件下，实现国民经济持续快速协调健康发展，既要充分发挥市场在资源配置中的基础性作用，又要注重克服市场的缺陷和防范其可能引发经济的较大波动。特别是在工业化、城镇化进程加快和改革攻坚的过程中，更需要通过宏观调控实现经济总量的基本平衡，促进经济结构优化，保持经济平稳运行……健全的市场机制，有效的宏观调控，都是社会主义市场经济体制不可或缺的组成部分，两者相辅相成、互为依托，统一于经济运行的全过程。"[①]

在党的十七大报告中，胡锦涛在谈到经济工作时要求：完善基本经济制度，健全现代市场体系，其内容为，"坚持和完善公有制为主体、多种所有制经济共同发展的基本经济制度，毫不动摇地巩固和发展公有制经济，毫不动摇地鼓励、支持、引导非公有制经济发展，坚持平等保护物权，形成各种所有制经济平等竞争、相互促进新格局。深化国有企业公司制股份制改革，健全现代企业制度，优化国有经济布局和结构，增强国有经济活力、控制力、影响力。深化垄断行业改革，引入竞争机制，加强政府监管和社会监督。加快建设国有资本经营预算制度。完善各类国有资产管理体制和制度。推进集体企业改革，发展多种形式的集体经济、合作经济。推进公平准入，改善融资条件，破除体制障碍，促进个体、私营经济和中小企业发展。以现代产权制度为基础，发展混合所有制经济。加快形成统一开放竞争有序的现代市场体系，发展各类生产要素市场，完善反映市场供求关系、资源稀缺程度、环境损害成本的生产要素和资源价格形成机制，规范发展行业协会和市场中介组织，健全社会信用体系"。[②]

与此同时，中国的法治建设也取得了重要的进展，如通过了《物权法》，取消了农业税等。这些举措的制定和实施，都与胡锦涛重视宪法在国家治理中的重要作用、强调在现代化过程中维护各种经济行为主体的财产权利、通过税法改革着力减轻农民负担等法治意识紧密相关。

2002年12月，胡锦涛主持中共十六届中央政治局第一次集体学习，内容就是树立宪法意识和宪法权威，他在讲话中指出："在为实现党的十六大提

[①]《科学发展观重要论述摘编》，中央文献出版社、党建读物出版社2009年版，第17页。

[②]《胡锦涛文选》（第二卷），人民出版社2016年版，第632—633页。

出的宏伟目标和各项任务奋斗的全过程中，我们必须全面贯彻实施宪法，充分发挥宪法对我国社会主义物质文明、政治文明、精神文明协调发展的促进和保障作用。"① 他要求："切实加强法律监督，保证宪法贯彻落实。宪法具有最高法律效力。依法治国首先要依宪治国。再好的法律，如果不能有效实施，只停留在纸面上，那也不能发挥作用。古人说，法令行则国治，法令弛则国乱，说的就是这个道理。这些年来，根据改革开放和发展社会主义市场经济体制的要求，我们依据宪法制定了一大批法律法规，以宪法为核心的中国特色社会主义法律体系已经初步形成，现在的关键是要保证已经制定的宪法和其他法律得到贯彻实施，切实发挥宪法法律促进和保障我国经济、政治、文化发展的作用。这是我们实施依法治国的基本方略、建设社会主义法治国家的根本要求。"②

2006年3月，胡锦涛首次使用了建设法治国家、树立法治理念的提法。他在一次讲话中说："理念是行动的指南。我们实施依法治国的基本方略、建设社会主义法治国家，既要积极加强法制建设，又要牢固树立法治理念。"③ 他具体阐述说，依法治国是社会主义法治的根本原则，执政为民是社会主义法治的本质要求，公平正义是社会主义法治的基本目标，服务大局是社会主义法治的中心任务，党的领导是社会主义法治的政治保证，保证广大人民群众依法行使权利和履行义务、尊重和保障人权、维护群众权益和国家利益等都属于上述各点的内容，而其中心任务则是"为社会主义经济建设、政治建设、文化建设、社会建设提供强有力的法治保障"④。从法制到法治，一字之差，透露出中国现代化前进的气息。

2007年3月，十届全国人大五次会议通过了《中华人民共和国物权法》，对这个重要法规的精神和意义，胡锦涛作了专门的诠释。他指出："物权法是规范财产关系的民事基本法律。它调整因物的归属和利用而产生的民事关系，包括明确国家、集体、私人和其他权利人的物权以及对物权的保护，事关国家基本经济制度和广大人民群众切身利益。"⑤ 他强调："我国正处在改革发展的关键时期，经济体制深刻变革，社会结构深刻变动，利益格局深刻调

---

① 《胡锦涛文选》（第二卷），人民出版社2016年版，第15页。
② 《胡锦涛文选》（第二卷），人民出版社2016年版，第16页。
③ 《胡锦涛文选》（第二卷），人民出版社2016年版，第428页。
④ 《胡锦涛文选》（第二卷），人民出版社2016年版，第429页。
⑤ 《胡锦涛文选》（第二卷），人民出版社2016年版，第585页。

整，思想观念深刻变化。随着经济社会持续发展，我国人民生活普遍改善、家庭财产不断增多，人民群众维护自身合法权益的愿望日益迫切。在这种形势下，制定和实施物权法，完善中国特色社会主义物权制度，对于坚持国家基本经济制度、完善社会主义市场经济体制，对于实现好、维护好、发展好最广大人民根本利益和激发全社会创造活力，对于全面建设小康社会、加快构建社会主义和谐社会，具有十分重要的意义。"①

　　为了贯彻实施好《物权法》，胡锦涛提出要掌握好这样几个原则：（1）牢固树立物权观念；（2）全面坚持国家基本经济制度；（3）切实维护广大人民群众权益；（4）加快完善相关法律制度。具体而言，就是"要通过多种途径提高广大干部群众对物权法的认识，特别要认识到：权利平等是社会主义法治的重要原则，是保障社会公平正义、促进社会和谐的必然要求；平等保护、公平竞争是社会主义市场经济的基本法则，在社会主义市场经济条件下各类市场主体是平等的，享有平等地位和权利，遵循相同的规则，承担相同的责任。要充分认识依据宪法法律对国家、集体和私人的物权给予平等保护的重大意义，牢固树立依法平等保护和正确行使财产权利的物权观念，为实施物权法营造广泛社会思想基础"②；"要落实物权法关于国有财产权的规定，下大气力解决好国有财产保护问题，切实防止国有资产流失。要按照解放和发展社会生产力的要求，继续深化改革，加大攻坚力度，坚决消除各种体制性障碍，着力完善社会主义市场经济体制，着力形成更加公平、更加开放的市场竞争秩序，为增强公有制经济活力和促进非公有制经济发展提供更加有力的法制保障"③；"要按照物权法规定，切实维护人民群众土地承包经营权、宅基地使用权、房屋所有权及其他财产权利。要坚持和完善农村基本经营制度，坚决制止侵害农民合法权益的行为。要着力解决土地征收征用、城市建设拆迁等方面群众反映强烈的问题，杜绝滥用征收权力、违法征地、违法拆迁等行为"④；"要配合物权法的实施，着眼于保障权利、维护秩序、促进竞争，抓紧建立健全民商法律制度，发挥民商法律制度在推动社会主义市场经济发展、促进社会和谐方面的重要作用"⑤。

---

① 《胡锦涛文选》（第二卷），人民出版社2016年版，第585—586页。
② 《胡锦涛文选》（第二卷），人民出版社2016年版，第586页。
③ 《胡锦涛文选》（第二卷），人民出版社2016年版，第587页。
④ 《胡锦涛文选》（第二卷），人民出版社2016年版，第587页。
⑤ 《胡锦涛文选》（第二卷），人民出版社2016年版，第587页。

市场化进程中中国的法治经济思想与实践

《物权法》的颁布实施是中国法治经济推进过程中的一个重要事件,也是中国社会现代化转型的喜人标志,作为党的最高领导人,胡锦涛的上述阐述不仅体现了他本人对法治经济的认识高度,而且从一个侧面显示出中国特色社会主义伟大事业迈出的坚实步伐。

在党的十七大报告中,胡锦涛在阐述小康社会的理想目标时表示:要"扩大社会主义民主,更好保障人民权益和社会公平正义",做到"公民政治参与有序扩大。依法治国基本方略深入落实,全社会法制观念进一步增强","法治政府建设取得新成效","基层民主制度更加完善","政府提供基本公共服务能力显著增强"。① 为此,必须全面落实依法治国基本方略,加快建设社会主义法治国家,具体要求是:"坚持科学立法、民主立法,完善中国特色社会主义法律体系。加强宪法和法律实施,坚持公民在法律面前一律平等,维护社会公平正义,维护社会主义法制的统一、尊严、权威。推进依法行政。深化司法体制改革,优化司法职权配置,规范司法行为,建设公正高效权威的社会主义司法制度,保证审判机关、检察机关依法独立公正地行使审判权、检察权。加强政法队伍建设,做到严格、公正、文明执法。深入开展法制宣传教育,弘扬法治精神,形成自觉学法守法用法的社会氛围。尊重和保障人权,依法保证全体社会成员平等参与、平等发展的权利。各级党组织和全体党员要自觉在宪法和法律范围内活动,带头维护宪法和法律的权威。"② 这显示了当代中国法治社会建设的连续性和系统性。

第五节　习近平的法治经济论述

习近平的法治经济论述紧密结合我国国情,深刻把握了我国经济发展的规律,具有理论性、科学性与创新性,是新时代中国特色社会主义思想的重要内容,在中国市场化改革进程中具有重要的地位和意义。

一、习近平对法治与经济关系的探究

2013年11月,党的十八届三中全会讨论通过了《中共中央关于全面深

---

① 《胡锦涛文选》(第二卷),人民出版社2016年版,第527—528页。
② 《胡锦涛文选》(第二卷),人民出版社2016年版,第636—637页。

化改革若干重大问题的决定》，习近平在对《中共中央关于全面深化改革若干重大问题的决定》所作的说明中指出：使市场在资源配置中起决定性作用和更好发挥政府作用，"是这次全会决定提出的一个重大理论观点。这是因为，经济体制改革仍然是全面深化改革的重点，经济体制改革的核心问题仍然是处理好政府和市场关系"。[①] 他回顾说：从1992年党的十四大开始，到党的十八大，"我们对政府和市场关系的认识也在不断深化"。[②] 但另一方面，"经过20多年实践，我国社会主义市场经济体制已经初步建立，但仍存在不少问题，主要是市场秩序不规范，以不正当手段谋取经济利益的现象广泛存在；生产要素市场发展滞后，要素闲置和大量有效需求得不到满足并存；市场规则不统一，部门保护主义和地方保护主义大量存在；市场竞争不充分，阻碍优胜劣汰和结构调整，等等。这些问题不解决好，完善的社会主义市场经济体制是难以形成的"。[③]

习近平强调："进一步处理好政府和市场关系，实际上就是要处理好在资源配置中市场起决定性作用还是政府起决定性作用这个问题。经济发展就是要提高资源尤其是稀缺资源的配置效率，以尽可能少的资源投入生产尽可能多的产品、获得尽可能大的效益。理论和实践都证明，市场配置资源是最有效率的形式。市场决定资源配置是市场经济的一般规律，市场经济本质上就是市场决定资源配置的经济。健全社会主义市场经济体制必须遵循这条规律，着力解决市场体系不完善、政府干预过多和监管不到位问题。作出'使市场在资源配置中起决定性作用'的定位，有利于在全党全社会树立关于政府和市场关系的正确观念，有利于转变经济发展方式，有利于转变政府职能，有利于抑制消极腐败现象。"[④] 基于这样的市场经济理念，强调法治经济的重要性也就顺理成章了。

在2015年7月召开的研究"十三五"规划建议的政治局会议上，习近平提出："必须完善社会主义市场经济法治体系，加快法治经济和法治社会建设，把经济社会发展纳入法治化轨道。"[⑤] 明确强调这一要求，是习近平在改

[①] 《习近平谈治国理政》，外文出版社2014年版，第75页。
[②] 《习近平谈治国理政》，外文出版社2014年版，第75—76页。
[③] 《习近平谈治国理政》，外文出版社2014年版，第76页。
[④] 《习近平谈治国理政》，外文出版社2014年版，第77页。
[⑤] 习近平：《关于〈中共中央关于制定国民经济和社会发展第十三个五年规划的建议〉的说明》，载《人民日报》2015年11月4日，第2版。

革开放的长期实践中深入思考的结果。

早在浙江工作期间，习近平就提出过建设"法治浙江"的主张，在他看来，"建设'法治浙江'是全面落实科学发展观，协调推进经济、政治、文化和社会建设的基本保障。坚持以科学发展观统领经济社会发展全局，需要思想上的武装和理念上的自觉，更需要制度上的完善和法治上的保证"，"特别是发展社会主义市场经济，更需要完善法治。市场经济就是法治经济，推进法治建设的一个重要动因，就是要反映和坚持社会主义先进生产力的发展要求，坚持为社会主义市场经济服务，坚持平等、自由、正义、效率等社会主义市场经济内在价值追求。我省要在完善社会主义市场经济体制上走在前列，首先就要在法治建设上走在前列，更多地运用法律手段来调节经济、实施监督，确保政府'经济调节、市场监督、社会管理、公共服务'职能的有效履行，维护正常的市场经济秩序。当前，在经济全球化加快的情况下，必然要求经济活动按照国际规则办事、依法办事，并通过法治建设来营造良好的发展环境。我们要在激烈的国际较量中提高竞争力，就必须努力建设'法治浙江'，使法治成为增强综合竞争软实力的一个重要方面"。①

习近平对法治与经济的关系从两个角度进行了分析：其一，就市场经济的发展而言，法治是维护公平竞争的基本保障，"市场经济的高效率就在于价值规律、竞争规律、供求规律的作用，但发挥市场经济固有规律的作用和维护公平竞争、等价交换、诚实守信的市场经济基本法则，需要法治上的保障。如果不从法律上确认经济实体的法人资格，企业就不可能成为真正的市场竞争主体。如果缺乏维护市场秩序的法律保障，市场行为就会失当，市场信息就会失真，公平竞争就会失序。如果缺乏对不正当市场行为进行惩防的法治体系，守信者利益得不到保护，违法行为得不到惩治，市场经济就不能建立起来。从这一意义上说，市场经济就是法治经济"。②

其二，就人类社会的进步而言，法治是完善治理结构的制度保障，"和谐社会是秩序良好的社会，它要求社会依据既定的规则有序运行，反对无序化和无序状态。实现社会和谐有赖于人们对法律的信仰和遵循。只有把社会生活的基本方面纳入法治的调整范围，经济、政治、文化和谐发展与社会全面进步才有切实的保障，整个社会才能成为一个和谐的社会"，他结合当时

---

① 习近平：《干在实处，走在前列》，中共中央党校出版社2006年版，第354页。
② 习近平：《之江新语》，浙江出版联合集团、浙江人民出版社2007年版，第203页。

中央提出的构建和谐社会的主张，指出"和谐社会本质上是法治社会。同时，法治也为社会和谐提供重要保证。法治通过调节社会各种利益关系来维护和实现公平正义，法治为人们之间的诚信友爱创造良好的社会环境，法治为激发社会活力创造条件，法治为维护社会安定有序提供保障，法治为人与自然的和谐提供制度支持"。①

担任总书记以后，习近平一直强调法治建设的重要性。2012年12月，他在首都各界纪念现行宪法公布实施30周年大会上发表讲话，在肯定新中国法制建设的成就和经验的同时，也清醒地指出工作中的不足，主要表现在："保证宪法实施的监督机制和具体制度还不健全，有法不依、执法不严、违法不究现象在一些地方和部门依然存在；关系人民群众切身利益的执法司法问题还比较突出；一些公职人员滥用职权、失职渎职、执法犯法甚至徇私枉法严重损害国家法制权威；公民包括一些领导干部的宪法意识还有待进一步提高。对这些问题，我们必须高度重视，切实加以解决。"②

2014年10月，党的十八届四中全会作出了《关于全面推进依法治国若干重大问题的决定》。关于法治，习近平指出："历史是最好的老师。经验和教训使我们党深刻认识到，法治是治国理政不可或缺的重要手段。法治兴则国家兴，法治衰则国家乱。什么时候重视法治、法治昌明，什么时候就国泰民安；什么时候忽视法治、法治松弛，什么时候就国乱民怨。"③ 又说，"人类社会发展的事实证明，依法治理是最可靠、最稳定的治理"。④

二、习近平关于法治经济建设的具体设计

怎样建设法治国家？习近平阐述了五个重要原则：（1）必须坚持中国共产党的领导；（2）必须坚持人民主体地位；（3）必须坚持法律面前人人平等；（4）必须坚持依法治国和以德治国相结合；（5）必须坚持从中国实际出发。关于以人民为主体，习近平提出："必须坚持法治为了人民、依靠人民、造福人民、保护人民。要保证人民在党的领导下，依照法律规定，通过各种途径和形式管理国家事务，管理经济和文化事业，管理社会事务。要把体现人民利益、反映人民愿望、维护人民权益、增进人民福祉落实到依法治国全

---

① 习近平：《之江新语》，浙江出版联合集团、浙江人民出版社2007年版，第204页。
② 《习近平谈治国理政》，外文出版社2014年版，第137页。
③ 《习近平关于全面依法治国论述摘编》，中央文献出版社2015年版，第8页。
④ 《习近平关于全面依法治国论述摘编》，中央文献出版社2015年版，第63页。

市场化进程中中国的法治经济思想与实践

过程,使法律及其实施充分体现人民意志";"人民权益要靠法律保障,法律权威要靠人民维护。要充分调动人民群众投身依法治国实践的积极性和主动性,使全体人民都成为社会主义法治的忠实崇尚者、自觉遵守者、坚定捍卫者,使尊法、信法、守法、用法、护法成为全体人民的共同追求"。① 为何要从中国实际出发? 习近平阐述了两点:一是"要突出中国特色、实践特色、时代特色……我们的先人们早就开始探索如何驾驭人类自身这个重大课题,春秋战国时期就有了自成体系的成文法典,汉唐时期形成了比较完备的法典。我国古代法制蕴含着十分丰富的智慧和资源,中华法系在世界几大法系中独树一帜。要注意研究我国古代法制传统和成败得失,挖掘和传承中华法律文化精华,汲取营养、择善而用"。② 二是"不等于关起门来搞法治。法治是人类文明的重要成果之一,法治的精髓和要旨对于各国国家治理和社会治理具有普遍意义,我们要学习借鉴世界上优秀的法治文明成果。但是,学习借鉴不等于是简单的拿来主义,必须坚持以我为主、为我所用,认真鉴别、合理吸收,不能搞'全盘西化',不能搞'全面移植',不能照搬照抄"。③

如何建设法治经济? 习近平认为:"法治经济的本质要求就是把握规律、尊重规律。各级领导干部要提高透过现象看本质的本领,深入把握经济规律、社会规律、自然规律,使对经济工作的领导更加自觉、更加有效。"④ 他强调:在推进法治经济的过程中,"必须以保护产权、维护契约、统一市场、平等交换、公平竞争、有效监管为基本导向,完善社会主义市场经济法律制度"⑤。

针对党的十八大以后经济出现的新情况,习近平冷静地作出了中国经济进入新常态的判断,并相继提出以科技创新为动力,以创新、协调、绿色、开放、共享五大发展理念为目标,进而提出了中国经济以推进供给侧结构性改革为主线的经济发展新思路、新战略,而要实施这个战略,健全的法治必不可少。对此,习近平进行了多次强调。2014 年,他在分析经济形势时指

---

① 《习近平谈治国理政》(第二卷),外文出版社 2017 年版,第 115 页。
② 《习近平谈治国理政》(第二卷),外文出版社 2017 年版,第 117—118 页。
③ 《习近平谈治国理政》(第二卷),外文出版社 2017 年版,第 118 页。
④ 《习近平关于全面依法治国论述摘编》,载《人民日报》2015 年 4 月 28 日,第 1 版。
⑤ 转引自《中共中央关于全面推进依法治国若干重大问题的决定辅导读本》,人民出版社 2014 年版,第 12 页。

出:"必须明确,说我国经济发展进入新常态,没有改变我国发展仍处于可以大有作为的重要战略机遇期的判断,改变的是重要战略机遇期的内涵和条件;没有改变我国经济发展总体向好的基本面,改变的是经济发展方式和经济结构。对发展条件的变化,我们必须准确认识、深入认识、全面认识,顺势而为、乘势而上,更加自觉地坚持以提高经济发展质量和效益为中心,大力推进经济结构战略性调整。要更加注重满足人民群众需要,更加注重市场和消费心理分析,更加注重引导社会预期,更加注重加强产权和知识产权保护,更加注重发挥企业家才能,更加注重加强教育和提升人力资本素质,更加注重建设生态文明,更加注重科技进步和全面创新。做到这些,关键在于全面深化改革、实施创新驱动发展战略、破解发展难题的力度,因此必须勇于推进改革创新,加快转变经济发展方式,切实转换经济发展动力,在新的历史起点上努力开创经济社会发展新局面。"①

2017年1月,习近平在十八届中央政治局第三十八次集体学习时重申:"要处理好政府和市场的关系。使市场在资源配置中起决定性作用和更好发挥政府作用,是推进供给侧结构性改革的重大原则。我们既要遵循市场规律、善用市场机制解决问题,又要让政府勇担责任、干好自己该干的事。市场作用和政府作用是相辅相成、相互促进、互为补充的。要坚持使市场在资源配置中起决定性作用,完善市场机制,打破行业垄断、进入壁垒、地方保护,增强企业对市场需求变化的反应和调整能力,提高企业资源要素配置效率和竞争力。发挥政府作用,不是简单下达行政命令,要在尊重市场规律的基础上,用改革激发市场活力,用政策引导市场预期,用规划明确投资方向,用法治规范市场行为。"②

2018年,国内外经济形势发生了一些重大变化,人们对私营经济的发展前景感到疑虑,为此,习近平专门主持召开一次企业家座谈会,代表党中央表达了继续推进社会主义市场经济改革和发展的决心,他说:"党的十八大以来,我多次重申坚持基本经济制度,坚持'两个毫不动摇'。党的十八届三中全会提出,公有制经济和非公有制经济都是社会主义市场经济的重要

---

① 《习近平关于社会主义经济建设论述摘编》,中央文献出版社2017年版,第81—82页。
② 《习近平关于社会主义经济建设论述摘编》,中央文献出版社2017年版,第69—70页。

组成部分，都是我国经济社会发展的重要基础；公有制经济财产权不可侵犯，非公有制经济财产权同样不可侵犯；国家保护各种所有制经济产权和合法利益，坚持权利平等、机会平等、规则平等，废除对非公有制经济各种形式的不合理规定，消除各种隐性壁垒，激发非公有制经济活力和创造力。党的十八届四中全会提出要'健全以公平为核心原则的产权保护制度，加强对各种所有制经济组织和自然人财产权的保护，清理有违公平的法律法规条款'。"他表示："我国基本经济制度写入了宪法、党章，这是不会变的，也是不能变的。任何否定、怀疑、动摇我国基本经济制度的言行都不符合党和国家方针政策，都不要听、不要信！所有民营企业和民营企业家完全可以吃下定心丸、安心谋发展！"① 这个讲话体现了坚定的法治经济的理念。

毫无疑问，改革开放以来，中国法治经济的思想引领是一以贯之，不断丰富和深化的。这是中国特色社会主义经济思想的重要组成部分，也是根植于计划体制向市场体制转型伟大实践的理论创新，并对中国经济的进一步改革和可持续发展具有着举足轻重、事关全局的指导作用。

本章小结

与西方法治经济思想自下而上产生的路径不同，当代中国的法治经济思想是自上而下提出和形成的，这一方面是由于中国近代对封建社会的反思时常被中断，另一方面是新中国成立后我们实行的是社会主义的计划经济，法治经济的观念和制度缺乏一个前期实践和积累的过程。这种具体的历史和国情条件，使邓小平的法治经济思想具有了丰富的内容和重要的价值。

本章第一节对邓小平法治经济思想的分析体现了他作为改革开放总设计师的历史地位。首先，邓小平对法治问题的重视是与他强调社会主义也要把经济发展放在第一位的看法相联系的。从"讲社会主义，首先就要使生产力发展，这是主要的"②，到"社会主义也可以搞市场经济"，③ 这一认识的清晰必然催生法治建设的出台。其次，作为党的高级领导人，邓小平对法治的强

---

① 习近平：《在民营企业座谈会上的讲话》，载新华网 2018 年 11 月 1 日。
② 《邓小平文选》（第二卷），人民出版社 1994 年版，第 314 页。
③ 《邓小平文选》（第二卷），人民出版社 1994 年版，第 236 页。

调既有政治上的考虑，如打击刑事犯罪，加强社会治安，但主要还是为了促进经济的发展，这体现了在社会主义制度下，法治兼有坚持无产阶级专政和维护社会经济发展的双重职能。最后，从国家管理制度改革和反思封建社会影响的高度谈法治建设，这是邓小平法治经济思想的深度性所在。可以说，邓小平的一系列论述集中体现了当代中国法治经济思想对马克思主义原理的创新、对中国经济发展道路的探索、对封建传统文化的科学扬弃等特点。

本章第二、三、四节分别对改革开放以来几位担任过党的总书记职务或国家最高立法机构负责人的法治经济思想进行概要评述。在党的十四大宣布了以社会主义市场经济体制为改革目标以后，中国发展进入了快车道，市场机制的逐渐建立，生产要素的加快流动，对外开放的日益提升，人民生活的明显改善，既为法治建设提供了条件，也使法治经济成为必要。顺应这种历史的趋势，江泽民、胡锦涛都对法治经济的建设给予了高度重视，通过讲话、撰文和制定决议，中国共产党人对法治经济的认识和推进得以正式确立、贯彻执行和广泛传播，其价值不言自明。

与此同时，在中国的制度架构中，全国人大的立法程序也对法治经济的建设至关重要，也因此，彭真、万里、乔石等人的相关论述有着独特的分析价值。和邓小平、胡耀邦等人一样，彭真、万里作为老一辈无产阶级革命家，他们对新中国的成长历史有着切身体验，对法治建设有着强烈的紧迫感，这使他们的见解和主张具有鲜明的侧重点和时代感。研究他们的法治经济论述，有助于人们了解党中央的高层决策与国家制度的设置之间的联系，也彰显出当代中国法治经济的进程肩负着思想深化和制度建设的双重重任。

本章第五节对习近平对法治经济的论述蕴含了他丰富的辩证思维、历史思维、创新思维和法治思维，是紧密结合新时代背景和实践要求对社会经济发展规律的新认识，蕴含着以法治保障经济发展，经济发展催生法治之治新境界的双向动能，为经济发展在法治轨道上高效运行，高质量法治引领和保障经济高质量发展提供了科学的理论体系。习近平的法治经济思想解决的是法治如何保障经济高质量发展的问题，特别是在把建设社会主义法治国家纳入全面建设社会主义现代化强国总目标、总任务的时代背景下，习近平对法治经济提出了系统、科学、具有原创性价值的新思想、新观点、新论断，是马克思主义法治理论、马克思主义政治经济学中国化的重要成果之一，既回应了如何在法治轨道上推进新时代社会主义经济建设实践，也为更好发挥全面依法治国基础性、保障性作用提供有力支撑。

第四章　市场化进程中中国法治经济的理论探索

对当代中国的改革开放，经济学、法学等领域的理论工作者以他们的艰苦探索和创新见解做出了重要贡献。就本书的分析主题而言，这些理论成果基于研究者各自的学术特长和对市场经济的共识，在各个时期，从不同方面、不同角度和不同层次丰富了中国法治经济思想的理论内涵，提升了它的学术水平。

第一节　林子力、蒋一苇论经济主体的自主权

当代中国的改革开放是从解放思想，用实践作为检验真理的唯一标准拉开帷幕的，随后，摒弃以阶级斗争为纲，确定工作重心转移到经济建设上来，启动了经济体制改革的步伐。在经济改革的初期，市场化目标尚未明确提出，为了提高人们的生产积极性，学者们关注的是如何恢复和扩大企业、农户的自主权。这是由于在新中国成立后的学术研究中，马克思主义的理论占据无可争辩的指导地位，而西方经济学的历史及其进展处于被批判和被隔绝的境地，其影响力的恢复需要时间。

一、林子力对农村经济改革的分析

林子力是较早对农村改革进行系统理论分析的经济学家。他写道："始于七十年代末八十年代初的中国经济体制改革，是一场历史性的伟大变革。农业走在这场变革的前头，一个合乎中国国情，具有中国特色的社会主义农业新型体制正在形成中。它引起农村经济内在生机的焕发，造成农村生产方式和结构的更新。中国农业的社会化和现代化，将由此开拓宽阔的道路"，"对于这样一场八亿农民的规模宏伟、内容极其丰富的改革实践，不能没有

深入的科学研究和系统的理论说明"。① 他指出：农业生产责任制是中国农民的杰出创造，这种以统分结合、联产计酬为特征的新型合作经济，使农民有了劳动和经营上的相对独立性和自主性，导致了一系列的连锁反应："创造才能和积极性的充分激发——劳动生产率空前迅速的提高——增产增收和劳力、资金的剩余——多种经营、分业分工——专业户、新联合体、各种技术服务组织的产生和成长——自给、半自给性的传统生产方式向着商品性、社会化的现代生产方式转变——推动流通体制等的改革——社会化、现代化的，和富有中国色彩的社会主义农业雏形的出现——农村经济、政治、社会生活走向全面进步。"② 与此相对应，理论研究所要回答的问题是联产承包制在我国农村兴起的历史必然性，它的本质和发展前途，在此基础上的多种经济形式以及它们的互相关系，农业社会化、现代化和社会主义农业体制的中国特色等。

林子力从历史的角度分析了我国农村产生联产承包制的必然性。他认为："农业合作化把我国广大农村的个体经济改造成为社会主义的合作经济。这是具有伟大历史意义的。农业合作化以后，我们的农业在相当的程度上沿用了集体农庄制度，其中主要是：（1）集中劳动、集中管理；（2）评工记分、按工分分配。"这种经济形式，"就我们自己实行的结果来说，经验证明，它不符合我们的国情，不符合中国农业的情况"。③ 他概括了中国农业生产力状况的两重特征：一重是，"物质生产手段的落后，分工的不发达和生产者文化科学知识和经营管理能力的缺乏。对于这样的生产力特征，只采取协同劳动的生产方式，是不能与之相适应的"。④ 另一重是，"在生产手段普遍落后的同时，又有一部分先进的工具和设施与之并存；在分工普遍不发达的同时，又有多种经营和生产过程某些环节成为专业的趋势；在生产者的文化科

---

① 林子力：《论联产承包制——兼论具有中国特色的社会主义农业发展道路》，上海人民出版社1983年版，第1—2页。
② 林子力：《论联产承包制——兼论具有中国特色的社会主义农业发展道路》，上海人民出版社1983年版，第2页。
③ 林子力：《论联产承包制——兼论具有中国特色的社会主义农业发展道路》，上海人民出版社1983年版，第38页。
④ 林子力：《论联产承包制——兼论具有中国特色的社会主义农业发展道路》，上海人民出版社1983年版，第43页。

学水平普遍不高的同时,又有不可忽视的一些技术能手和经营能手的存在"。①林子力接着写道:"把握中国农业的情况,关键就在于把握两重特性及其所导致的两个方面的客观要求,一方面是分散独立的劳动;另一方面是国家和集体对于生产过程的控制协调。因此,分田单干,个体经济的路子当然走不通;而那种排斥分散独立的劳动,只要集中统一的模式,也是不符合我国国情。"② 能适应这两种特征的农业生产形式,就是联产承包责任制。

林子力具体论证了这种新型生产形式的优越性。在他看来,生产过程中的承包制是"统""分"的结合,具体方式有按人口包、按劳力包、按"人劳比例"包等。随着农业生产的发展,这些承包形式呈现两种演变趋势:其一,"在越是人多地少而经济落后的地方,越是需要将土地按人口来包种;随着承包以后经济的发展,特别是单产提高,口粮解决,商品增加,经营多样,人们就会要求按人劳比例以至全按劳力包种土地"③。其二,即使是全按劳力承包,也还属于"家家包地,户户种田","更为合理的承包方式,应该是只由从事种植业的劳力来包种,进行种植业以外多种经营的劳力放弃种地而专门从事自己的行业。这样不仅有利于分工和专业化的发展,而且使得劳动效率继续提高以后的种植业劳力,能够有较大面积的土地与之相结合,从而大大提高种植业的商品率"。④ 林子力认为,承包以后的农业生产仍然是集体决策的,因此,"包干以后,集体经营不仅没有消失,而且在那些搞得比较好的地方,质上更加提高了"。⑤

关于"联产计酬"的分配形式,林子力指出:"实行联产承包,无论是提留或者是承包户自己所得多少,都不是任意的,都要受标准产量的制约。使用标准产量这个尺度来确定各户的上交,就是对各户的劳动进行统一的衡

---

① 林子力:《论联产承包制——兼论具有中国特色的社会主义农业发展道路》,上海人民出版社 1983 年版,第 44 页。
② 林子力:《论联产承包制——兼论具有中国特色的社会主义农业发展道路》,上海人民出版社 1983 年版,第 47 页。
③ 林子力:《论联产承包制——兼论具有中国特色的社会主义农业发展道路》,上海人民出版社 1983 年版,第 59 页。
④ 林子力:《论联产承包制——兼论具有中国特色的社会主义农业发展道路》,上海人民出版社 1983 年版,第 58 页。
⑤ 林子力:《论联产承包制——兼论具有中国特色的社会主义农业发展道路》,上海人民出版社 1983 年版,第 75—76 页。

量、折算，即劳动的抽象。"① 至于各承包户的实际收入中可能包含非劳动的，即物质生产条件的因素，这对按劳分配来说是一种缺陷，但是，"不纯粹、不完全的按劳分配，正是当代社会主义实践的一个重要特征。这是历史的必然，不以人们的意志为转移"，"可以肯定，比之过去按工分即按劳动日分配的制度，按标准产量计酬，其近似于按劳分配的程度要高得多"。② 这是林子力以马克思主义的经济学原理为指导，在深入调查的基础上，运用理论抽象的方法，从生产过程和产品分配两个层面对农业改革进行的创新性研究。

80年代中期以后，林子力从更广泛的考察视野和更深刻的分析层次上论述了农村改革问题。他认为在中国经济总体改革的基本框架内，农村改革的深化需要逐步完成以下四个方面的艰巨任务：(1) 进行农产品价格和购销制度的改革；(2) 解决农村剩余劳力的转移就业问题；(3) 建立土地产权制度和乡镇企业资本产权制度；(4) 调整农村经济组织结构。其中第3条涉及法治问题。

针对一些乡镇企业发达地区存在的封闭式的、集行政权、所有权、支配使用权、就业机会和工资福利享有权为一体的隐蔽产权模式，林子力主张进行改革，因为，"这种模式严重地阻滞了劳动、资本的流动，阻滞了非农就业城市化，阻滞了劳动和社会化的进程，并且容易产生腐败现象"。③ 关于农村经济的组织结构，林子力强调要保护土地所有权主体，其前提则是首先解决好土地经营使用权的强化和规范，土地管理制度，地租、地产税、农产品价格制度的改革问题，"至于社会化服务体系，是整个市场经济发展的必然产物，它要依赖于整个农村改革，依赖于产品市场和要素市场，特别是资金市场的形成和发展"。④ 如何通过法治建设解决这些问题，也引起了杜润生等人越来越密切的关注。

---

① 林子力：《论联产承包制——兼论具有中国特色的社会主义农业发展道路》，上海人民出版社1983年版，第99页。
② 林子力：《论联产承包制——兼论具有中国特色的社会主义农业发展道路》，上海人民出版社1983年版，第101—102页。
③ 林子力：《走向市场》，江苏人民出版社1994年版，第118页。
④ 林子力：《走向市场》，江苏人民出版社1994年版，第119页。

二、蒋一苇的企业本位论

在农村经济改革取得成功经验之后,国有工业企业的改革提上了议事日程。如果说农业经济是国民经济的基础,它的改革事关广大人民群众的温饱和福祉,那么国有企业作为公有制经济的主体,通过改革以提高效率,则与坚持我国的社会主义基本政治制度和发展方向紧密联系,其重要性和紧迫性不言而喻。

早在20世纪50年代,从事工业政策研究的蒋一苇就十分重视科学技术的作用,并强调发挥知识分子的积极性,加强和完善企业管理。1949年,蒋一苇以"本社"的笔名在《科学技术通讯》创刊号上著文,指出:解放战争胜利后的事情还多得很,"其中最重要的就是摆在我们眼前的严重的经济建设任务",经济建设有无数复杂而困难的问题,"单就生产技术方面来说,在工厂里,恢复了生产之后,接着来的就有如何建立科学管理制度,制订生产计划问题;在工人以积极工作来提高产量之后,是怎样提高质量和降低成本的问题","要解决这些问题,除了基本上要靠工农大众高度的积极性和劳动热情之外,我们还要掌握科学,掌握技术,使进步的科学技术与生产劳动结合起来"。① 他强调:"科学的管理和技术工作,政治的鼓动和组织动员工作,这就是社会主义企业达到更高生产水平的两个经常的和根本的手段。"② 就前者而言,"技术和经济是不可分的,一方面在技术改造工作中应当要求考虑经济效果,如改造的成果要求体现到技术经济指标的提高,各项技术工作要求进行经济分析,组织技术措施要求计算经济效果等等;另一方面要通过经济管理工作的加强,来促使技术改造达到更高的经济效果,包括通过成本、资金等分析工作,指出技术与组织的改进方向,通过指标和定额的管理来保证组织技术措施的实现等"。③

改革开放以后,蒋一苇的研究围绕着企业管理的改革。他认为:"要搞四个现代化,要大幅度提高生产力,从何抓起,怎样迈出第一步呢?就经济战线来说,我们认为,首先是抓管理。"在蒋一苇看来,现代化的生产是高度社会化的生产,"生产力的各个要素不可能孤立地发挥作用,必须按照客观规律(包括自然规律与经济规律)把它们科学地组织起来,才能形成现实

---

① 《蒋一苇选集》,山西经济出版社1986年版,第3—4页。
② 《蒋一苇选集》,山西经济出版社1986年版,第515页。
③ 《蒋一苇选集》,山西经济出版社1986年版,第510—511页。

的生产力。因此科学的管理又成为提高生产力的前提和条件。不提高管理水平，即使采用了最先进的技术，也不可能发挥其应有的作用，甚至会毫无用武之地，反而造成很大浪费"，"我国目前生产技术水平和国际先进水平比较，无疑是十分落后的。但是管理更加落后"，"如果能在管理上进行一些必要的改革，不需要增人、增设备，也不需要投资，很快就可以把现有生产力大大提高一步，并为进一步掌握和运用更先进的技术创造前提"。①

1980年初，蒋一苇正式提出了"企业本位论"。所谓"企业本位"，就是要把企业真正作为社会主义经济体制的具有经济权益的基本单位。这一理论包括四个方面的内容。第一，"企业是现代经济的基本单位"②。蒋一苇概括了企业的七条特征：(1) 企业是从事生产的经济组织。它集聚一群生产劳动者（包括体力劳动者和脑力劳动者），为共同的生产目的而协作劳动；(2) 它从事的是商品生产，它的产品必须能满足一定的社会需要；(3) 在极其广泛而复杂的社会需要中，它只承担一定的分工任务，根据专业分工的特点，在技术上自成一个独立的生产体系；(4) 它通过交换（原则上是等价交换）和其他生产单位以及消费者发生经济联系；(5) 它具有独立的经济权益，并为取得自身的利益而积极努力；(6) 为了取得更多、更大的利益，它主动积极发展和壮大自己的生产力；(7) 它是整个社会经济的基本单位。它客观上构成社会经济力量的基础，社会生产力是所有企业生产力的总和。然后指出：企业的这些特征，从根本上来说是商品生产高度发展的产物，商品生产关系并非资本主义所特有，"由于商品生产而形成的企业的若干特征，在社会主义制度下加以继承，决不会与社会主义原则相违背，相反，它只会更有力地促进社会主义经济的发展"，"社会主义经济体系只能是由这些具有独立性的企业联合组成……具有独立性才能充分实现社会主义的经济民主"。③

第二，"企业必须是一个能动的有机体"④。蒋一苇写道："作为现代经济基本单位的企业，决不能是一块块缺乏能动性的砖头，而应当是一个个具有强大生命力的能动的有机体。国民经济的力量既然是企业生产力的总和，国民经济力量的强弱就不仅仅取决于它拥有的企业数量，更重要的还取决于每

---

① 《蒋一苇选集》，山西经济出版社1986年版，第95页。
② 《蒋一苇选集》，山西经济出版社1986年版，第137页。
③ 《蒋一苇选集》，山西经济出版社1986年版，第141页。
④ 《蒋一苇选集》，山西经济出版社1986年版，第142页。

个企业细胞的活力大小。"从这种认识出发,他提出了企业发展的两个必要前提:其一,"应当给予企业以适当的自我扩充、自我发展的条件。而且,即使是新建企业,也要尽量采取细胞分裂的方式,利用原有企业人员、经验和某些物质条件,这要比凭空组织起来的效果好得多";其二,"必须使企业具有能够呼吸、吐纳的条件……具体地说,就是对劳动力、劳动条件、劳动对象这些要素,企业都应当有增减权和选择权"。①

第三,"企业应当具有独立的经济利益"②。蒋一苇指出:马克思主义历来认为人们所进行的生产斗争和阶级斗争都是直接间接地为了物质利益,在社会主义阶段,不讲企业自身利益和劳动者的个人利益,"只能是一种超越现实历史条件的空想","要发展商品生产,就必须要充分利用价值规律,而且在消费品的个人分配上实行按劳分配原则……企业作为商品生产的基本单位,就必然要以一个商品生产者的身份出现,也必然有它作为一个商品生产者的独立利益"。③他还说:"用经济方法管理经济,就是在经济活动中切实按价值规律办事,对经济活动的成果,用经济手段进行控制。要实行这种办法,首先必须确定企业具有独立的经济利益,并使企业职工对企业经济效果共负经济责任"④,而"使企业全体职工的个人利益与企业经营成果好坏相联系,必然促使全体职工从物质利益来关心企业的经济效果"⑤。

第四,关于社会主义制度下国家与企业的关系,蒋一苇强调:社会主义制度消除了劳动者与劳动资料的隔离,使劳动者自觉地为自己和全体劳动者的共同利益而工作,而要真正实现这一点必须有一个条件,"就是把社会主义民主运用到经济上,实行高度的经济民主,创造一个比资本主义更生动、更活泼的经济发展的局面。因此,让每一个基本经济单位有充分的独立自主性,在民主集中制的原则下联合起来,受国家的统一领导,做到既有企业的独立性,又有国家的统一性,既有民主,又有集中,既有计划,又有自由,将是社会主义优越性更加全面的体现"。⑥据此,蒋一苇断言:"我国的经济体制,过渡到以具有独立性的企业为基本单位,是经济发展的必然趋势……

---

① 《蒋一苇选集》,山西经济出版社1986年版,第142—143页。
② 《蒋一苇选集》,山西经济出版社1986年版,第144页。
③ 《蒋一苇选集》,山西经济出版社1986年版,第145页。
④ 《蒋一苇选集》,山西经济出版社1986年版,第146页。
⑤ 《蒋一苇选集》,山西经济出版社1986年版,第145页。
⑥ 《蒋一苇选集》,山西经济出版社1986年版,第147页。

改革中会有阻力，前进中可能反复，这一切都是历史进程中不可避免的现象。但是，总的发展趋势必将不以人们的意志为转移。"①

90年代初，蒋一苇进一步提出了职工主体的理论，而这一理论的要点是发扬经济民主。蒋一苇认为："改革是社会主义制度的自我完善和发展。如果从经济的组织上看，改革的核心问题可以说是实行社会主义的经济民主。"②"实行社会主义的经济民主，首先要在企业里实行以职工为主体的一套民主制度，在这个基础上，进一步实行行业民主管理、地方经济民主，以及全国范围的经济民主制度。这样，我们社会主义经济就有了自己的鲜明特色，而且也是发挥社会主义优越性的必由之路。"③ 他从两个方面阐述了职工主体论的含义：其一，职工主体是社会主义企业的基本特征。在蒋一苇看来："职工在企业中是主体地位还是客体地位，这是社会主义企业与资本主义企业的分界线。现代资本主义企业也认识到活劳动——人的重大作用，提出了'人本主义'的管理思想，采取了许多改良措施，也取得了调动职工积极性的一定成效，但是它决不可能跨越这一界限，使职工成为企业的主体"；而"把'物'统治'人'的反常状况颠倒过来，使职工成为企业的主体，成为生产资料的主人，从而使生产力中最活跃的要素——人，能够充分发挥积极性、主动性和创造性"，"这是全部社会主义思想的核心和灵魂"，"这样才有可能最大限度地发展生产力"。④

其二，实行广义的企业民主管理是职工主体地位的具体体现。根据蒋一苇的概括，广义的企业民主管理包括劳动制度民主化、产权制度民主化、经营制度民主化、分配制度民主化和领导制度民主化。关于劳动制度民主化，蒋一苇主张按照马克思的经典定义，制定出真正符合社会主义本质的劳动制度，即企业应该由正式职工、合同制职工和临时工组成，他们都可以流动，必须履行契约，"在企业里这三种工并存，就会形成一种机制：企业办好了，临时工都争取被招收为合同工，合同工则努力争取合同期满转为正式工。这

---

① 《蒋一苇选集》，山西经济出版社1986年版，第154页。
② 蒋一苇：《企业本位论与职工主体论》，载《当代中国百名经济学家自述：我的经济观》，江苏人民出版社1992年版，第23页。
③ 蒋一苇：《企业本位论与职工主体论》，载《当代中国百名经济学家自述：我的经济观》，江苏人民出版社1992年版，第24页。
④ 蒋一苇：《企业本位论与职工主体论》，载《当代中国百名经济学家自述：我的经济观》，江苏人民出版社1992年版，第29页。

就形成了一种向心力和内聚力，不但符合社会主义原则，也符合现代企业管理的行为科学原理"。① 关于产权制度民主化，蒋一苇提出的思路是："把集体所有制与合作所有制引进全民所有制，采取股份制的形式，实行全民、集体、合作三者混合的公有制。对于关系国计民生的重要企业，可实行国家控股，例如国有股占60%以上，集体所有与合作所有占30%—40%。进行这样的改革，既保持了国有制仍占主导地位，同时有30%—40%的股权由企业职工占有，使职工成为本企业资产的局部所有者，这就会大大促进职工对企业资产和企业积累的责任感。"② 关于经营制度的民主化，"主要指的是企业中重大的生产经营问题通过职工民主决策，然后由厂长（经理）集中指挥，组织实施。这是民主集中制在企业的体现"。③ 关于分配制度的民主化，蒋一苇写道："在实行社会主义商品经济的体制下，按劳分配必然要实行'两级按劳分配'，即首先社会要按照企业集体所提供的有效的劳动成果，对企业进行按劳分配，这是一级按劳分配；然后企业集体将获得的分配总额，再在企业内部按照职工个人的劳动贡献进行再分配，这是二级分配。"④ 关于领导制度的民主化，蒋一苇提出要从所有权、经营权、民主管理体系和生产指挥系统等四个方面作出规定。

　　蒋一苇的企业改革理论具有内在的逻辑发展脉络，揭示了企业改革的症结所在和必然趋势，但带有一定的理论局限性，因为职工主体论的基础是经济民主，在理论上这种民主权利属于职工，由职工来加以实施，但是在传统的国有企业中，职工在事实上只是被管理者，他们没有实施对企业经营管理的决策权和监督权的制度安排，也就是说，计划经济体制下所谓的全民所有仅仅赋予职工名义上的所有权，与每一个职工个体不存在权益上的联系，要改变这种产权虚置的现象，运用法治思维对国有企业进行产权改革是势在必行的。

---

　　① 蒋一苇：《企业本位论与职工主体论》，载《当代中国百名经济学家自述：我的经济观》，江苏人民出版社1992年版，第32页。
　　② 蒋一苇：《企业本位论与职工主体论》，载《当代中国百名经济学家自述：我的经济观》，江苏人民出版社1992年版，第33—34页。
　　③ 蒋一苇：《企业本位论与职工主体论》，载《当代中国百名经济学家自述：我的经济观》，江苏人民出版社1992年版，第35页。
　　④ 蒋一苇：《企业本位论与职工主体论》，载《当代中国百名经济学家自述：我的经济观》，江苏人民出版社1992年版，第36页。

第二节 杜润生的农村改革主张及其法治经济理念

杜润生既是新中国成立后农村工作和农业经济的高级干部,又是集实践参与、政策制定和理论思考于一身的学者。长期以来计划经济的缺陷和弊端使他痛感体制改革的必要性和紧迫性,在他的建言和参与下,联产承包责任制等改革举措迅速改变了农业经济停滞不前的面貌,不仅给农业生产注入了活力,而且带动了国民经济的整体改革。也就是在这一改革实践中,杜润生对市场经济和法治建设的认识不断清晰和深化了。

一、对农村经济的思考和改革主张

在长期从事农村经济工作的过程中,杜润生养成了独立思考的习惯。1953年1月,中央领导人之间对山西组织农业合作社产生了分歧,邓子恢问杜润生的看法。杜润生说:"山西提出试办合作社本来是可以的,但把目标定在动摇私有制,有诱发'左'的倾向的潜在危险,如过早全面消灭个体经济等;对两极分化也估计高了,为发展生产,土地在农户之间有些买卖调整是自然的。"[①] 毛泽东支持山西搞合作社,是想先改变所有制,再发展生产,依据就是欧洲资本主义前期的工厂手工业过程。对于毛泽东这个论点,杜润生有自己的看法,他认为工业的生产和农业的生产不同,"工业从个体手工业变成手工工场,可以搞流水作业。因为工业有厂房,可以聚集一起生产。农业在辽阔的土地上生产,土地是分散的,不可能把大家聚集在一块土地上。对劳动者也不可能靠直接的监督管理,要靠生产者的自觉,而且收获的季节是在秋后,劳动和收益不是直接联系。如果不自觉,就会磨洋工,还可能减产,农业还有季节性,许多农活不能在同一时间、同一空间上分工。农民都得学会全套农活,不可能有那种工厂式的流水作业"。[②] 这种基于对客观经济规律的准确认知,后来逐渐发展成对计划体制的改革主张。

党的十一届三中全会以后,我国农村率先实行经济体制改革,其主要内容是,改革农村原有的合作经济体制,全面推行家庭联产承包责任制,并进而有步骤地改革农业计划管理体制和价格体系,促进农村产业结构的调整。

[①] 《杜润生自述:中国农村体制变革重大决策纪实》,人民出版社2005年版,第31页。
[②] 《杜润生自述:中国农村体制变革重大决策纪实》,人民出版社2005年版,第32页。

对这些重大政策的制定，杜润生从理论上进行了阐明。

20世纪70年代末期，全国农村出现了各种形式的生产责任制，其中主要有定额包工、包产到组、包产到劳、包产到户等，对这种生产组织方式，杜润生较早给予了肯定，他认为："因为肯定土地集体所有制，并且都程度不同地与集体经济保持着某种联系，'大包干到户'虽然成了独户经营，自负盈亏，但它仍然通过承包形式与集体相联系，成为集体经济的组成部分，与过去的单干有所不同，因此也算作是社会主义社会的一种经营形式，即一种责任制形式。"① 杜润生指出：包产到户实际上是我国农村生产关系不适应生产力水平的必然产物，有些落后地区，"一是穷；二是集体经济没有吸引力，农民丧失信心；三是长期以来，领导上用过许多办法改变不过来，缺乏一种内在动力"，"包产到户可以作为一种对恶性循环的突破，不失为较好的选择"，因为实践表明，"包产到户的办法有利于激发群众积极性，多投工，把田种好，改变依赖国家、吃返销、靠救济，无所作为的状况"。② 杜润生的上述见解是在1980年9月中央召开的各省、自治区、直辖市党委第一书记会议上提出的，就是在这次会议以后，中央发出了《关于印发进一步加强和完善农业生产责任制几个问题的通知》，这个通知对全国农村经济改革，起了重要的推动作用。

在社会上存在对包产到户不同看法的争论的时候，杜润生通过回顾我国社会主义农业发展的历史，运用马克思主义的基本原理，对这一改革举措进行了颇有说服力的论证。杜润生认为，从新中国成立30年的历史经验来看，党的农村政策取得了明显的成就，但同时，对过去的农村政策，"要承认有缺陷，最大的是经济体制上的缺陷，它妨碍社会主义优越性的充分发挥，有待于不断完善。如过去集体经济的管理形式，不能充分体现各尽所能、按劳分配这个根本原则。过去提倡评工记分、定额计酬，但定额不容易制定，劳动效果不容易检查。多劳不多得，偷懒不少得，产生了分配上的平均主义"。③ 在指导思想上，"把自然经济和平均主义当作社会主义，从而构成接受人民公社化运动的一种思想基础"，导致了共产风、平调风，急于求成等政策失误，到60年代中期，"由于犯错误的社会经济根源还继续存在，又由

---

① 杜润生：《中国农村的选择》，农村读物出版社1989年版，第1页。
② 杜润生：《中国农村的选择》，农村读物出版社1989年版，第2页。
③ 杜润生：《中国农村经济改革》，中国社会科学出版社1985年版，第34页。

于从思想上清算不够,到了'文化大革命'时,不但重复而且加深了过去的错误"。① 这种状况直到十一届三中全会才得到根本改变。

杜润生指出:"根据马克思主义原理,为了改善农民的经济地位,改变农业经济的落后状况,必须使小私有制变为公有制,不过,绝不能用强制手段,或依靠一纸法令来废除农民的小私有制。只能采取在经济上逐步过渡的办法,必须找到一种中间的过渡环节。而合作制就是一种适合的环节。"② "实行以联产承包责任制为特征的统一经营和分散经营相结合的合作经济,是继承了以往合作化的积极成果,否定它以往存在的一些弊病,使合作制度完善化。它无可争辩地属于社会主义性质。如果单纯地从家庭承包的分散劳动方式,从它和个体经济在表面上相似这点上去观察,而不是从整个合作经济的结构上,从它和整个国民经济的联系上去观察,从而怀疑它的社会主义性质,显然是不正确的。"③

后来,杜润生对中国农业的家庭经营有了进一步的认识。他在90年代的一次访谈中说:农村改革是历史的必然。实践证明,"农业所有制的变化,并不像先前经济学家预测的那样,由资本主义农业全面取代小农经济,绝大多数情况是小农经济本身不断扩大经营规模","家庭经营所以长期立足历史舞台,还由于它具有大型经营难以取代的优点。其产权结构更加适应农业的自然再生产属性,有利于不误农时,实行现场决策"。④ 由于拥有自主权,"家庭经营在市场经济条件下,可靠发育土地市场,激活土地流动性,实现土地资源配置合理化";"家庭经营有利于农业的可持续发展,能够适应知识经济时代的要求"。⑤

二、法治经济理念的发展

80年代中期以后,针对农村经济出现的新情况,杜润生就若干深层次的农业发展问题发表了自己的见解。这些问题包括农业发展的地区差别和农民

---

① 杜润生:《中国农村经济改革》,中国社会科学出版社1985年版,第30页。
② 杜润生:《中国农村经济改革》,中国社会科学出版社1985年版,第112页。
③ 杜润生:《中国农村经济改革》,中国社会科学出版社1985年版,第120页。
④ 杜润生、林后春:《农村改革是重新发现家庭农业的历史》,载《经济理论20年——著名经济学家访谈录》,湖南人民出版社1999年版,第193页。
⑤ 杜润生、林后春:《农村改革是重新发现家庭农业的历史》,载《经济理论20年——著名经济学家访谈录》,湖南人民出版社1999年版,第199页。

的共同富裕问题，农业劳动力的转移问题，沿海地区农业的外向型发展战略问题，农业经济的市场化问题等，其中大多涉及法治问题。

关于农民的共同富裕问题，杜润生强调："共同富裕，是我们党一向坚持的奋斗目标。但是30多年的实践经验告诉我们，把共同富裕，理解为所有的人在同一时间、同一空间实现同等程度的富裕，是形而上学的；用平均分配办法，'抑富济贫'，不但达不到共同富裕的目标，而且必然导致共同贫困。"① 正确的途径是促进经济发展，为实现共同富裕创造条件，在他看来，"我们需要对收入差距进行适当控制，但更应特别小心地保护生产力的发展，承认劳动者独立的物质利益和收入差别对于发展生产力的积极作用"②。在实践中，则既要"坚持基本生产资料公有制，完善和发展合作经济，从根本上为全体劳动者提供平等的发展机会"，又要切实帮助低收入者，"想办法提高他们的素质，提高他们受教育的水平，培养他们的生产技能和经营能力，使他们适应商品经济发展的需要"。③

杜润生对农村改革的成果既大力维护，又主张加以进一步法治规范。在他看来，"家庭承包经营制，本是农民自愿的选择，土地使用权长期化，可以继承、转让、抵押，使之变成实际上的长期占有权，按逻辑推理农民是乐于接受的"。④ "家庭承包体制已经时间检验，并受到欢迎。使用权长期化和土地的市场流动只是对这个体制的一项完善和必要的补充。随着市场环境进一步改善，必将呈现对农民的巨大激励作用。"⑤ 为了稳定农民的经营预期，实现中国农业的长期发展，他建议："土地的使用权、经营权、转让权、抵押权、产品处理权和收益权等，应与集体所有权一起作为不可侵犯的人民财产权利，给予法律保护"，"在自愿的基础上以合作组织或股份制公司等形式建立服务共同体"，其他措施还应包括市场发育和保护、科技进步和可持续发展、民主与法律等。⑥ 这种农业发展理念明显具有尊重市场经济自然秩序的现代特点。

---

① 杜润生：《中国农村的选择》，农村读物出版社1989年版，第129页。
② 杜润生：《中国农村的选择》，农村读物出版社1989年版，第133页。
③ 杜润生：《中国农村的选择》，农村读物出版社1989年版，第134—135页。
④ 《杜润生文集》，山西经济出版社1998年版，第716页。
⑤ 《杜润生文集》，山西经济出版社1998年版，第722页。
⑥ 杜润生、林后春：《农村改革是重新发现家庭农业的历史》，载《经济理论20年——著名经济学家访谈录》，湖南人民出版社1999年版，第210页。

2002年，杜润生在《社会主义民主》一文中认为："经济发展呼唤政治改革。利益多元化，使人民内部矛盾突出起来。单纯依靠抑制、堵截等于激化矛盾，急风暴雨的运动方式，历史证明副作用很大，不宜再用。惟一的选择是及时建立民主制，这是制度演变应有的取向"，"什么是中国特色社会主义？从今天达到的历史发展阶段进行演绎，不外市场、民主、法制、公正、文明这些构成要素，以及以公有制为主导、多种经营成分并存发展的基本经济体制"。①

2003年，杜润生90岁，在《生日有感》一文中，谈到了希望依托农村改革来解决的两个重大问题，一是怎样减少农村人口，组织好农村人口迁徙，使农民取得完全的国民待遇；二是让农民拥有自己的话语权。杜润生认为，"全世界的经验，最好建立农民协会。我们曾向小平同志建议过，当时他说你的这个意见很重要，我要考虑。先看三年，如果三年后，大家都同意，你再提出来，我一定批。但是到了三年的时候，'六四风波'来了，顾不上这件事了。现在我把这个愿望移交给诸位，希望在十五年内解决这个问题"。②

显而易见，不管是让农民取得完全的国民待遇，还是让农民有自己的代言人，杜润生所牵挂在心的都是中国法治经济建设有待完成的重要任务。

第三节 吴敬琏经济改革理论的市场取向和法治关切

吴敬琏是中国经济学界明确主张市场经济改革的著名学者，享有"吴市场"的称誉。他对社会主义经济改革的研究始于对封建思想影响的反思，中期致力于对市场取向的呼吁，后期又提升到强调法治建设的高度，从而完成了一个法治经济的系统论证。

---

① 《杜润生自述：中国农村体制变革重大决策纪实》，人民出版社2005年版，第289页。
② 《杜润生自述：中国农村体制变革重大决策纪实》，人民出版社2005年版，第307—308页。

一、对社会主义市场经济改革的理论探索

改革开放初期,吴敬琏在反思计划经济体制弊端的同时,写了多篇文章剖析封建社会的思想流毒性。在与周叔莲合写的《论"四人帮"经济思想的封建性》一文中,作者指出:"在对待生产力发展和现代文明的问题上,地主阶级和资产阶级有着重大的区别。封建制度下的地主经济和同它有密切联系的宗法式农民经济,是以保守的技术和陈旧的生产方式为基础的。在这种经济制度的内部结构中,没有任何引起技术改革的刺激因素。与此相反,生产的不断发展,一切社会关系不停的动荡和变动,却是资产阶级时代不同于过去一切时代的地方。资本主义生产是以获得利润为目的的,当新技术不能预示最大利润的时候,资产阶级就会阻扰技术的进步,因此,资本主义条件下技术的发展受到很大的限制。但是,由于竞争和价值规律的作用,资产阶级又必须应用科学技术,提高生产率",显然,在这两种剥削制度中,"'四人帮'的经济理论,鲜明地反映了前一种奴役制度的特点"。① 另外,"'四人帮'反对社会主义的管理,是从反对科学管理和反对民主管理两方面进行的。这两个方面,都表现了他们的经济思想的浓厚封建性"。因为,"社会主义经济是建立在高度发达的社会化大生产的物质基础上的。而社会化大生产没有严格的科学管理是绝对不行的"。② 而"四人帮"他们所要建立的是"一种封建性的国家垄断资本主义管理体制"。③

如前所述,当代中国的改革开放,单纯从经济角度来看是由于计划经济导致的低效率所倒逼的,但在更深的层次上,则是传统封建社会崇尚人治,缺乏法治所导致的积弊反弹。因此,吴敬琏在"文化大革命"结束后较早展开对封建经济观念的批判,体现了思想的深刻性和敏锐性,也合理地解释了他后来为何坚持市场化改革和强调法治。

吴敬琏在20世纪80年代初就意识到权力高度集中的计划体制是导致经济结构缺陷的主要原因,为此,改革的任务包括两方面,"从发展战略方面说,就是从通过外延式粗放式的发展实现高速度成长的目标的战略转向以提高经济效益为中心实现满足人民需要目标的战略。从经济体制来说,则是从行政高度集权、排斥市场机制的计划经济模式,转向集权与分权相结合,能

---

① 《吴敬琏选集》,山西人民出版社1989年版,第60—61页。
② 《吴敬琏选集》,山西人民出版社1989年版,第70—71页。
③ 《吴敬琏选集》,山西人民出版社1989年版,第74—75页。

够在一定范围内发挥市场机制的调节作用的计划经济模式"。①

1986年，吴敬琏在为他的《经济改革问题探索》一书所写的"后记"中首次表述了"任何真正的改革都必定是'市场取向'的"②观点。在其他论著中，吴敬琏表述了相同的看法，如说："第二次世界大战以来，社会主义各国所有真正的改革，无不是所谓'以市场为方向'的。所以，如果认定'社会主义商品经济论'属于'离经叛道'，就无异于宣布经济体制改革为非法。"③吴敬琏还认为：商品经济和市场经济是一对既相联系，又有微妙区别的概念。对于近代的社会化经济来说，商品经济也就是市场经济，这两个概念只是从不同角度对同一事物作界定。④

进入90年代以后，吴敬琏的市场经济理论更趋明确和完整。在《论竞争性市场体制》一书中，他认为当时存在的"双重体制不可能有效地配置资源，改善企业的运作和提高劳动者的积极性，因而这种胶着对峙的状态不能长期持续"，而"加快改革是扩大前十年战果，缓解当前面临的严峻局势（指通货膨胀、贿赂腐败、分配严重不公等——引者注）的唯一选择"，否则，"如果旷日持久，一些有利条件会逐步丧失，而矛盾会积累得越来越多，从而增加和扩大长期风险"⑤。在他看来，"发展中国家生产力的发展和相应的市场制度的成熟和完善是一个相当长的过程，我们不能急躁冒进。但是，从基本上以行政指令配置资源向基本上以市场机制配置资源的初步转轨这样的社会变革，却不能不具有跳跃性和非连续性的特点，不能一拖几十甚至上百年。一场自上而下的社会变革如果长达一百年，那么即使成功了（实际上不可能成功），也不能称之为改革"。⑥至于改革的目标，吴敬琏明确表示"是建立社会主义的市场体制"⑦。

---

① 《吴敬琏选集》，山西人民出版社1989年版，第213页。
② 吴敬琏：《中国经济的振兴有赖于市场取向的改革》，载《当代中国百名经济学家自述：我的经济观》，江苏人民出版社1992年版，第555页。
③ 吴敬琏：《经济改革问题探索》，中国展望出版社1987年版，第434—435页。
④ 吴敬琏、胡季：《商品经济与市场经济》，载《社会主义初级阶段的市场经济》，东北财经大学出版社1988年版，第28—30页。
⑤ 吴敬琏、刘吉瑞：《论竞争性市场体制》，中国财政经济出版社1991年版，第25—26页。
⑥ 吴敬琏、刘吉瑞：《论竞争性市场体制》，中国财政经济出版社1991年版，第28页。
⑦ 吴敬琏、刘吉瑞：《论竞争性市场体制》，中国财政经济出版社1991年版，第54页。

在探讨我国如何建立起社会主义市场经济这个问题上，吴敬琏认为需具备以下四点：一是要培育出真正的企业；二是要构建起统一的市场体系；三是要建立起市场的规则；四是要确立好工作的重点。吴敬琏指出：在社会化的商品经济中，市场肩负着协调独立决策的生产单位的分工关系、有效配置有限的社会资源等职能，前者就是通过市场关系，"靠交换中的利益变动来导引它们"，后者的含义是"通过竞争提供了能反映资源稀缺程度的价格信号"[1]。这也就意味着，"要使一个社会化程度比较高的经济能够顺畅而高效率地运转，不仅要有商品市场，而且要有各种生产要素的市场"。[2] 吴敬琏还强调："认为只要存在买卖，就有了我们所需要的市场，这是一种误解。竞争性市场不仅要求存在商品交换关系，而且要求参与交换活动的人在市场上受到平等对待。"[3] 基于这一认识，他提出："完全垄断的市场因为不能提供一个合理的价格信号，肯定是不利于资源最优配置的。所以，抑制垄断倾向，确保市场的竞争性，是非常必要的。"[4] 此外，吴敬琏在书中探讨了政府职能的转变、社会利益的调整、思想观念的更新等问题。

关于政府职能，他强调："政府千万不要去代替市场，而是要促使市场发育，建立市场秩序，保证市场的正常运行。在市场失灵的地方，则进行有效的行政指导乃至干预。"[5] 关于利益调整，他指出："更多地强调效率、强调机会平等，克服过分强调分配平等这种狭隘的、非理性的平均主义，是十分必要的"，同时，"也要防止和反对歪曲商品经济的平等效率观的倾向。一些人曲解效率优先、兼顾平等的原则，认为凭借特权得来的、通过不公正竞争得来的和通过不等价交换得来的各种'寻租'收入也是合理合法的。所以，改革实际上需要在两条战线上作战，一方面要克服和反对平均主义，打破'大锅饭'；另一方面要反对近几年日益加剧的分配不公现象，阻止以权谋

---

[1] 吴敬琏、刘吉瑞：《论竞争性市场体制》，中国财政经济出版社1991年版，第86页。

[2] 吴敬琏、刘吉瑞：《论竞争性市场体制》，中国财政经济出版社1991年版，第87页。

[3] 吴敬琏、刘吉瑞：《论竞争性市场体制》，中国财政经济出版社1991年版，第92页。

[4] 吴敬琏、刘吉瑞：《论竞争性市场体制》，中国财政经济出版社1991年版，第90页。

[5] 吴敬琏、刘吉瑞：《论竞争性市场体制》，中国财政经济出版社1991年版，第127页。

私"。① 关于观点更新，他认为："在社会主义新型文化的建设中，除了反对传统文化中重义轻商、重官轻民的思想倾向及其现代表现形式外，也要反对将社会主义商品经济原则庸俗化的倾向。目前确实有少数人，只要我能捞一把，哪怕寸草不生，只要我能赚钱，不惜损害周围人的利益和交易对手的利益。这种庸俗化的商品原则，不仅与社会主义商品文化的伦理道德观相去甚远，而且有可能诱使群众市侩化、行政官员行为短期化和腐败行为的滋长"，"在道德价值观的形成上，社会不是无能为力的。习俗、传统、道德准则有源亦有流，并不是从远古就固定下来一成不变的东西……社会在变革时代的自觉努力，无疑能使道德向一个比较好的方向转变和发展"。②

二、呼唤与社会主义市场经济相并行的法治建设

1992年初，邓小平发表"南方谈话"，建立社会主义市场经济成为当代中国经济改革的取向和目标。在新的历史条件下，吴敬琏一方面继续在理论上为市场经济的健康发展探索建言，另一方面开始关注有利于市场经济运行的法治建设。

1997年，吴敬琏在《向市场经济过渡的关键一着》一文中强调："为了实现在本世纪末初步建立起社会主义市场经济体制的目标，当务之急是尽快建立市场经济的基础结构，它包括基本的组织机构、基本的规章制度以及维持市场制度运转所必需的支持系统。"③ 他指出："市场经济的一条重要原则，是在市场规则面前人人平等。如果不是这样，行政权力如果同买卖行为结合在一起，就会破坏市场机制。从这个角度看，被行政权力扭曲了的、没有竞争的市场，甚至比没有市场更有害，它们表面上存在市场，实则权力资本膨胀，一旦进入这样一种状态，整个国家的现代化进程就可能大大延迟，甚至在相当长的一个历史时期中难以自拔。"④ "向市场经济过渡，实际上是一个制度变迁的过程。在发达的市场经济中，经济组织不是凭借行政权利，而是

---

① 吴敬琏、刘吉瑞：《论竞争性市场体制》，中国财政经济出版社1991年版，第204—205页。
② 吴敬琏、刘吉瑞：《论竞争性市场体制》，中国财政经济出版社1991年版，第240页。
③ 吴敬琏：《改革：我们正在过大关》（增订本），生活·读书·新知三联书店2002年版，第26页。
④ 吴敬琏：《改革：我们正在过大关》（增订本），生活·读书·新知三联书店2002年版，第27页。

靠生产满足市场需要的产品和服务,来谋取自己的利益。政治组织则是靠保障产权、建立和维持市场交换秩序,减少经济组织的交易成本获得存在理由的。在向市场经济的过渡过程中,各种组织按这种方式演进,制度的收益就会递增。相反,各种组织都靠行政特权谋取私利的最大化,制度的收益就会递减,导致经济衰退、政治腐败、道德沦丧的'寻租社会'。"①

据此,吴敬琏倾注较多精力对"寻租"问题、股票市场中的规范竞争问题等进行分析,并从推进法治建设的角度发表见解。

2004年,他在《当代中国经济改革》一书中从七个方面阐述了未来改革的主要任务,其中推进法治占有重要的地位,这些任务包括:(1)鉴于国有制企业仍然支配着最重要的经济资源,特别是资本资源,因此要争取早日实现国有经济的布局调整和国有企业的公司化改制,还要认真落实鼓励一切有利于国计民生的私营经济发展的方针,取消一切对民营企业的歧视性规定,帮助它们茁壮成长;(2)除极少数特殊情况外,一般国有企业应在统一的法律环境中与其他所有制企业平等竞争;(3)"需要以宪法和法律的名义明确宣布对一切从合法收入形成的财产权实施保护和对各种所有制经济成分一视同仁、实行国民待遇。全面清理各种法律法规,消除对不同所有制经济成分的差别待遇和对非国有经济在价格、税收、金融、市场准入以及法律地位和社会身份等方面的歧视,着力营造平等竞争的环境,实现在市场规则面前人人平等,使各种诚实劳动、合法经营的经济成分都能在国家统一的法律框架下各显其能"②;(4)由于中国已经正式加入世界贸易组织,必须在国内市场的交易中,废除与世贸规则相抵触的法律和法规,同时废除过去对部分外企的特殊优惠,尽快实现对内对外的普遍国民待遇;(5)"国家应当运用法律和政策手段切实防止在所有制结构调整过程中公共财产向少数人流失,避免出现财产初次占有的两级分化……必须在人民生活水平普遍提高的基础上,充分运用自己掌握的多种政策工具……防止贫富的两极分化"③;(6)为了规范市场中各类经济主体的行为,形成良好的市场环境,政府需要首先规范自身的行为;(7)"在全面完善法治的市场经济体系的新的历史时期中,提升政治文

---

① 吴敬琏:《改革:我们正在过大关》(增订本),生活·读书·新知三联书店2002年版,第27—28页。
② 吴敬琏:《当代中国经济改革》,远东出版社2004年版,第419—420页。
③ 吴敬琏:《当代中国经济改革》,远东出版社2004年版,第420页。

明，确立民主制度和建设法治社会，将是改革的主题曲。"①

第四节 张维迎、钱颖一学术研究中的法治经济见解

张维迎和钱颖一是接受过西方经济学训练的学者，同时又亲历了中国经济改革的实践。在微观层面上，张维迎对企业改革中产权问题的研究，在宏观层面上，钱颖一对市场、政府与法治关系的研究，都有着严谨的学术规范和独特的理论价值，代表了改革开放以来中国经济学界对法治经济研究的专业水准。

一、张维迎对企业产权的研究

20世纪80年代中期，有学者认为企业改革的重点是改善社会环境，而不是基于产权理论的产权清晰，张维迎的看法与此不同。改善社会环境的应有之义包括维护公平竞争的市场法治，但更为重要的是参与市场竞争的企业需要有清晰的产权激励和约束，如果国有企业的所有制改革没有推进，那么规范的市场竞争也就无从谈起。

在《企业家与所有制》一文中，张维迎指出："企业家是一种特定的财产关系的产物。没有这样的财产关系，就不可能有真正的企业家；因此，为了造就一支职业化的企业家队伍，必须改革现在的财产所有制度"，"在既有的财产关系下，试图解决政企分开不可能；用'股份制'等来解决所有权约束无效；用'资产经营责任制'、'租赁'等来解决经营者行为的短期化不可能"。②他分析说："股份制只是所有权表现形式的变化，而不是所有权的削弱，更不是对所有权的否定。职业企业家的存在永远以所有者企业家的存在为前提。如果没有后者对前者的制约，如果没有真正承担风险的所有者的存在，职业经理就不可能对财产负责，就不可能把财产增值作为自己的经营目标，从而也就不成其为真正的企业家。"③

至于当时讨论热烈的"厂长代表谁"的问题，张维迎的看法是："经营

---

① 吴敬琏：《当代中国经济改革》，远东出版社2004年版，第420页。
② 张维迎：《企业理论与中国企业改革》，北京大学出版社1999年版，第1页。
③ 张维迎：《企业理论与中国企业改革》，北京大学出版社1999年版，第8页。

者代表财产所有制,对所有者负责,这是一个职业经营者的起码要求。如果企业属于经营者本人所有,经营者就代表自己,对自己负责;如果企业属于股东所有,经营者就代表股东,对股东负责;如果企业属于国家,经营者就代表国家,对国家负责。在第一种情况下,不存在什么'不负责任'的可能性,因为'自己总会关心自己',这是一个理性人的基本行为准则。但在后两种情况下,却隐藏着某种'不负责任'的可能性。要保证一个人对他人的财产负责,就必须有一个'保证手段'……在股份企业下,这个'保证手段'就是董事会对经营者的指派、监督、控制,以及股票市场。所以,在股份制下,经营者'不负责任'的可能性一般不会变成现实性",但是在国营企业中,由于缺少这样的制约机制,情况就不同了,"国家对经营者的直接制约就要比股份制下董事会对经营者的直接制约更为严格","但是,国家本身只是一个抽象,它由大大小小的政府部门所组成,它对经营者的指派、监督、控制只能通过某个主管部门来行使。所以说,经营者对国家负责,也就是对主管部门负责;在国家所有制下,政企不可能真正分开。假使硬要政企分开,取消主管部门,由谁来行使所有权职能呢?如果没有行使所有权的机关,所谓经营者对国家负责,就只能是一句空话"。①

在留学英国牛津大学时完成的博士论文《企业的企业家——契约理论》中,张维迎对企业的性质及其构成做了这样的定义:"企业是不同的参与者(要素所有者)之间的一种合作组织。从功能的观点看,所有参与者可分为三类:经营者、生产人员及资本所有者。经营者就'做什么及如何去做'的问题作出决策,或'发现相关的价格';生产人员则执行这些政策,将投入转化为产出;而资本所有者为企业提供资本。由于资本与其所有者的可分离性,资本所有者不需要与他们的资本形影不离,因而他们有可能成为'外部成员'。相反,经营成员与生产成员一般是'内部成员'。资本所有者成为内部成员一个必要条件是,他也充当经营成员或生产成员。"② 这种构成由市场经济所决定,因为"经营活动的重要性来源于企业面临的不确定性。事实上,没有不确定性,也就不必要有企业。不确定性使得经营或作决策在决定企业收益上起着关键的作用","正是个人间经营能力的这种差别,为人

---

① 张维迎:《企业理论与中国企业改革》,北京大学出版社 1999 年版,第 15—16 页。
② 张维迎:《企业的企业家——契约理论》,上海三联书店、上海人民出版社 1995 年版,第 207—208 页。

们相互联合建立'企业'创造了一个机会"。① 张维迎证明:"在均衡中,(a)高能力、私产富有及低风险规避态度的人成为企业家;(b)能力低、私产少又高风险规避的人成为工人;(c)高能力但少财产的人成为被资本家雇佣的管理者;(d)低能力但多私产的人成为雇佣管理者的'纯粹'资本家。"② 所以,"从激励的角度讲,剩余索取权应该分配给经营成员。这不仅仅是因为经营成员在决定企业剩余多寡方面有举足轻重之功,还因为与其他成员相比,他的行为更难以监督(所谓不对称监督)。经营活动的相对重要性意味着,与其他任何成员相比,经营成员积极性的损失带来的成本更大,因此为了前者(经营成员)牺牲后者(其他成员)是值得的"。③ 这和法国经济学家萨伊和美国经济学家奈特的观点是一致的,即利润是企业家创新和冒险的回报,这是市场经济增长的源泉。

据此,张维迎清晰和深化了对国有企业改革的分析,他重申:"企业是个人之间自由交易产权的一种方式。离开个人产权,就不可能有真正意义上的企业存在。"④ "企业是一系列契约(合同)的组合,是个人之间交易产权的一种方式……作为签约人的企业参与者必须对自己投入企业的要素拥有明确的产权(财产所有权)。没有产权的人是无权签约的。这一点意味着,明确的产权是企业存在的前提;没有个人对财产(包括物质资本和人力资本)的所有权,就不可能有真正意义上的企业。"⑤ 他进一步指出:对企业的经营绩效而言,"非人力资本所有者的承诺比人力资本所有者的承诺更值得信赖",因为前者具有抵押性质,"非人力资本一旦进入企业,将成为'天生的'风险承担者,其所有者有更好的积极性做出最优的风险决策。对比之下,人力资本所有者更可能成为一个孤注一掷的赌徒,因为对一个没有非人力资本的

---

① 张维迎:《企业的企业家——契约理论》,上海三联书店、上海人民出版社1995年版,第208页。
② 张维迎:《企业的企业家——契约理论》,上海三联书店、上海人民出版社1995年版,第211—212页。
③ 张维迎:《企业的企业家——契约理论》,上海三联书店、上海人民出版社1995年版,第209页。
④ 张维迎:《企业的企业家——契约理论》,上海三联书店、上海人民出版社1995年版,第290页。
⑤ 张维迎:《所有权、治理结构、委托——代理关系及其他——兼评崔之元和周其仁的一些观点》,载林毅夫、海闻、平新乔主编:《中国经济研究——北京大学中国经济研究中心内部讨论稿选编》,北京大学出版社2000年版,第22页。

人来说，他的风险是不对称的，失败的成本由别人来承担，而成功的收益自己占有"。① 显然，"如果负责经营决策的企业家是没有非人力资本的，他就不可能成为真正意义上的剩余索取者（风险承担者）"，"因此，让资本所有者拥有当企业家的优先权是保证真正具有企业家才能的人占据企业家岗位的重要机制"，而"现代股份公司可以看作是能力与财力的一种合作，这种合作为那些有能力而无财力的人提供了从事经营活动的机会，同时为那些有财力而无能力的人创造了赚取'利润'的机会"。② 这就给出了与市场经济相匹配的国有企业改革的新思路。

不难看出，张维迎对企业改革中产权问题的分析具有鲜明的法治经济意识，从法律上培育和保护企业家，是发展市场经济必不可少的制度基础，他后来呼吁给市场经济更多的自由，对世界经济危机的分析，对政府制定产业政策的偏好的质疑，也都是这一现代理念的延续和深化。2009 年，在为美国经济学家罗斯巴德的《美国大萧条》中文版撰写的序中，张维迎指出：凯恩斯主义的需求经济学提供不了我们解决问题的答案，推动经济增长的是生产，是供给，"如果刺激需求就可以发展经济，我们早就进入共产主义社会了！邓小平 1992 年"南方谈话"并没有告诉我们怎样刺激需求，但是之后中国经济有了新飞跃。为什么？因为邓小平扩大了个人选择的自由，减少了政府计划。个人有了创业机会，可以经商做企业，经济自然就开始增长。这个思想对我们今天仍然是可用的。所以我们应该像奥地利学派所主张的那样，减少政府干预，通过产权制度和激励制度的改进刺激生产"。③

二、钱颖一论法治与市场、政府的关系

钱颖一是较早对法治经济进行规范经济学论述的学者。2000 年，他在《经济社会体制比较》中发表《市场与法治》一文，引起学术界对这一问题的关注和讨论。钱颖一写道："党的十四大提出了'社会主义市场经济'作

---

① 张维迎：《所有权、治理结构、委托——代理关系及其他——兼评崔之元和周其仁的一些观点》，载林毅夫、海闻、平新乔主编：《中国经济研究——北京大学中国经济研究中心内部讨论稿选编》，北京大学出版社 2000 年版，第 28 页。

② 张维迎：《所有权、治理结构、委托——代理关系及其他——兼评崔之元和周其仁的一些观点》，载林毅夫、海闻、平新乔主编：《中国经济研究——北京大学中国经济研究中心内部讨论稿选编》，北京大学出版社 2000 年版，第 29 页。

③ 张维迎：《理解经济危机》，载［美］默里·罗斯巴德：《美国大萧条》，谢华育译，世纪出版集团、上海人民出版社 2009 年版，第 8—9 页。

为转轨的目标。党的十五大又进一步提出了'非公有制经济是社会主义市场经济的重要组成部分'和'依法治国'。到目前为止,经济学家往往只关注市场经济与所有制的关联,却尚未充分研究市场经济与法治的联系。毋庸置疑,所有制问题是很重要,但是,法治是更为深层次的制度问题。现代市场经济是以独立自主的企业为主体的自由交易经济,但是它是不会'自我维持'(self-sustained)的。我将论述,现代市场经济作为一种有效运作的体制的条件是法治,而法治则是通过其两个经济作用来为市场经济提供制度保障的。法治的第一个作用是约束政府,约束的是政府对经济活动的任意干预。法治的第二个作用是约束经济人行为,其中包括产权界定和保护,合同和法律的执行,公平裁判,维护市场竞争。这通常要靠政府在不直接干预经济的前提下以经济交易中第三方的角色来操作,起到其支持和增进市场的作用。如果没有法治的这两个经济作用为制度保障,产权从根本上说是不安全的,企业不可能真正独立自主,市场不可能形成竞争环境并高效率运作,经济的发展也不会是可持续的。"[1]

钱颖一指出:"法治与现代市场经济体制有极为密切的关联,但是我们经济学家至今还没有对此深入研究。任何一种经济体制都具有一种特定的有关经济活动的游戏规则,而现代市场经济作为一种体制的根本游戏规则就是基于法治的规则。我在本文中将分析法治如何对经济发展和经济效率起促进作用。由于法治与现代经济发展的密切关系,法治不仅仅是法律专家也应是经济学家,特别是制度经济学家,需要大加研究的领域。同时,它也应该受到所有关注和从事经济发展和经济改革的人们的重视。"[2]

在钱颖一看来,"市场经济的显著特征是分散的经济决策者根据市场价格自主决定资源的配置。市场经济作为一种体制,并不是新东西,它早就存在于计划经济之前。但市场经济又可分为两类,即传统市场经济和现代市场经济。在人类发展的相当长的时间内,经济体制是传统市场经济,而迈向现代市场经济体制是人类近代史上的重大突破"。[3] 他认为传统市场经济有两个特征,其一,在传统市场经济体制中,经济实体之间的交易多为"现货市场交易",即当场一手交钱一手交货;而非现货市场交易的实现主要依赖所

---

[1] 钱颖一:《现代经济学与中国经济改革》,中国人民大学出版社2003年版,第24页。
[2] 钱颖一:《现代经济学与中国经济改革》,中国人民大学出版社2003年版,第23页。
[3] 钱颖一:《现代经济学与中国经济改革》,中国人民大学出版社2003年版,第25页。

谓"隐含合同",它的执行主要靠交易双方的声誉而非第三方,比如国家;其二,政府(或国家)不受制度的约束。比如,政府可以随意增加税种,提高税率。又比如政府可以任意干预经济活动,限制交易。这就导致经济实体的产权得不到制度保障从而易受政府的侵犯。与此相比,现代市场经济的本质特征在于:"第一,虽然现货交易和人格化交易仍然在相当的范围内进行,'非人格化交易'成为重要的交易方式。在这种交易中买卖双方不一定熟悉对方,甚至都不认识对方。因此仅靠双方信任而完成交易往往是行不通的。这就需要第三方(通常是政府)来公平地执行合同。第二,虽然政治与经济仍然密切相关,政府与经济人的关系发生了重大变化,使得政治与经济的关系变成了'保持距离型'。"①

基于以上阐述,钱颖一推导出法治在市场经济中具有的两个作用,具体而言,"法治的第一个作用是约束政府,即约束政府对经济活动的任意干预。法治的第二个作用是约束经济人行为,其中包括产权界定和保护,合同和法律的执行,公平裁判,维护市场竞争。这通常要靠政府在不直接干预经济的情况下以经济交易中第三方的角色来操作。如果说法治的第一个作用往往意味着放松规制的话,那么其第二个作用往往意味着引入某些规制。正是通过法治的这两个经济作用,现代经济在制度上确定了政府与经济人(企业或个人)之间的保持距离型关系。这是现代经济发展有活力、有创新,而又可持续的制度基础"。② 这也就是意味着,只有让法治在经济运行中发挥了这两个作用,这个经济才称得上现代的市场经济,或者用钱颖一的话来说,是一个好的市场经济,否则,就只能是一个坏的市场经济。

鉴于此,钱颖一提出如下的警告:"计划经济注定是坏的经济,但我们却不能天真地认为市场经济就注定是好的经济了。事实上,当今世界上既有好的市场经济,也有坏的市场经济,而后者多于前者。因此,建立一个好的市场经济,防止滑入一个坏的市场经济是我们应该认真思考的问题。"③ 而要做到这一点,必须促使政府职能转变,因为,"把原来的一个无限的和无效的政府转变为一个有限的和有效的政府",具体来说,"首先,在政府对企业和市场的规制方面,要有进有退,以退为主。我们要以加入世贸组织为契机,

---

① 钱颖一:《现代经济学与中国经济改革》,中国人民大学出版社2003年版,第26页。
② 钱颖一:《现代经济学与中国经济改革》,中国人民大学出版社2003年版,第27页。
③ 钱颖一:《现代经济学与中国经济改革》,中国人民大学出版社2003年版,第32页。

大幅度放松规制，给企业松绑，给市场发展创造空间。第二，要有选择地、用适当方式加强一部分规制，特别是金融规制以防范金融风险，尤其是因加入世贸组织可能带来的额外风险。第三，司法的组织体制要改革，建立司法双层结构对打破地方保护主义和发展国内统一大市场将有重大促进作用。最后，解决收入分配不均问题不应只盯住对收入的再分配，而应首先从约束政府部门和官员的任意权力，反腐败，和促进机会平等入手"。①

2003年，钱颖一又撰写《政府与法治》一文，延续和扩展了对法治经济的理论思考。他回顾说，在亚当·斯密的经济学框架中，市场被形容为一只"看不见的手"，其含义是市场可以把个人的自利行为化为共同的社会福利的奇妙结果，但在实际情形中，"要实现这样一种效果，需要一定的条件，这是由于，经济人的天性是机会主义的，只要有可能，总想扩大自己的利益，即使这样做会损害其他经济人的利益。如果抢东西、偷东西不受惩罚，抢和偷就有吸引力。如果违反承诺不受惩罚，守信就没有吸引力。自由竞争能解决问题吗？不一定，因为竞争可以提高福利，也可以减少福利，后者就是经济学家描述的'寻租'现象，关键是看产权和竞争规则的确定"。②

在钱颖一看来，"为了实现市场的'看不见的手'的功能，市场经济必须解决的一大问题是经济人必须被约束。这种约束至少包括三项内容：产权的界定和保护、合同的实施、适当的监管。没有这些，经济人的行为不受到约束，市场就是无秩序的，经济人的为自己利益的努力将互相伤害，而不是互相有利"，而"产权的保护、合同的实施、适当的监管需要一个执行规则的第三者。这个第三者便是政府。为了维持市场秩序，引入政府是必然的"。③ 但问题在于，"当这个政府用它的权力去保护产权，实施合同，并做有利于市场的监管时，这个政府也可以用它的权力破坏产权，不公正地实施合同，做不利于市场的管制。"④ 于是，怎样约束政府的问题就凸显出来了。

钱颖一认为，法治是解决这个问题应当优先考虑的方法。他写道："在三种约束政府的机制——法治、公民社会和民主——中，我们特别强调法治建设，并不是否认公民社会和民主的作用，而是指出制度建设中的一种适当顺

---

① 钱颖一：《现代经济学与中国经济改革》，中国人民大学出版社2003年版，第39—40页。
② 钱颖一：《现代经济学与中国经济改革》，中国人民大学出版社2003年版，第45页。
③ 钱颖一：《现代经济学与中国经济改革》，中国人民大学出版社2003年版，第45页。
④ 钱颖一：《现代经济学与中国经济改革》，中国人民大学出版社2003年版，第46页。

序。在我国目前的经济发展阶段,法治建设可以比较直接而且效用比较高地推动好的市场经济的建立。用法治来约束政府应该排在优先顺序上。法治是独立于公民社会和民主的约束政府的方式,并不是不先建立民主就不能在法治建设上有建树。虽然三者之间确实有联系,但是这种联系并不能推导出没有民主,没有公民社会,就不能去建设法治。实际中存在很多空间,努力推动法治建设是可以有所作为的。"① 他接着指出,之所以要把约束政府放在首位,还和我国的历史和现实有关,例如,"我们的历史是从计划经济走过来的,我们的现状是一个发展中的国家。从职能和体制上来讲,政府习惯的是无所不包,而且我们历史上又没有有限政府的概念,没有政府行为要受到约束的概念,所以约束政府应该作为法治建设的重点"②。

基于以上分析,钱颖一从学理上揭示了"法制"和"法治"的区别。③ 他还对法律工具论提出质疑:"法律太多和政府干预的任意性是偏离有限政府的两个方面,虽然表现形式不同,但是都反映了同一种根本性的观念误区。这个误区就是把法律作为政府管理经济的工具,即法律的'政府工具论'。这种法律的政府工具论的观念是非常普遍存在的,它是出现政府违背法治的两类情况的根源。法律不是政府的工具。法治的实质是政府和经济人都受法律的约束。因此,只有彻底改变法律的政府工具论的观念,才能使政府成为真正的有限政府,才能建成真正的法治。"④ 这些见解深入透彻,观点鲜明,令人耳目一新。

此外,钱颖一对"寻租"问题也做了经济学角度的分析。总体来看,他对法治经济的研究选题新颖,逻辑严密,联系实际,对策可行。他的创新性工作受到吴敬琏的肯定和推介,对促进中国法治经济的理论探讨起了积极的作用。

---

① 钱颖一:《现代经济学与中国经济改革》,中国人民大学出版社2003年版,第48页。
② 钱颖一:《现代经济学与中国经济改革》,中国人民大学出版社2003年版,第48—49页。
③ 钱颖一:《现代经济学与中国经济改革》,中国人民大学出版社2003年版,第47页。
④ 钱颖一:《现代经济学与中国经济改革》,中国人民大学出版社2003年版,第50—51页。

第五节　江平对法治经济的理论研究和框架设计

江平是长期从事教学工作的著名法学家,改革开放以后,作为全国人大常委,他曾参与20世纪80年代的国家立法工作。随着社会主义市场经济的建立和发展,他清醒地认识到法治建设对中国现代化转型的重要性和紧迫性,为此展开了深入的理论研究和影响广泛的政策诠释。

一、对法治经济的理论研究

江平对法治经济的研究始于改革开放的初期。1983年,他发表《试论调整经济关系的民事手段和行政手段》一文,分析了法律手段和行政手段在处理经济关系中的不同作用。

江平认为,作为法律手段的民法是在法国大革命时期产生的,也就是说,"民法是在商品经济的基础上产生和发展的",因为,"在封建社会中,自给自足的自然经济仍占着主要的地位。本来规模就不大的商品经济,又受到贵族专权、行会限制、割据壁垒、独立王国等重重阻碍,在整个经济中起的作用很小。这就决定了,调整社会各种经济关系必然是主要依靠行政手段,上令下行,专制独裁","到了资本主义时期,商品经济成了笼罩一切领域的天罗地网……于是,主要调整商品关系的民法便当然地随之而成为主宰生产、分配、交换、消费以及服务等一切领域的主要法律手段了"。[①] 那么,社会主义经济还需要法律手段吗?江平的回答是肯定的,在他看来,"在相当长的一个时期内,由于受斯大林《苏联社会主义经济问题》里所作的论述的影响,人们普遍认为,在社会主义社会,生产资料不属于商品范畴,在流通中它是作为产品而调拨的,不是作为商品而交换的。这样,就把民事手段几乎完全逐出了调整生产资料流通的领域,行政手段成了唯一的手段","民事手段甚至被视为一种会扩大价值规律的自发性、破坏国民经济计划性的邪恶因素","可是,三十年来的实践证明,上述认识和做法是片面的、错误的"。[②]

江平分析这是因为,"社会主义的社会化大生产也仍然是大商品生产。

[①] 《江平文集》,中国法制出版社2000年版,第16页。
[②] 《江平文集》,中国法制出版社2000年版,第17—18页。

商品流通的产生基础不仅和私有制有关,而且也和生产发达的程度不可分割。经济越发达,社会分工越细,生产越专门化,商品流通的规模与范围也必然随之而越扩大,调整商品流通的民事手段的作用范围也就应该越大。这并不是资本主义社会和私有制社会所特有的规律,社会主义也不例外",所以江平强调:"在社会主义大商品生产的条件下,我们必须把民事手段和行政手段结合起来,用以调整整个社会经济关系;而且必须十分重视民事手段的重大作用,充分利用民事手段作为发展社会主义经济的巨大推动力;必须以民事手段为主、行政手段为辅,这是社会化的大商品生产本身所固有的客观规律的要求,如果违背了这个规律,就必然会受到相应的惩罚。"① 至于民事调整手段的显著特征,江平列举了四条:(1)主体法律地位的平等;(2)当事人意志自主;(3)经济往来的等价有偿;(4)权利和义务的对等。其中最重要的是第1条,即当事人之间的平等。

1993年,江平发表《完善市场经济法律制度的思考》一文,论述了人治与法治、实体法与程序法、法律的稳定性和灵活性、法律的意志性和规律性、主体法和行为法等问题。在分析第一个问题时,江平尖锐地指出:"人治和法治仍然是经济法制建设最主要的问题。坦率地说,在宏观经济调控领域中主要是人治而不是法治","计划经济本质上是权力经济,市场经济本质上则是权利经济"。② 他断言:"计划经济是人治的最好土壤……人治就是行政权力和首长权力的不受限制的膨胀,而法治则是行政权力和首长权力的制约和监督。正是由于行政权力和个人权力希望不受或少受制约和监督,所以经济领域内的一些宏观调控法律迟迟不能出台,经济领域内的人治现象得不到有力的制止和控制",这就意味着,"限制权力经济是根治'人治'顽症的釜底抽薪办法。要发展市场经济,要给市场的生产者、企业以真正独立自主的权利,就要变'审批经济'为自主经济"。③

在同年发表的《市场经济和意思自治》一文中,江平进一步细化了对法治经济的理论研究。他写道:"市场经济要求市场主体地位平等,竞争机会平等,均享有广泛的权利,以契约为纽带构筑彼此之间的社会关系;市场经济利用价值规律自发调控经济运行,激发市场主体之间的有效竞争。市场经

---

① 《江平文集》,中国法制出版社2000年版,第18页。
② 《江平文集》,中国法制出版社2000年版,第113—114页。
③ 《江平文集》,中国法制出版社2000年版,第114页。

济的上述属性决定了意思自治是市场经济在法律上的不二选择。因为：意思自治以主体地位平等、机会平等为其确立的前提；以竭力保障权利、救济权利的权利本位观为其基础；以契约自由为其核心内容，以维持有效竞争为其主要功能。"① 他从多个层次解释了什么是意思自治，例如，"法律社会学层面理解，意思自治是个人主义、自由主义哲学思潮的直接产物，可大致定义为：每一个社会成员依自己的理性判断，管理自己的事务，自主选择、自主参与、自主行为、自主负责"；在私法和公法的划分层面上，"意思自治指私法自治，又称私权自治，基本含义是：私法主体有权自主实施私法行为，他人不得非法干预"；② 其他还有冲突法层面、民事诉讼法等。在上述见解中，江平把考察的视角拓展到哲学领域，实际上深刻地揭示了市场经济与现代法治在方法论上的一致性。

二、对法治经济的框架设计

1995年，江平发表《略论市场经济法律制度的基本框架》一文，对制定社会主义市场经济的法律制度提出了建议，实际上也是对法治经济的框架设计。

江平主张分主体机制、权利机制、行为机制、责任机制四个部分构建市场经济的法律框架。关于主体机制，他强调："市场经济法律主体机制的核心是企业，一切权利、义务、责任都附着于主体之上，而且这种附着关系已越来越紧密。主体机制的关键是建立现代企业制度，实现企业自治。"③ 实现企业自治要满足五个要求：(1)"企业必须具有真正的独立法人资格。独立法人资格要求做到两点：一是企业能支配它的全部财产，而不是部分财产；二是企业能以它的全部财产，而不是部分财产对它的债务承担责任"；(2)"企业地位必须平等，这就要求改变以所有制来划分企业，代之以按不同出资形态和出资者的责任来划分企业"；(3)"企业应该是资本企业"；(4)"企业应是由章程约束其行为"，"法律是国家的意志，章程是股东和发起人的意志，或叫当事人的意志。章程不能违反法律，但又不能等同于法律。市场经济条件下只有国家意志而无当事人自己意志不行，只有当事人意志而无国家意志也不

---

① 《江平文集》，中国法制出版社2000年版，第179页。
② 《江平文集》，中国法制出版社2000年版，第179页。
③ 《江平文集》，中国法制出版社2000年版，第275页。

行。章程是企业自律机制的法律表现";(5)"企业应是无上级主管部门","政府部门应加强宏观和微观的市场管理,如工商、金融、税收、知识产权等管理工作,但应当逐渐使现代企业成为真正不依赖政府部门的独立自主企业"。①

关于权利机制,江平指出:"权利机制就是利益机制,它是市场经济法律机制的基本内容。市场经济必须实现权利自主。市场经济的主体和权利是密不可分的。没有无主体的权利,也没有无权利的主体。"② 他认为确立权利本位观念、解决好权利与权力(也就是权利人的权利与政府权力)之间的关系、健全完善权利的基础——物权制度、加强无形财产权的规范和保护是实现权利自主的必然要求。

关于行为机制,江平分析说,"行为是主体和权利之间的桥梁,只有通过行为,主体才能取得权利、行使其权利。市场经济的行为机制就是交易机制,就是要建立现代交易制度。现代交易制度的核心是交易自由,我国已经宣布的要实行有中国特点的自由贸易制度也就是交易自由的具体表现"。③ 保障交易自由的关键是什么?江平列举了四条:(1)确立合同自由原则;(2)完善市场风险保障机制;(3)充分借助现代化交易手段;(4)市场必须是公平的竞争,在他看来,"自由是有限度的,没有竞赛规则的'无限自由'竞技是危险可怕的,必然是危及竞技者性命的游戏。市场公平竞争的法律属于禁止性法律,它不同于市场自由交易中通常具有的许可性法律的性质。公平竞争法律制度所要禁止的行为大致可分为四类:一是欺诈行为,如数量、质量、广告、说明书等欺诈行为;二是操纵市场行为,如利用经济上的优势和权力,控制、垄断、封锁、倾销或限制交易行为;三是内线交易行为,如利用买方市场或卖方市场的优势(短线交易的优势),索取回扣、好处费、辛苦费等变相贿赂行为。必须区别作为正当劳务报酬的佣金和作为变相贿赂的回扣之间的法律界限;四是诋毁和侵犯竞争对手信誉和权利的行为"④。

关于责任机制,江平表示:"责任是权利的保障,是全部法律关系的归宿,也是执法严肃性的灵魂。"⑤ 为此需要做到:(1)明确建立法人犯罪和商事犯罪的制度;(2)行政责任的科学规范化;(3)加强民事赔偿制度的力度;

---

① 《江平文集》,中国法制出版社2000年版,第275—276页。
② 《江平文集》,中国法制出版社2000年版,第277页。
③ 《江平文集》,中国法制出版社2000年版,第278页。
④ 《江平文集》,中国法制出版社2000年版,第279—280页。
⑤ 《江平文集》,中国法制出版社2000年版,第280页。

（4）加强执法的力度。他特别提醒说："我国市场经济立法的速度是很快的，随着立法的完善，无法可依的局面行将结束，而立法和执法之间的鸿沟和差距却会越来越突出、明显。责任机制从另一个角度看，就是执法机制。完善责任机制也就是完善执法机制，这仍是一个极其艰巨的法制建设任务。"①

总体而言，江平的这个框架设计虽然是初步的，还带有20世纪90年代经济发展阶段的某些印记，但作为一位对法律和市场经济颇有研究的学者，他的思考是全面的，深入的，具有鲜明的现代特点。他的设计思路有的已经体现在中国法治经济的制度成果中，有的则尚需理论突破和实践推进予以实现，但勾勒出的前行方向和实施路径无疑是正确的、清晰的。

三、对法治经济和法治国家的理性追求

进入21世纪以后，江平对法治经济的呼吁和宣传更为热切了，对在中国建成法治经济，他既满怀期待，又深感任务艰巨。究其原因，江平认为还有许多认识和体制上的问题需要解决，例如，"宪法是法律制度的基石。任何一个国家，可以有众多的法律，但法律的基石，起最根本作用的，还是宪法。一个国家最根本的政治制度，也体现为宪法。从这个角度来说，我觉得非常重要的，是应该树立宪法至高无上的权威的观念"。②

2003年，他在一次访谈中说："现在，社会上都在讨论一个问题：中国离现代化有多远？我们法学工作者也可以讨论一个问题：中国离法治化有多远？我想中国要真正建成一个法治国家，至少还需要几代人的努力。一代人有一代人的历史使命，我们这一代人在中国的法制建设中起到了铺石筑路的作用，现在我们已接近完成我们的使命，行将退出历史舞台，希望青年人接过接力棒，承担起历史的重任。"③

谈到他和吴敬琏建立起来的"法学和经济学的联姻"，江平坦率地表示："我们确实在不同路上做不同的事，但目标是一个方向。吴敬琏教授在研究经济学方面，他研究到最后，他说了一句话，市场经济要没有法治的话，那不可想象。他说：'搞经济学的人像我一样，原来有一个很天真的幻想，认为只要有了市场经济国家就可以发展了，但是经过二十多年，我们失望了，市

---

① 《江平文集》，中国法制出版社2000年版，第282页。
② 《法治天下——江平访谈录》，法律出版社2016年版，第99—100页。
③ 《法治天下——江平访谈录》，法律出版社2016年版，第13页。

场也有好有坏，只有法治的市场才是好的，'这个就是他的结论。当时我们搞法律的人也有一个天真的幻想，我们认为只要有法律，就万事大吉，但是到了今天我们感觉到法律也有好有坏，法律也有使市场经济倒退的，光有法律不行，还必须有法治，这是我们的共同点。"① 这就是说，法律作为一种成文的制度，只是实施法治的必要条件，要建立和推进法治，还要有与之配套的其他制度设计以及执法力度，而中国存在的问题恰恰在于有时有法不依，执法不严，这种现象亟待改变。

2007年，江平发表《中国改革开放的成功经验是"市场+法治"》一文，其中指出："中国近30年来的法治进程，如果从法律的数量上来说是进步的。但是，法治进程并非一帆风顺，法治进程在中国来说可以归纳为进两步退一步。虽然既有进也有退，但是总的来说还是在进步。法治建设不是直线前进的。是曲折前进的，这是中国的特点。""法治建设是件很艰难的事情，这涉及权力问题。人都有权力欲望，更何况中国几千年的封建历史，使人们头脑中的旧概念根深蒂固。"② 这表明，中国封建社会法治缺失的弊端，随着法治建设的推进愈加暴露出来了。

2010年，江平在《现代法治的精神》一文中写道："我觉得我们现在所讲的法治国家概念是从西方传播而来的，因为我们儒家社会中没有现在所讲的法治国家，所谓的法家里面体现出的思想也不是我们现在所讲的法治国家的思想。"③ 他重申："我理解的法治国家应当包含三个要素：第一个是社会自治的思想，即国家要尽量减少干预或者尽量减少不必要的干预。第二个是民营经济。如果我们现在还是国家垄断、国营企业垄断，也就谈不上市民社会了。市民社会必须要有足够强大的民营经济作为依托，也就叫作经济的多元化"。"第三个要素，我觉得也是一个法治国家所必须要求的，那就是要有一个比较强大的中产阶级，即贫富不要太悬殊，社会整体比较公正。"④ 他认为法治经济在中国是有进步的，例如，"60年也好，30年也好，从研究私权的角度看，总的一条线索是个人权利从被压抑到崛起的历史过程。……近30年来，个人权利从压抑中解放出来了"。⑤ 但总体上，建成法治国家所需要的

---

① 《法治天下——江平访谈录》，法律出版社2016年版，第43页。
② 《法治天下——江平访谈录》，法律出版社2016年版，第304页。
③ 《法治天下——江平访谈录》，法律出版社2016年版，第83页。
④ 《法治天下——江平访谈录》，法律出版社2016年版，第83—84页。
⑤ 《法治天下——江平访谈录》，法律出版社2016年版，第93页。

这三个要素在中国成长得并不充分。

江平的上述看法概括起来就是三点：（1）约束政府的权力，通过财产安全激发经济主体活力；（2）优化法治环境，用公平竞争促进经济增长；（3）运用法律法规，实施社会政策实现社会公平和共同富裕。

当然，还有学者从更为专业的角度提出过值得进一步研究的问题，如韦森说：内生于市场过程中的规则体系是英美普通法，但它在当今的中国并没有被植入以致生长和扩展的氛围，"因此，未来中国的法律建设和整个社会秩序内部制度化进程将是怎样的？换句话说，由制度变迁中的路径依赖所沿存下来的当今中国的社会经济秩序安排与英美普通法法律规则体系基本上绝缘——这对未来中国的社会经济秩序的制度化过程意味着什么？这显然是值得深思和探究的一个极其重要的问题"。[①] 毋庸讳言，这些要点和难点也正是中国法治经济未来的理论研究和实践探索之重点所在。

本章小结

相比较而言，本章的内容最具有经济理论的特点。与改革开放的历史进程相一致，中国学者在对经济体制改革的探索是渐进的，法治经济思想则是在社会主义市场经济正式提出以后较快地形成。改革前期，人们讨论的是企业管理的改革、生产者自主权的扩大、收入分配方式的完善等问题，当体制改革出现的矛盾和阻碍具有连带性，解决的成本不断增加以后，法治建设的必要性就凸显出来了。

本章第一节梳理了林子力和蒋一苇对经济自主权的研究。他们的方法是马克思主义的，对象是社会主义企业和农业生产者，得出的结论是，只有明确界定生产者的主体权利，让这种权利直接同他们的工作安排和最终收益联系起来，才能激发他们的生产积极性，从而达到提高效益和发展经济的目的。这里所说的自主权，实际上就是一个法律的概念。

第二节所分析的杜润生是一位学者型高级干部，他从新中国成立初就担任农业经济的领导工作，改革开放后又参与多项重大改革的谋划和落实，经验丰富，善于思考，因此，他对法治经济的呼吁是从实践中来的，著书立说

---

① 韦森：《社会制序的经济分析导论》，上海三联书店2001年版，第289页。

具有一定的前瞻性。杜润生关注的重点不仅在于提高效率，更在于对人的尊重，对稳定预期的养成，对经济长期发展的制度保障，这是他经过对改革开放前后两种经济建设模式的比较后得出的感悟。

作为顾准曾经的同事和学生，吴敬琏的经济学研究具有思想性、学理性和历史性等特点。"文化大革命"结束后，他反思封建社会的思想遗毒，质疑传统计划经济体制，经过出国进修，了解和运用现代经济学理论，使他对厘清中国经济改革的走向、解决关键问题的思路，有了更为开阔的视野。吴敬琏对市场经济的目标确认是一以贯之的，因此也较早意识到了法治建设的重要性。在经济改革遭遇到困难和反复时，他与江平关于经济与法治的交流，不仅深化了各自学科的理论研究，而且产生了广泛的社会影响。对此，本章第三节作了动态的考察。

张维迎和钱颖一是本章第四节的主角。相比较而言，他们年轻，受过西方经济学的系统训练，也得到过国内老一辈同行的点拨，他们对法治经济的研究以中国案例为对象，方法规范，逻辑性强，结论明确，颇具说服力。在一定程度上代表了中国学者在法治经济理论研究中达到的专业高度。

在本章的第五节，江平是作为著名的法学家压轴出场的，这既符合当代中国法治经济思想发展的实际情况，也与笔者将经济思想作为主要研究对象，法学理论作为后续融合的考虑不谋而合。这绝不是说法学没有经济学重要，而恰恰是表明没有专业权威的法学研究的结合，法治经济思想的形成和深化是无从谈起的。江平有扎实的法学理论功底，又长期关注经济问题，在改革开放进入攻坚阶段，他发挥自己的专长，提出了在中国建设法治经济的框架设计，并为此大声疾呼，显示出严谨的科学精神和热忱的爱国情怀。这实际上也是法治建设的人文价值之所在。

第五章　市场化进程中中国法治经济的制度推进

推进改革开放是新中国成立以来发生的重大历史性事件，也是近代以来实现中华民族伟大复兴的重要里程碑。改革开放四十多年来，经历了艰难曲折而又波澜壮阔的发展历程，中国找到了一条符合本国国情的中国特色社会主义发展道路。四十多年的风雨历程表明，全面依法治国是坚持和发展中国特色社会主义市场经济的本质要求和重要保障，也是实现国家治理体系和治理能力现代化的必然要求。

第一节　中国法治经济制度推进的发展历程

法律是治国之重器，良法是善治之前提，有法可依是依法治国的前提，科学立法是全面依法治国的基础，依法治国则是市场经济的根本保障。四十多年的改革开放历程中，中国法治经济制度的推进伴随着中国特色社会主义法律体系从形成到逐步完善。

一、中国法治经济制度的奠基（1978—1982年）

1978年12月，中共十一届三中全会深刻总结中华人民共和国成立以来正、反两方面的经验教训，作出把党和国家工作重点转移到经济建设上来、实行改革开放的历史性决策，并提出"为了保障人民民主，必须加强社会主义法制，使民主制度化、法律化，使这种制度和法律具有稳定性、连续性和极大的权威，做到有法可依、有法必依、执法必严、违法必究"，强调"从现在起，应当把立法工作摆到全国人民代表大会及其常务委员会的重要议程上来"。这次会议开启了中国改革开放和社会主义法治经济建设的历史新时期。

二、中国法治经济制度的探索（1982—1992年）

1982年12月，为适应国家经济、政治、文化、社会生活等各方面发生的巨大变化，第五届全国人大第五次会议通过了新的《中华人民共和国宪法》，确立了国家的根本制度、根本任务和国家生活的基本原则，为新时期改革开放和社会主义现代化建设提供了根本保障，标志着中国法治经济建设进入新的历史阶段。

新的阶段，为适应以经济建设为中心、推进改革开放的需要，全国人大及其常委会把制定有关经济方面的法律作为立法工作的重点。1981年和1986年，《经济合同法》和《企业破产法（试行）》先后通过。1986年4月，第六届全国人大第四次会议通过作为民事基本法律的《民法通则》，在此前后全国人大常委会制定了《商标法》《专利法》《著作权法》等一系列民商事单行法规。继《刑事诉讼法》之后，1982年和1989年，《民事诉讼法（试行）》和《行政诉讼法》先后通过，三大基本诉讼法律制度得以建立。继《中外合资经营企业法》后，《外资企业法》和《中外合作经营企业法》相继制定，构建起比较全面的对外开放法律框架，为实施对外开放战略提供了重要法律保障。①

三、中国法治经济制度的发展（1992—2002年）

1992年初，邓小平视察武昌、珠海、深圳、上海等地并发表"南方谈话"。党的十四大作出建立社会主义市场经济体制的战略决策，中国改革开放和社会主义现代化建设进入新的历史阶段。1993年11月，十四届三中全会明确提出"社会主义市场经济体制的建立和完善，必须有完备的法制来规范和保障。要高度重视法制建设，做到改革开放与法制建设的统一，学会用法律手段管理经济"。1993年3月，第八届全国人大第一次会议通过的《宪法修正案》明确规定："国家实行社会主义市场经济"，"国家加强经济立法，完善宏观调控"。此后，全国人大及其管委会按照建立社会主义市场经济体制的要求，加快经济立法，在规范市场主体维护市场秩序、加强宏观调控、促进对外开放等方面，制定了《公司法》《合伙企业法》《商业银行法》《乡镇企业法》《反不正当竞争法》《消费者权益保护法》《产品质量法》《拍

---

① 参见《中国特色社会主义法律体系》，载《人民日报》2011年10月28日。

卖法》《担保法》《海商法》《保险法》《票据法》《城市房地产管理法》《广告法》《注册会计师法》《仲裁法》《审计法》《预算法》《中国人民银行法》《对外贸易法》《劳动法》等法律。

随着社会主义市场经济体制的逐步建立，对外开放水平的不断提高，法治经济建设的深入推进和各项事业的全面发展，1997年9月，党的十五大提出了21世纪第一个十年国民经济和社会发展的目标，确立了"依法治国，建设社会主义法治国家"的基本方略，明确提出到2010年形成中国特色社会主义法律体系。按照这一目标要求，1999年3月，第九届全国人大第二次会议通过《宪法修正案》，把"中华人民共和国实行依法治国，建设社会主义法治国家"写入《宪法》。此后，为保障和促进社会主义市场经济的发展，适应加入世界贸易组织的需要，全国人大及其常委会继续抓紧开展经济领域立法，制定了《证券法》《合同法》《招标投标法》《信托法》《个人独资企业法》《农村土地承包法》《政府采购法》等法律，修改了《对外贸易法》《中外合资经营企业法》《中外合作经营企业法》《外资企业法》《专利法》《商标法》《著作权法》等法律。[①]

四、中国法治经济制度的形成（2002—2012年）

进入21世纪，根据党的十六大、十七大确定的在21世纪前20年全面建设惠及十几亿人口的更高水平的小康社会这一目标。全国人大及其常委会坚持从国情和实际出发，坚持科学立法、民主立法，在提高立法质量的前提下，抓紧制定在法律体系中起支配作用的法律，及时修改与经济社会发展不相适应的法律规定，集中开展法律清理工作，督促有关方面清理行政法规和地方性法规，制定法律配套法规。

2004年3月，第十届全国人大第二次会议通过《宪法修正案》，把"国家尊重和保障人权""公民的合法的私有财产不受侵犯"等内容写入宪法，推动了中国经济、政治、文化和社会等各方面的发展和进步。为保护公民、法人和其他组织的合法权益，保障和促进社会主义市场经济的健康发展，全国人大及其常委会制定了《物权法》《侵权责任法》《企业破产法》《反垄断法》《反洗钱法》《企业所得税法》《车船税法》《企业国有资产法》《银行业监督管理法》等法律；为完善社会保障制度，保障和改善民生，全国人大常

[①] 参见《中国特色社会主义法律体系》，载《人民日报》2011年10月28日。

委会制定《社会保险法》《劳动合同法》《就业促进法》《人民调解法》《劳动争议调解仲裁法》《食品安全法》等法律。①

到2010年底，中国涵盖社会关系各个方面的法律部门已经齐全，各法律部门中基本的、主要的法律已经制定，相应的行政法规和地方性法规比较完备，法律体系内都总体做到科学统一。经过长期共同努力，一个立足中国国情和实际、适应改革开放和社会主义现代化建设需要、集中体现党和人民意志，以宪法为统帅，以宪法相关法、民商法、行政法、经济法、社会法、刑法、诉讼与非诉讼程序法等多个法律部门的法律为主干，由法律、行政法规、地方性法规三个层次的法律规范构成的中国特色社会主义法律体系如期形成，社会主义经济建设、政治建设、文化建设、社会建设、生态文明建设实现有法可依。这是中国社会主义民主法制建设史上的重要里程碑，是中国特色社会主义制度走向成熟的重要标志，具有巨大的现实意义和深远的历史意义。②

五、中国法治经济制度的完善（2012年至今）

2013年以来，全国人大及其常委会全面加强了重点领域立法。这一时期中国立法的重心从经济立法为主转向经济、社会等各领域立法的均衡发展。一是加强民事立法。第十二届全国人大常委会研究提出"两步走"工作思路：先制定在民法典中起统领作用的民法总则。2017年，第十二届全国人大第五次会议通过《民法总则》。2018年，第十三届全国人大常委会在过去工作的基础上，完成民法典各分编草案，先后完成了《合同编（草案）》《侵权责任编（草案）》《物权编（草案）》《人格权编（草案）》《婚姻家庭编（草案）》《继承编（草案）》，为完成民法典编撰任务目标迈出了坚实步伐。二是加强市场经济立法。全国人大常委会提出贯彻落实税收法定原则的实施意见，明确改革路径和相关立法工作安排。第十二届全国人大常委会制定了《环境保护税法》《烟叶税法》《船舶吨税法》，修改了《企业所得税法》，第十三届全国人大常委会制定了《土地占用税法》《车辆购置税法》，修改了《企业所得税法》《个人所得税法》。全国人大常委会开启了产权保护法律清理工作，修

---

① 参见《中国特色社会主义法律体系》，载《人民日报》2011年10月28日。
② 《全国人民代表大会常务委员会工作报告——2013年3月8日在第十二届全国人民代表大会第一次会议上》，载《人民日报》2013年3月21日，第1版。

改了《反不正当竞争法》《中小企业促进法》《农民专业合作社法》《促进科技成果转化法》《标准化法》《商标法》《广告法》，制定了《旅游法》《资产评估法》。此外，为巩固和扩大改革开放成果，在新的历史起点上推进改革开放和社会主义现代化建设，第十三届全国人大第二次会议通过《外商投资法》，第十三届全国人大常委会制定了《电子商务法》，修改了《农村土地承包法》《公司法》《民用航空法》《电力法》《港口法》等法律。

第二节　中国法治经济制度推进的实践探索

一、宪法及历次修正案中关于法治经济的具体实践

中华人民共和国宪法的立法沿革始于1949年9月政协第一届全体会议通过的具有临时宪法性质的《共同纲领》。对于新中国的经济政策，纲领作了首次规定。其中，《共同纲领》第26条规定了经济建设的根本方针："中华人民共和国经济建设的根本方针，是以公私兼顾、劳资两利、城乡互助、内外交流的政策，达到发展生产，繁荣经济的目的。……调剂国营经济、合作社经济、农民和手工业者的个体经济、私人资本主义经济和国家资本主义经济，使各种社会经济成分在国营经济领导之下，分工合作，各得其所，以促进整个社会经济的发展。"国营经济作为社会主义性质的经济力量，是社会经济中的主导，国家努力推进经济各方面的社会主义改造。

1981年6月27日至29日，十一届六中全会在北京举行，全会通过了《关于建国以来党的若干历史问题的决议》，标志着党完成了指导思想上的拨乱反正。决议总结了中华人民共和国成立以来正反两方面的经验，明确了党和国家工作的重点，在社会主义改造基本完成以后，中国所要解决的主要矛盾，是人民日益增长的物质文化需要同落后的社会生产之间的矛盾，党和国家工作的重点必须转移到以经济建设为中心的社会主义现代化建设上来。

1982年12月4日，第五届全国人大第五次会议表决通过了《宪法》，第五届全国人大第五次会议主席团发布了《中华人民共和国全国人民代表大会公告》，将《宪法》公布实施。其中，关于经济制度的规定，在很大程度上反映了改革开放的基本精神，在社会主义公有制为主体的前提下，多种经济形式并存。宪法规定国营经济是国民经济中的主导力量，集体经济是中国农

村经济中的主要形式，国营经济和集体经济都是社会主义公有制，是中国社会主义经济的基础。城乡劳动者个体经济是社会主义公有制经济的补充，国家保护个体经营者的合法权利。在计划经济的体制内，注重发挥市场调节作用，国家通过经济计划的综合平衡和市场调节的作用，保证国民经济按比例的协调发展。

（一）1988年宪法修正案

1978年11月，安徽省凤阳县小岗村率先试行"包产到户"，随后"家庭联产承包责任制"在全国范围内推广开来。城市经济也得到了巨大的发展，截至1984年，中国城市企业，包括工业、建筑业、交通业、商业和服务业的企业，已有100多万个，职工共达8000多万人。仅城市工业企业提供的税收和利润，就占全国财政收入的80%以上。

1984年10月，十二届三中全会通过了《关于经济体制改革的决定》，决定分析了中国当前的经济和政治形势，总结了中国社会主义建设正反两方面的经验，特别是1978年以来城乡经济体制改革的经验，一致认为进一步贯彻执行对内搞活经济、对外实行开放的方针，加快以城市为重点的整个经济体制改革的步伐，以利于更好地开创社会主义现代化建设的新局面。决定指出改革是当前中国形势发展的迫切需要，改革是为了建立充满生机的社会主义经济体制，增强企业活力是经济体制改革的中心环节，建立自觉运用价值规律的计划体制，建立合理的价格体系，实行政企职责分开，建立多种形式的经济责任制，积极发展多种经济形式，启用一代新人，造就一支社会主义经济管理干部的宏大队伍，加强党的领导，保证改革的顺利进行。①

1987年10月25日至11月1日，党的十三大在北京召开，十三大报告系统阐述了关于社会主义初级阶段的理论和党在社会主义初级阶段的基本路线。报告指出"我国社会已经是社会主义社会，我们必须坚持而不能离开社会主义"；"我国的社会主义社会还处在初级阶段，我们必须从这个实际出发，而不能超越这个阶段"。根据社会主义初级阶段理论，中国共产党制定的基本路线是领导和团结各族人民，以经济建设为中心，坚持四项基本原则，坚持改革开放，自力更生，艰苦创业，为把我国建设成为富强、民主、文明的社会主义现代化国家而奋斗。

---

① 钟祥财：《中国特色社会主义基本经济制度的思想史考察》，载《广西财经学院学报》2021年第4期。

1988年2月28日，根据中共十二届三中全会《关于经济体制改革的决定》以及中共十三大的精神，中共中央向全国人大常委会提出《关于修改中华人民共和国宪法个别条款的建议》，建议主要包括两项内容，一是关于确认私营经济的法律地位；二是关于允许土地使用权转让。第六届全国人大常委会第二十五次会议研究了经济改革的实践经验，接受了中共中央的建议，提出《宪法修正案（草案）》，并决定将草案提交第七届全国人大第一次会议审议，拟增加"保护私营经济"和"土地使用权可以依照法律规定转让"的内容，为经济发展提供宪法保障。此后，中共中央向全国人大常委会提出宪法修订建议，启动修宪程序成为一个惯例。

1988年3月25日至4月13日，第七届全国人大第一次会议在北京召开，会议通过了两条宪法修正案。第1条宪法修正案，《宪法》第11条增加规定"国家允许私营经济在法律规定的范围内存在和发展。私营经济是社会主义公有制经济的补充。国家保护私营经济的合法权利和利益，对私营经济实行引导、监督和管理"。该修正案确认了"私营经济是社会主义公有制经济的补充"的法律地位，允许其在法律规定范围内存在和发展，保护其合法权利和利益，从而丰富了中国经济成分，形成了公有制经济和多种非公有制经济（包括私营经济、个体经济和"三资"企业）并存，以公有制经济为主体，以多种非公有制经济为补充的新体系。第2条宪法修正案，《宪法》第10条第4款"任何组织或者个人不得侵占、买卖、出租或者以其他形式非法转让土地"修改为"任何组织或个人不得侵占、买卖或者以其他形式非法转让土地。土地的使用权可以依照法律的规定转让"。该修正案允许土地所有权和使用权加以分离，土地使用权可以依法加以转移提高了土地的利用率，有利于企业的发展。本次宪法修正案是对经济改革经验的宪法确认，对经济体制改革的制度性推进。

（二）1993年宪法修正案

1992年1月18日至2月21日，邓小平先后到武昌、深圳、珠海、上海等地进行调研和视察，发表了一系列重要谈话。他谈话的主旨是要坚定不移地全面贯彻执行党的基本路线，解放思想，实事求是，排除各种干扰，抓住有利时机，深化改革，加快改革开放的步伐，迅速发展经济。邓小平的"南方谈话"促进了"以经济建设为中心，坚持四项基本原则，坚持改革开放"总路线的贯彻执行。

1992年10月12日至18日，党的十四大在北京举行，江泽民在会上作了《加快改革开放和现代化建设步伐 夺取有中国特色社会主义事业的更大胜利》的报告。报告以邓小平同志建设有中国特色社会主义的理论为指导，认真总结十一届三中全会以来的实践经验，动员全党同志和全国各族人民，进一步解放思想，把握有利时机，加快改革开放和现代化建设步伐。党的十四大对推动社会主义市场经济体制的建立，加快经济改革步伐产生了积极作用。

1993年3月29日，第八届全国人大第一次会议通过了第3条至第11条宪法修正案，这是全国人大对宪法的第二次修正。此次修正案将"有中国特色社会主义的理论""中国共产党领导的多党合作和政治协商制度""国家实行社会主义市场经济"写入宪法，将"国营经济"改为"国有经济"，"农村中的家庭联产承包为主的责任制"作为劳动群众集体所有制经济的一种形式写入宪法。

（三）1999年宪法修正案

1997年9月12日至18日，党的十五大在北京召开。江泽民代表第十四届中央委员会向大会作了题为《高举邓小平理论伟大旗帜 把建设有中国特色社会主义事业全面推向二十一世纪》的报告。党的十五大报告首次使用了"邓小平理论"的科学概念，并把这一理论作为指引党继续前进的旗帜，大会通过的《中国共产党章程修正案》把邓小平理论确立为党的指导思想，明确规定中国共产党以马克思列宁主义、毛泽东思想、邓小平理论作为自己的行动指南。党的十五大进一步阐述了社会主义初级阶段理论，明确提出了党在这个阶段的基本纲领，正式提出了"依法治国，建设社会主义法治国家"的治国方略，这是我们党执政史上具有历史里程碑意义的重大决策。对于法治建设，报告指出：加强立法工作，提高立法质量，到2010年形成有中国特色的社会主义法律体系。维护宪法和法律的尊严，坚持法律面前人人平等，任何人、任何组织都没有超越法律的特权。

根据党的十五大以及经济体制改革的精神，中共中央向全国人大常委会提出了修改宪法的意见。第九届全国人大第二次会议于1999年3月5日至16日在北京举行，审议通过了《中华人民共和国宪法修正案》。这是全国人大对宪法的第三次修正。本次修正案将"依法治国，建设社会主义法治国家"的治国方略和"邓小平思想"的指导地位写入宪法，将基本经济制度和分配制度完整表述为："国家在社会主义初级阶段，坚持公有制为主体、多种所有制经济共同发展的基本经济制度，坚持按劳分配为主体、多种分配方式并存的分配制度。"

（四）2004年宪法修正案

2002年11月8日至14日，党的十六大在北京召开。江泽民代表第十五届中央委员会向大会作了题为《全面建设小康社会 开创中国特色社会主义事业新局面》的报告。党的十六大报告高举邓小平理论伟大旗帜，全面贯彻"三个代表"重要思想，对推进经济体制改革、政治体制改革、文化体制改革，全面建设小康社会，加快推进社会主义现代化作出了重要部署。2003年10月11日至14日，十六届三中全会在北京举行，会议在贯彻党的十六大精神的基础上，审议通过了《中共中央关于完善社会主义市场经济体制若干问题的决定》和《中共中央关于修改宪法部分内容的建议》两个文件。

随后，中共中央向第十届人大常委会提出了《关于修改宪法部分内容的建议》。2004年3月5日至14日，第十届全国人大第二次会议在北京召开，会议审议通过了《中华人民共和国宪法修正案》。这是全国人大对宪法的第四次修正，本次宪法修正案在序言第七自然段，将"三个代表"重要思想、"推动物质文明、政治文明和精神文明协调发展"写入宪法，将"有中国特色社会主义的道路"改为"中国特色社会主义的道路"。在总纲部分，增加了"可以依照法律规定对公民的私有财产实行征收或者征用并给予补偿"；"国家鼓励、支持和引导非公有制经济的发展"；"公民的合法的私有财产不受侵犯"；"国家建立健全同经济发展水平相适应的社会保障制度"等条款，以宪法确认了经济体制改革的制度成果。在公民基本权利和义务部分，增加一款"国家尊重和保障人权"，标志着人权保障的法治化。

（五）2018年宪法修正案

党的十九大上，习近平代表第十八届中央委员会向大会作了题为《决胜全面建成小康社会 夺取新时代中国特色社会主义伟大胜利》的报告。党的十九大报告确定了"新时代中国特色社会主义思想和基本方略"，开启了"全面建设社会主义现代化国家新征程"；在"贯彻新发展理念，建设现代化经济体系"，"健全人民当家作主制度体系，发展社会主义民主政治"，"坚定不移全面从严治党，不断提高党的执政能力和领导水平"等方面总结了经验，明确了建设目标，对宪法的修订工作具有重要指导意义。

2018年3月11日，第十三届全国人大第一次会议第三次全体会议经投票表决通过了《中华人民共和国宪法修正案》。这是对1982年宪法的第五次修订，将"科学发展观、习近平新时代中国特色社会主义思想""贯彻新发展理念""实现中华民族伟大复兴""社会文明、生态文明"写入宪法,完善了宪法的指导思想,明确了奋斗目标,丰富了民族政策、外交政策。总体而言,这次宪法修订丰富了指导思想,完善了人民代表大会制度、国家领导体制,推进了国家治理体系的现代化,体现了对宪法作部分修改、不作大改的原则,做到既顺应党和人民事业发展要求,又遵循宪法法律发展规律,保持宪法连续性、稳定性、权威性。

二、民商法、经济法以及社会保障法中关于法治经济的具体实践

(一)民法

孟德斯鸠在《论法的精神》中说,在民法慈母般的眼里,每一个人就是整个国家。民法是调整平等主体之间的财产关系和人身关系的法律,它确立人的法律地位和法律人格,肯定人的权利能力,保护私权,保护一个人从出生到死亡的每一项权利。早在中华人民共和国成立之初,党和国家对于民法的重要性就有着清晰的认识。新中国成立初期,中国移植了苏联的民法理论,并陆续颁布了保护民族工商业、保护典当等债权债务关系的法律法规。1954年中华人民共和国第一部宪法颁布后,民法典的第一次起草工作即随之启动。1962年,根据毛泽东"不仅刑法要,民法也需要"的指示,全国人大第二次启动民法典的起草工作,并于1964年7月完成了民法第二次草案。但是,中华人民共和国的两次民法典编纂,均因为政治运动而中止。

1978年以后,随着改革开放的深入和社会主义市场经济的逐步建立,以及依法治国方略的提出,才真正迎来了民法的春天。虽然1979年全国人大常委会启动的第三次民法典的起草,由于社会仍处于转型时期而中断,但这期间完成的民法草案第四稿也成为此后多个单行法的立法基础。1985年中国先后颁布了《经济合同法》《商标法》《专利法》等单行法规,1986年通过了被国外学者誉为"中国的人权宣言"的《民法通则》,1990年至2009年颁布了《著作权法》《担保法》《合同法》《物权法》《侵权责任法》等,逐步形成了民法上的体系。

2002年第四次民法典的编纂终因立法技术的不成熟、立法机关与法学界的观点分歧而失利。但2015年第五次民法典编纂工作的启动,让民法典的实现成为可能。2017年通过《民法总则》后,民法典各编的起草也紧锣密鼓地进行下去。2020年民法典各分编与此前已经出台的民法总则合并为一部完整的民法典。在历经挫折后,期盼已久的《民法典》终于出台。这是伟大时代

的产物，也是对自由、平等和权利的宣言书和最好的保障。我国民法制度的立法进程，正是意欲展现私法在中华人民共和国的确立与发展过程，以及权利观念和对民众保护在中国生成和发展的过程。

（二）商法

中华人民共和国商事立法包括商事主体法，即企业与公司法、破产法；金融法，即银行法、保险法、证券法、信托法、票据法等；以及海商法。商法是调整平等主体间商事关系的法律规范的总称，民法与商法之间是一般法和特别法的关系。从中华人民共和国成立到1979年，中国没有通过一部正式的商事立法。中华人民共和国第一部民法典草案以苏俄1922年民法典为蓝本，体例上民商合一，债权编包括相关的商事行为的部分内容。社会主义过渡时期，为调整不同所有制商业之间的经济关系，1950年12月29日通过了《私营企业暂行条例》。1954年9月2日政务院通过了《公私合营工业企业暂行条例》。

1978年以后改革开放的实行和计划经济体制被打破，真正推动了中国商法的发展。为吸引外商投资，涉外商事立法先行一步，于1979年颁布了《中外合资经营企业法》、1986年颁布了《外资企业法》和1988年颁布了《中外合作经营企业法》，此后又制定了《全民所有制工业企业法》《私营企业暂行条例》等商事主体法。

1992年至今，是商法的蓬勃发展期。中国先后通过了《公司法》《保险法》《票据法》《商业银行法》《合伙企业法》《个人独资企业法》《证券法》《信托法》《证券投资基金法》等法律，构建了较为完整的市场主体法律制度，中国的商法体系基本形成。中华人民共和国至今的商事法律发展史，说明了商法的发展与国家经济政策的调整和国内外社会经济的发展密切相关，同时，商法的发展又对中国经济的发展起到了积极的推动和促进作用。

（三）经济法

中华人民共和国的经济立法根据调整对象和目的的不同，可以分为宏观调控法、市场监管法、行业监管法、财政税收法和对外经济贸易法等。宏观调控法是调整在国家对国民经济总体活动进行调节和控制过程中发生的经济关系，即宏观调控关系的法律规范，如《价格法》《统计法》《循环经济促进法》《中小企业促进法》；市场监管法通过国家权力监管市场行为、维护市场秩序、保护和促进公平竞争的法律规范，如《反不正当竞争法》《反垄断法》《产品质量法》《消费者权益保护法》；行业监管法是对特定的行业实施监督管理和产业促进的法律规范，如《反洗钱法》《农业法》《电力法》《网络安全法》《招标投标法》；财政税收法是通过财政税收的方式来调整和分配经济收入和社会财富的法律规范，如《预算法》《税收征收管理法》《个人所得税法》；另外，还有对外经济贸易法如《对外贸易法》《外商投资法》。

中国经济法的发展是同市场经济的发展联系在一起的，其发展主要经历了以下三个阶段：

从1979年到1993年，是中国经济法的产生阶段。随着中共十一届三中全会的召开，计划经济向市场经济转变，经济法才有了产生的土壤。但是当时计划经济仍然占主体，市场的作用有限。立法机关开始制定一些促进经济发展、规范经济活动的法律，如《个人所得税法》《税收征收管理法》《计量法》《标准化法》。

从1993年到2011年，是中国经济法的发展阶段。自1993年，中国开始建立社会主义市场经济体制，同时提出以社会主义市场经济为基础，建设具有中国特色的社会主义法律体系。围绕着国家对市场经济进行调控发生的法律关系，通过了大量法律法规来规范市场秩序、进行宏观调控、调节社会分配，并且对经济活动进行监管。例如，《反不正当竞争法》《反垄断法》《价格法》《车船税法》《产品质量法》《消费者权益保护法》《银行业监督管理法》。2011年3月，全国人大常委会宣布，中国特色社会主义法律体系已经建成。同年国务院新闻办公室发布了《中国特色社会主义法律体系》白皮书，经济法正式被确立为七个部门法之一。这标志着中国的经济法经过长期的发展，终于成为一个相对独立的法律部门。

2012年党的十八大以来，中国开始进入全面深化改革阶段，经济法也进入进一步完善阶段。为了应对随着经济和社会快速发展出现的各种新情况。一方面，要制定新的经济法律法规如《网络安全法》；另一方面，要对已有的法律进行修订，如对《消费者权益保护法》《产品质量法》《个人所得税法》的修改，有些法律如《个人所得税法》经历多次修改，充分反映出中国立法与实践之间的互动。而在整个发展完善的过程中，中国经济立法又呈现了指导思想上从"宜粗不宜细"到精细立法、立法权限上从分散到集中、调控手段上从行政干预到宏观调控的变化趋势。

（四）社会保障法

中华人民共和国的社会保障制度以新中国成立初期为起点，随着新中国的发展而发展,至今已走过了六十多个年头。在过去的六十多年中,中国的社会保障制度经历了从无到有、从小到大、不断探索、不断完善的过程,社会保障法也在这几十年中伴随着社会保障制度不断成长。

以改革开放为"分水岭",中国社会保障法的发展历程大致可分为两个阶段,第一阶段自新中国成立后至改革开放前,主要是为了满足计划经济体制的要求,更加注重保护劳动者的权益;第二阶段自改革开放以来至今,主要为了适应市场经济体制改革的新要求,不断发展、完善,并逐步成熟、定型。

新中国成立之初,由于中国刚刚经历了多年的战争,需要尽快从战争的创伤中恢复过来,尽可能地保障人民群众的基本生活,快速恢复经济与工业,使国家尽早步入正轨。党和国家十分关注劳动者的权益。因此,这一阶段中国社会保障的建立与发展是以劳动保险为主的。一是社会保险制度的建立;二是社会救济和社会福利制度相继建立;三是社会优抚安置制度的建立;四是农村社会保障制度的建立。

新中国成立之后,党和国家颁布了一系列相关法律法规,建立了社会保障体系,解决了劳动者的后顾之忧,使得全国劳动人民能够安心投身于国家的建设大业。然而,由于受各种条件限制,这一阶段的社会保障法律仍存在不少缺陷,一是法规数量少,覆盖面有限;二是法规位阶低,很多都带有临时性色彩,而且打上了计划经济的烙印。随着形势的发展,传统的社会保障体系已经不能适应中国的实际国情,改革也就成了顺理成章的事。

1978年是中国发展历史上的一个重要转折点,党的十一届三中全会在这一年召开,中国结束了"文化大革命",同时实行改革开放,经济、社会、产业结构随之发生了巨大的变化。随着改革的不断深入,传统的社会保障体系已经越来越无法满足发展的需求。首先,就业总人口中,国有经济和集体经济的人数比例不断下降,而在非公有制经济就业的劳动者的权益无法得到保障,这很不利于其他所有制类型经济的发展。其次,在传统计划经济体制下,国有企业要将利润上缴国家,再由国家进行统筹分配。因此,对于员工的保障支出并没有给企业带来太大的负担。然而,改革开放后,市场化改革路径的明确使得高度集中的计划经济体制成为了过去式,企业需要自负盈亏,许多拥有大量退休职工的国有企业在传统的社会保障体系下便难以维持。

1986年,《国民经济与社会发展第七个五年计划》第一次提出了"社会保障"的概念,有关社会保障改革与社会化的问题也在文件中被详细阐述。同时,一系列针对国有企业的规定也相继出台,例如《国营企业实行劳动合同制暂行规定》《国营企业职工待业保险暂行规定》《关于企业职工养老保险制度改革的决定》等。这些规定的提出,在一定程度上推进了国有企业的改革,并为失业保险的建立奠定了基础。

1992年邓小平"南方谈话"和1993年党的第十四届三中全会通过的《中共中央关于建立社会主义市场经济若干问题的决定》,标志着中国进入了一个新的时代,市场经济体制改革由此拉开了序幕。这一纲领性文件明确规定了社会保障的内容以及建立"统账结合"的多层次的社会保障体系的目标。

2010年10月28日,第十一届全国人民代表大会常务委员会第十七次会议通过并颁布的《社会保险法》,是迄今为止中国社会保障领域位阶最高的法律,从法律上明确了国家建立基本养老、基本医疗和失业、工伤、生育等社会保险制度,并对确立基本养老保险关系转移接续制度、提高基本养老保险基金统筹层次、建立新型农村社会养老保险制度、城镇居民养老保险制度和新型农村合作医疗制度等作出原则规定。

第三节　中国法治经济制度推进的经验启示

改革开放四十多年来,中国的市场化进程取得了举世瞩目的成就,中国法治经济的制度推进也不断走向完善,为建设中国特色社会主义市场经济提供了坚实的法治保障。中国市场化进程中的法治经济实践积累了丰富的经验,也经历了许多发人深省的沉痛教训,对做好新时代法治经济,继续推进全面依法治国具有深刻启示。

法治经济建设在学习借鉴国外立法成果和立法经验的同时,必须从中国的基本国情出发,要坚持中国国情与特色,深刻认识和正确把握中国发展的阶段性特征,坚持以经济建设为中心,坚持改革开放,紧紧围绕全面建成小康社会的奋斗目标,围绕促进经济建设、政治建设、文化建设、社会建设和生态文明建设协调发展来开展立法工作,为化解矛盾、解决纠纷、打击犯罪、维护稳定、实现社会公平正义奠定行之有效的法治基础。必须正确处理法治经济建设和市场化改革的关系,坚持法治经济制度推进适应改革开放和现代化建设的需求。把实践证明是正确的经验用法的形式肯定下来,坚守改革开放和现代化建设成果，为改革开放和现代化建设提供良好的法治经济环境。法治经济建设必须正确处理立法和改革的关系，实现立法和改革决策相衔接，做到改革于法有据、立法主动适应改革和经济社会发展需要，确保立法的保障和引领作用。中国的立法必须深入挖掘中华传统法律资源，吸收中华优秀法律文化。同时，要学习借鉴国外立法中好的、有益的成分。认真研究国外立法的有益经验，在不照搬别国立法模式的前提下，注意收集、整理国外有关的法律规定并加以比较研究，从中汲取对中国有用的东西，对于其中反映市场经济规律性、共同性的内容，以及国际交往中形成的国际法规范和惯例，大胆地吸收和借鉴，移植适合中国实际的法律规定并在实践中逐步完善。

本章小结

本章通过对市场化进程中中国法治经济的制度推进进行简要梳理后认为，法治经济在当代中国的实践包括两方面的内容：其一，一系列相关法规法律的制定颁布；其二，这些法律法规的实施过程。根据学术界的定义，市场经济法律制度，主要是在宪法统帅下，由民商法、经济法、社会保障法等部门法所组成的调整经济关系的法律制度，包括规范市场主体、维护市场交易秩序、确认和保护财产权益、维护公平竞争市场四大方面的法律制度。①

就前者而言，改革开放以来法治经济制度建设的成果是显著的。据有关资料统计，② 从1979年开始至今，除了在党的重要会议上通过的有关决议和《宪法》，各类经济法规也相继出台。具体情况如下：

1. 1979年7月1日，通过《中外合资经营企业法》；
2. 1981年12月30日，通过《经济合同法》；
3. 1982年8月23日，通过《商标法》；
4. 1984年3月12日，通过《专利法》；

---

① 王利明：《我国市场经济法律体系的形成与发展》，载《社会科学家》2013年第1期。
② 龙小宁等：《中国特色社会主义法治经济建设》，经济科学出版社2017年版，第33—35页。

5. 1985 年 3 月 21 日，通过《涉外经济合同法》；

6. 1986 年 4 月 12 日，通过《外资企业法》；

7. 1986 年 4 月 12 日，通过《民法通则》；

8. 1986 年 12 月 12 日，通过《企业破产法》；

9. 1987 年 8 月 5 日，通过《城乡小型企业和个体户管理暂行条例》；

10. 1988 年 4 月 13 日，通过《中外合作经营企业法》；

11. 1988 年 4 月 13 日，通过《全民所有制工业企业法》；

12. 1988 年 6 月 25 日，通过《私营企业暂行条例》；

13. 1989 年 4 月 4 日，通过《行政诉讼法》；

14. 1990 年 5 月 19 日，通过《城镇国有土地使用权出让和转让暂行条例》；

15. 1990 年 9 月 7 日，通过《著作权法》；

16. 1992 年 5 月 15 日，通过《股份公司成立的规范和标准》（国家体制改革委员会文件）；

17. 1993 年 4 月 22 日，通过《股份发行与交易暂行管理办法》；

18. 1993 年 9 月 2 日，通过《反不正当竞争法》；

19. 1993 年 9 月 2 日，通过《经济合同法修正案》；

20. 1993 年 12 月 29 日，通过《公司法》；

21. 1994 年 5 月 12 日，通过《对外贸易法》；

22. 1995 年 5 月 9 日，通过《票据法》；

23. 1995 年 6 月 30 日，通过《担保法》；

24. 1997 年 2 月 23 日，通过《合伙企业法》；

25. 1997 年 3 月 25 日，通过《反倾销和反补贴条例》；

26. 1997 年 12 月 29 日，通过《价格法》；

27. 1998 年 12 月 29 日，通过《证券法》；

28. 1999 年 3 月 15 日，通过《合同法》（替代原有的《经济合同法》《涉外经济合同法》《技术合同法》）；

29. 1999 年 8 月 30 日，通过《个人独资企业法》；

30. 2001 年 4 月 28 日，通过《信托法》；

31. 2001 年 11 月 26 日，通过《反倾销反补贴法规》；

32. 2003 年 8 月 27 日，通过《行政许可法》；

33. 2006 年 8 月 27 日，通过《破产法》；

34. 2007 年 3 月 16 日，通过《物权法》；

35. 2007 年 3 月 16 日，通过《企业所得税法》；
36. 2007 年 6 月 29 日，通过《劳动合同法》；
37. 2007 年 8 月 30 日，通过《反垄断法》；
38. 2007 年 8 月 30 日，通过《就业促进法》；
39. 2007 年 12 月 29 日，通过《劳动争议调解仲裁法》；
40. 2008 年 10 月 28 日，通过《企业国有资产法》；
41. 2009 年 6 月 27 日，通过《农村土地承包经营纠纷调解仲裁法》；
42. 2009 年 12 月 26 日，通过《侵权责任法》；
43. 2010 年 10 月 28 日，通过《社会保险法》；
44. 2014 年 4 月 24 日，修订通过《环境保护法》；
45. 2019 年 3 月 15 日，通过《外商投资法》；
46. 2020 年 5 月 28 日，通过《民法典》；等等。

值得强调的是，中国法治经济制度建设的步伐一直在前进，上述法律法规的制定和实施，既彰显出当代中国法治经济的推进历程，也凝聚着决策者、学术界以及市场经济行为主体对法治经济的经验总结和思想智慧。辩证地看，这些制度成果有力促进了社会经济的发展，同时也遇到了不少实践中的困难，值得加以概括和分析。

笔者对上述改革开放以来全国人大通过的有关经济方面的法律法规进行了梳理和排列，意在说明，当代中国的法治经济思想既有丰富的理论成果，也有实际的制度推进。随着相关法律法规的相继出台，其效果得到检验，新的问题也会不断出现，从而带来制定更为专业和更为前瞻性的法律法规的需求。

第六章　市场化进程中中国法治经济实践中的经济问题

　　回顾四十多年的市场化改革进程，中国经济社会在各个层面都发生了翻天覆地的变化，实现了从短缺到剩余的历史性跨越。毫无疑问，中国的市场化改革是成功的，既完成了从计划经济体制向市场经济体制转型，又实现了由低收入水平国家向中等收入水平国家的提升。但也应当清醒地认识到，随着中国的市场化改革进入"攻坚期"和"深水区"，中国经济社会的发展出现了诸多矛盾和问题，这些矛盾和问题在一定程度上制约着国民经济的可持续发展，也凸显了法治经济有待完善的紧迫性。总体来看，经济方面存在的主要问题可以从宏观、中观、微观等不同层面进行剖析。

第一节　宏观层面——宏观调控的法治化问题

　　宏观调控是促进国民经济整体持续、稳定和协调发展的重大课题，是我国市场经济体制建设和发展的重要内容。在全面深化改革和全面推进依法治国的进程中，对宏观调控法治化的研究意义深远。准确把握和深入理解宏观调控法治化的概念，正确认识宏观调控法治化的价值，都是实现宏观调控法治化目标不可或缺的基础。宏观调控法治化包含多个方面的内容，是一个结构庞大、内容复杂的体系。对其内涵的探究和理解，也应当从多种不同的角度进行。通过深入剖析，再将之统一于宏观调控法治化的整体内涵之上，才能对宏观调控法治化进行全面、系统、深入的把握，更好地发挥宏观调控应有的功能。

一、域外宏观调控法治化经验与启示

　　20世纪80年代以来，无论是发达国家还是发展中国家，都明显地加强了对经济的宏观调控，并使宏观调控方面的法治地位上升，宏观调控的法治

化实践给我们带来的主要启示有：

（一）健全的市场经济体制需要法治化

无论各国具体国情、经济发展模式及其发展水平等方面存在多大的差异，在处理市场与政府的关系上，法治都受到高度重视。各国在宏观调控方式和手段的运用和选择上呈现出一定的差异，但是在对市场进行宏观调控时，都毫不例外地选择依法弥补市场缺陷，从而有效发挥市场机制的作用。我国计划经济时期的调控是计划调控和行政调控，不是真正的宏观调控。随着市场经济体制的逐步完善，市场失灵的现象和问题逐步暴露，宏观调控的必要性也引起市场各方充分重视。因此，建设完善的市场经济体制和成熟的宏观调控体系，必然要实现宏观调控法治化，将政府的宏观调控纳入法治化轨道，重视法律制度的制定和实施。

（二）宏观调控法治应重点关注对经济危机的防范

一些国家的宏观调控法律制度是经济危机的直接结果。经济危机是市场经济所共有的伴生物，会对社会财富带来巨大的破坏，但也给一国的市场经济体制改革和完善提供了较好的契机，发达国家的宏观调控法律制度都是在对经济危机进行反思总结后制定的，即宏观调控法律制度是伴随应对经济危机的出现而丰富的。社会主义市场经济也存在市场失灵的问题，2008年世界范围内的经济金融危机对我国经济也产生了较大消极影响，2015年的股票市场剧烈波动对金融市场宏观调控提出了新的挑战，应当对这些危机进行及时的总结，将其中较为确定的宏观调控规律用法律的手段予以固定。

（三）强调立法在权力制衡中的重要性

由于世界各国政治体制和干预目标的差异，对于宏观调控的具体执行部门存在较大差异，但由于是国家对市场的干预，因此，行政机关在宏观调控政策的执行过程中起到十分重要的作用，这也给行政权过度侵犯私权留下了隐患。为了防止行政权的过度扩张和出现"政府失灵"等问题，各国在进行宏观调控的同时都强调立法机关在调控过程中对行政机关的制衡作用。全国人大及其常委会作为我国立法机关，也是宏观调控的决策部门，根据宪法的规定，其有权根据全国人大组织法和立法法的规定享有制定和解释法律的权力，在宏观调控领域制定宏观调控基本法以及单行法。但是，目前我国仍缺乏一部宏观调控基本法，且一般情况下的宏观调控更多是以行政命令形式出现，也缺乏宏观调控单行法的规范。另外，根据宪法的规定，人大及其常委会具有监督权，对由其产生的国家机关的工作和法律的实施进行检查、调查、督促、纠正、处理的强制性权力。据此，立法机关应当具有对宏观调控执行的监督权，但是实践中很难发挥对宏观调控的监督权。为防止行政权力的过度扩张，应当从立法到监督全方位发挥立法机关在宏观调控中的积极作用。

二、我国宏观调控法治化面临的主要问题

（一）宏观调控及时性与程序性矛盾

宏观调控需要一定的决策程序，这就涉及宏观调控决策参与与法律调整的问题，即在宏观调控中应当灵活运用程序，还是应当严格遵守程序。由于程序的启动，往往需要一定的时间，而宏观调控往往需要特定的时机，程序的启动往往滞后。但若允许国家不经过法定程序，直接进行宏观调控，则会被视为程序不正当。因此，宏观调控及时性与程序性的矛盾，也是实质正义和程序正义的一种抉择。当然，最优的解决方案自然是两者的一种均衡，从而实现社会整体福利的最大化。

政府信用十分重要，人民信任政府，则政府短期内最优的调控措施无疑能起到最大的作用。政府若一味追求效率，在经济形势发生变化时不按照法定程序要求进行宏观调控政策的变化，则人民很难相信政府政策的持久性，就会不按照现有政策进行资源配置。从这点来说，通过群体决策的博弈，在规则约束下的相机抉择恰恰能满足公众利益的最大化。同时，规范的决策程序保证了决策的科学、民主。就整体而言，不但公共利益可以达到最大化，就利益内部分配而言，也尽可能地避免了利益集团在这种资源配置中谋取私利。可见，宏观调控难以达到最优，即对于市场的变化做出即刻的政策调整。

宏观调控要达到的目的是法学家和经济学家对于宏观调控法治化的争议焦点。经济学家大多认为宏观调控的法治化，事实上会对经济产生束缚，旷日持久的立法过程会使得经济错失调控的时机，不如运用灵活多变的政策调整资源配置。而法学家多赞成宏观调控的法治化，认为法治化至少能够避免决策者的道德风险，保护利益的分配。

就正义的角度而言，首先正义是价值，是宏观调控法要追求的目标，而不仅仅是手段。从正义这一角度来讲，正义是首要的价值。程序正义分为三种形态，即完善程序正义、纯粹程序正义以及不完善程序正义，其区别就在于是否存在一个正当结果的独立判断标准，完善程序正义存在这一标准，也

有旨在达到这一结果的程序;纯粹程序正义无此标准,但有程序;不完善程序正义则是有此标准,无此程序。宏观调控应当以纯粹程序正义的路径进行驱动,这是因为宏观调控法很难说存在一定的结果标准,在此基础上,宏观调控程序制度的构建需要两个模式转换,一是由"行政机关主导决策"向"权力机关主导决策"的转换;二是由"纵向权力分配"向"横向权利分配"模式的转换。当前,宏观调控的程序化也并非法治化,程序化还停留在审批事项,按照政府级别高低,抑或官员职级大小"逐级申报",政策落实遵循"上级传达,下级执行"的路径。这也就导致了宏观调控虽具有程序但执行难的问题。次贷危机发生后,为应对全球性经济衰退,我国出台4万亿元经济刺激计划起到了一定作用,其及时性得到肯定,但其仓促出台过程的非程序化一直饱受诟病。因此,在宏观调控的立法过程中,应当更多地关注宏观调控法的可执行性和强制性。

(二) 宏观调控的法律手段与政府过度、直接干预的关系

宏观调控手段分为经济手段、行政手段和法律手段,分别按照宏观调控所要求的目标,调整各方面的经济关系,处理经济矛盾。其中,需要特别强调调控中的法律手段,一方面固然是强调对于市场主体的监管,约束市场主体的行为,避免发生因为市场的盲目性、自发性等引发的问题,以及对手利益的追求导致的道德风险,更重要的另一方面就是约束政府,避免政府对经济活动的任意干预。宏观调控法这一法律手段正是为经济手段和行政手段提供基础的支持,这也是法治的要求。

政府对于经济活动的干预,应该保持在一个适度的范围内,且应当在法律框架内实施。现代经济学的研究显示,政府也是经济人,也存在自身的利益,这也就是为什么"市场失灵"也会在政府上体现为"政府失灵"。所以,不但要强调政府调控,也要强调调控政府。在这种"政府失灵"的情况下,政府很可能存在任意调控的现象。政府权力膨胀是权力寻租的根源,所以政府的干预在法治框架下进行,也有利于避免绝对的权力导致绝对的腐败。政府也可能存在由于信息不对称而导致的信息不足。因此,政府干预应该限定在政府力所能及的范围之内。同时,政府干预也存在成本,由于政府的经济人属性以及其有限理性,政府干预同样也会导致外部性的问题。所以,避免政府的过度干预和直接干预,正是出于对于政府以上缺点的认识而进行的。所以,宏观调控法事实上既针对"市场失灵",也针对"政府失灵"。

因此,宏观调控的法律手段的重要性无疑十分显著。特别是我国作为经

济体制转轨型国家，市场机制的脆弱性，要求政府积极合理地干预和培植市场机制，因为，我国的市场经济制度并非如西方发达国家，出于经验主义自下而上自发通过漫长的制度演化产生的，而是理性主义的产物。这一制度变迁决定了，尽管有政府失灵的存在，但政府干预是必需的，关键是干预的方式。此时，法律手段就显得尤为重要。一方面，法律手段有助于避免政府过度干预，直接干预；另一方面，法律手段又有助于将抽象的经济手段转化为具体的法律手段；此外，法律手段也避免了过度依赖政策手段带来的人治冲击法治的危险。过度依赖政策手段极易造成政府的过度干预；这种从精英主义出发的观点，在个体上很可能存在极大的差异。

三、我国宏观调控法治化如何从理念走向制度

（一）界定宏观调控主体的法律地位

1. 宏观调控的决策主体

宏观调控是调控主体站在国家整体层面对总体经济运行走势进行调节，但在具体行使宏观调控职权时，国家并不适合成为宏观调控法律关系主体，法律关系中的权力行使、程序、责任承担都需要确定具体的职能部门。在现实中，国家宏观调控的职能是由其各个职能部门来实现的，依据具体形式职能的不同，可以将宏观调控主体相应划分为宏观调控决策主体、宏观调控执行主体和宏观调控监督主体。决策主体占宏观调控法的关键地位，宏观调控决策主体是指制订计划、经济政策和具体调节手段的主体。具体来说，宏观调控决策主体包括两类，即作为最高权力机关的全国人大及其常委会，以及作为行政机关的经常性从事宏观调控决策的国务院及其所属有关部委。

2. 宏观调控的执行主体

宏观调控的执行主体是指在宏观调控过程中对宏观调控政策具体实施、引导产生实际调控效果的职能部门。宏观调控的执行主体包括行政主体、地方权力机关以及社会中介组织。

3. 宏观调控的调控对象

宏观调控的调控对象是指在宏观调控法律关系中，依法享有权利和承担义务，与调控主体相对应，并受到调控主体宏观调控行为影响的社会实体。与调控主体的特定性相对应，调控对象存在不特定性，具体体现在调控对象的种类和范围都不确定。经济运行虽有一定的规律，但对宏观经济进行调控的效果仍具有较大的不确定性，这也导致受宏观调控影响对象的范围存在较

大的不确定性，有可能泛化，也有可能无法达到预期。在宏观调控政策运行理想状态下，由于引起了市场环境的变化，调控对象将会因为各种变化而受到影响，包括对自身权利义务和实际利益的影响，且这种影响是客观的社会现实，在较大程度上并不取决于调控对象的主观意愿。同时，宏观调控的调控对象具有广泛性，由于宏观调控是调控主体在国家层面对一国经济总体运行进行的调整，用的货币政策、财税政策涉及面广泛。被调控主体，即宏观调控的调控对象的合法权益，如知情权、参与权、违法调控行为受损的求偿权等，亦应受到宏观调控法律的保护。

（二）中央与地方宏观调控权力的配置

对于宏观调控的主体是中央还是地方，是单一的还是多个的，理论界存在不同理解。争论主要有两种观点，第一，从宏观法律关系出发，地方政府是宏观调控法律关系的执行主体，承担执行宏观调控政策的执行工作。同时，地方政府特别是省级地方政府应当享有一定的宏观调控权，即对省级区划内进行经济调节的决策权。地方政府必须拥有对其管辖范围内可能关涉国民经济的事务的管理、调控权；鉴于宏观调控的间接性、层次性和相对性，地方的这种调控权就是一种宏观调控权，但为了与中央宏观调控权相区别，不妨称为中央或地方的调控权。第二，地方政府不是宏观调控的主体，而只是宏观调控主体的辅助性机关。地方政府虽然能够参与中央决策，但是只是为中央决策提供经济信息和决策建议，并不等同于决策者本身。且地方政府也不是执行主体，因为地方政府在执行国家宏观调控政策时是在履行上级政府的指示，属于行政性质，而与宏观调控中的执行的性质不同。1993年通过的《中共中央关于建立社会主义市场经济体制若干问题的决定》指出："宏观经济调控权，包括货币的发行、基准利率的确定、汇率的调节和重要简易税种税率的调整等，必须集中在中央。这是保证经济总量平衡经济结构优化和全国市场统一的需要。"因此，有学者指出，"在级次上，它认为宏观调控权的享有主体只能是中央级次的国家机关，这是学术界都承认的"。[①] 但是，应当注意的是中央文件里提到的"调整"应当属于宏观调控的决策权，宏观调控的决策权应当属于中央政府。地方政府在履行经济管理职能过程中，可能会基于自身发展考虑，也会对地方经济定位、结构进行一定的调节，但这种调节应当是与国家的宏观调控保持一致的，不能与宏观调控相冲突，实际是

---

① 邢会强：《宏观调控行为的不可诉性探析》，载《法商研究》2002年第5期。

国家宏观调控的具体化。

因此，地方政府并不具有宏观调控的决策权。但是，一种复杂的法律关系中可能涉及多方法律主体。宏观调控行为的运行过程涉及多个环节。首先，是宏观调控的决策，这里涉及决策主体和参与决策的主体；其次，是宏观调控政策的执行，这里涉及执行主体和监督主体；最后，是受宏观调控政策影响的受控主体。在实践中，地方政府承担了更多的参与决策主体和执行主体的职能。

（三）严格的宏观调控程序规范

宏观经济不断处于变化过程中，特别是在现代化市场之间跨市场影响叠加，经济形势瞬息万变，宏观调控的时机稍纵即逝。宏观调控决策的一般程序，由于考虑到决策的公开性、权威性，设置了较多的论证审查环节，必然会导致其时间周期较长，在很大程度上无法应对宏观经济形势中的突发紧急状态，有可能丧失最佳的调控时机，造成无法挽回的损失。但也并非意味着紧急状态的宏观调控不用纳入法治化轨道，为了防止权力运行的失序，有必要制定与实施特别重视紧急状态时的特殊决策或临时处理的程序规则。

宏观调控执行应当考虑公权力的控制，主要可以包括三个方面：一是监督程序，要强调全国人大对宏观调控决策的监督，全国人大是宏观调控的主要决策机关，对于宏观调控决策出台的背景、重点、难点具有深入研究，应当由全国人大对宏观调控的执行发挥监督作用，同时，由于各地情况差异较大，也应当发挥各地人大机关的配合监督作用。二是反馈调整程序，在宏观调控决策执行过程中，由于层级较多，对决策的理解存在差异，可能造成宏观调控决策的走样，执行机关应当及时将宏观调控决策执行情况向上级机关进行反馈，上级决策机关应当对各地执行情况进行汇总研究。由于执行机关自身行为造成调控偏差的，应当及时进行纠正；由于调控政策本身实践问题的，应当深入研究，及时对调控政策按照实际情况进行调整。三是追责程序，宏观调控政策的好坏不仅仅在于政策本身，更重要的在于贯彻落实。对于宏观调控执行过程中，违法变更执行造成较大损失的，应当启动追责程序，追究相关责任人的责任，保障宏观调控政策的实施效果。

（四）宏观调控的法律责任

1. 宏观调控决策行为的法律责任

宏观调控行为属于经济法行为，经济法责任以财产惩罚责任为主，同时辅之以行政处罚，但是对于宏观调控的决策行为，财产性惩罚显然不合适，决策主体均为最高立法机关和行政机关。由于经济运行的不确定性，合法有效的宏观调控决策也可能损害宏观经济利益，如果是符合法律程序制定的宏观调控政策行为，就不应当导致法律责任，更不存在赔偿责任的问题。

2. 宏观调控执行行为的法律责任

对宏观调控执行法律责任的实现机制，在完善我国集体诉讼和经济法代表诉讼的基础上，可以尝试通过司法途径对执行行为的违法主体进行追责。宏观调控执行主体即执行法律责任主体包括三类，一是行政主体；二是地方权力机关；三是中介组织。宏观调控的执行行为，由于其主体更多是在决策主体的领导下开展工作，可以适用更丰富的责任形式，除了责令及时调整、纠正已实施的宏观调控执行行为，还可以追究执行机关的行政责任，如对相关责任人撤职、降职处理等。

（五）宏观调控的救济制度

1. 宏观调控的行为性质辨析

宏观调控的行为性质与涉及国家主权的政治行为有明显区别，不能因为调控经济的层次较为宏观就将经济行为政治化。尽管我国的政治和司法体制对宏观调控行为进行司法审查存在较多现实原因，但不能因为宏观调控行为司法审查的缺失，就推断其为国家行为，更不能因此进一步断定宏观调控缺乏法治化的条件。

2. 宏观调控行为可诉性辨析

宏观调控行为的可诉性是指司法机关可以对宏观调控行为进行司法审查，即可以撤销、变更或废止宏观调控行为，并且可以判决宏观调控主体机关对宏观调控行为给受控主体造成的损害承担赔偿责任。可诉性和不可诉性的分歧，主要是集中在宏观调控行为的属性以及现行司法体制能力等方面。

我国的政治体制与国外"三权分立"的政治体制存在较大差异，在"三权分立"政治体制下，立法、司法、行政相互平等、相互制衡，司法可以对其他权力是否合法进行审查，而我国的最高权力机关是全国人大及其常委会，其他司法机关、行政机关都由其产生，司法机关在理论和实践上都不可能对权力机关进行审查；而且从宪法理论上看，由全国人大决策的宏观调控手段实际代表了全国人民的选择，即使调控的方向、效果出现偏差，也无法向全国人民追责。而其他的宏观调控决策机关，也由于政治体制无法对其进行司法审查。因此，宏观调控的决策行为在我国的政治体制下不具有可诉性，而且这些不可诉的原因是没有办法通过现行司法体制的改革来克服。但宏观调控不仅仅是一种决策行为，同时还包含执行行为，且宏观调控执行行为的合法性直接关系到宏观调控的实际效果。

实践中，宏观调控执行权的滥用，使宏观调控行为变相成为行政强制性行为，有的宏观调控执行主体借宏观调控为名行干预之实，侵犯受控主体的合法利益。因此，应当对宏观调控的执行行为进行司法审查。同时，通过公益诉讼的形式可以由检察机关提请对执行行为的司法审查，而且执行行为不像决策行为具有高度的不确定性和灵活性，其相对稳定性也使得对执行行为的司法审查可以成为现实。

对宏观调控决策行为的调整以及执行行为中的经济利益赔偿都可以算是被调控对象运用法律手段进行自我救济的手段。相应的宏观调控决策行为的调整可以通过复议制度的完善作为救济途径实现，而执行行为中的经济利益赔偿则需要复议制度或诉讼制度的完善作为救济途径来实现。通过全国人大及其常委会的监督，也能对违法的宏观调控行为进行纠正和调整，从而达到公民合法权利的目的。但由于权力机关的监督是基于自身职权，被调控对象并不能顺利启动其纠错程序，因此，不能作为宏观调控违法行为的救济手段。

第二节　中观层面——产业政策的法治化问题

一、中国产业政策历史演进历程

从发展演变的角度，可以将我国产业政策实践大体上划分为以下四个阶段：

第一阶段，是新中国成立至 1978 年。从 1952 年开始，中国经济发展战略是以高速赶超为主要目标，优先发展重工业，以行政计划指令为主要实现手段，对产业发展缺乏较系统、深入的理论研究，产业发展的长期目标不明确，政策的实施手段单一。有学者认为，这段时间中国经济基本上是在政府的强力干预和影响下发展的，中国有产业政策之实而无产业政策之名，原因之一是普遍存在着经济政策，所以，没有必要单独强调产业政策。这也是有学者认为中国产业政策始于新中国成立初期的 20 世纪 50 年代高度集权的计划经济所采取的国家干预政策的部分缘由。也有人认为，带有国家干预性质的经济政策并不能被认为是产业政策,二者在内容、广度、深度等方面有很大不同。

事实上,在新中国成立以后,从20世纪50年代初开始,我国已十分重视对引导、调整产业运行的政策的研究和运用,只是当时没有使用"产业政策"这个提法。比如,我国政府早就提出了要重视处理"两大部类"的生产关系;要协调好农、轻、重的比例关系,实行农轻重并举;要实现"以农业为基础、以工业为主导"的方针;在工业内部要处理好原材料工业与加工工业的关系、轻工业与重工业的关系、采掘业与加工业的关系等。在社会生产的组织形式方面,政府也相应地提出了要处理好专业化与协作的关系;要实行大中小企业并举的方式等。笔者认为,这样的研究和政策实践,虽然没有冠以"产业政策"的说法,但其实质仍然属于产业政策的范畴,是政府引导、调整产业运行职能的具体体现。所以,我国做"无产业政策之名,而有产业政策之实的事情"。当然,客观地评价,该时期的政策手段和干预经济的方式,与现代市场经济条件下的做法有很大的差别。但是,不能因为没有使用"产业政策"这个概念,或者因为那个时代政策手段的基本前提不是基于发挥市场配置资源的基础性作用等,就否定我国的产业政策实践。笔者认为,如果采用否定性的态度,就难免有割裂历史之嫌,就不符合唯物史观的思维逻辑。

第二阶段,是1978年至1985年。即中国从20世纪80年代开始引入产业政策的做法,但在政府的政策文件和经济计划中仍没有正式使用"产业政策"这一名词。1978年,中共中央公布了进入改革开放时期以后的第一个有关工业发展的重要文件,即《中共中央关于加快工业发展若干问题的决定》,其中重要内容之一是结构调整问题。这个文件明确指出,要把发展燃料、动力、原材料工业和交通运输放在突出地位。在1979年3月,中央工作会议针对当时国民经济和产业结构的状况,提出了"调整、改革、整顿、提高"的方针,1979年6月的五届人大二次会议正式确认了这个方针,标志着80年代初产业政策调整的开始。针对当时中国产业结构中存在的种种问题,中央决定,要大力发展农业和轻工业,改变重工业生产的服务方向和产品结构;节约能源,适当加强能源、交通等基础设施的建设,并对农业、轻工业、交通运输、能源和原材料等部门采取了一系列政策,保证其重点发展。

到了1982年以后,由于轻工业已经有了长足的发展,因而促进轻纺工业发展的问题虽然间或在一些政府文件中被提及,但已经不再是政府产业政策的重点。从 80 年代开始，抑制能力过剩产业发展即限制"长线产业"发展的问题开始受到重视。1981 年 3 月，当时的国家计委在《关于制止盲目建设重复建设的几项规定》中提出了"十二个不准"，规定不准搞长线项目，不准搞重复建设的项目，不准搞与现有企业争原料的项目等。1982 年 12 月，国务院再次发出通知，将需要控制的行业具体化，提出要控制的行业有棉纺锭、毛纺锭、化纤原料与抽丝、纺织机械等。

这一时期与产业组织政策有关的政策文件主要有以下几个：1978 年，《中共中央关于加快工业发展若干问题的决定》指出，要按照专业化协作的原则改组工业，如同类企业之间要合理分工，合理的协作关系要固定下来，按专业化协作的原则组织"一条龙"协作组织等。1980 年，国务院制定了《关于推动经济联合的暂行规定》，鼓励各种形式的经济联合体，并规定了经济联合体内部可以实行原料的直拨供应和超计划产品自销等优惠政策。在 1981 年发布的《关于制止盲目建设重复建设的几项规定》中，国务院又规定了限制某些行业中中小企业发展的政策内容，以解决企业规模趋于小型化的问题。而 1981 年颁布的《关于社队企业贯彻国民经济调整方针的若干规定》，目的之一在于限制乡镇企业的发展，保证国有大中型企业优先发展的政策，其理论之一是为了发挥大型国有企业的规模经济优势。

在企业技术改造方面，1978 年和 1980 年颁布的《中共中央关于加快工业发展若干问题的决定》和《关于加强现有工业和交通企业挖潜、革新、改造工作的暂行办法》，以及 1982 年颁布的《关于对现有企业有步骤、有重点地进行技术改造的决定》，都强调要重视运用先进技术对现有企业的改造问题，并针对企业改造问题专门制定了一些规定和办法，以提高中国产业技术水平和效率水平。

对于科学研究和技术开发，自改革开放以来，中央政府制定过两个纲领性的长期发展规划文件，一个是 1978 年的《1978—1985 年全国科学技术发展规划》，另一个是 1984 年的《1986—2000 年科技发展规划》。从 1982 年开始，政府有关部门开始制定和实施一些科学研究与技术开发专项计划，如 1984 年的《"六五"国家重点科技攻关计划》、1984 年的《国家重点试验室计划》和《国家重点工业性试验计划》等。这些都表明，自 20 世纪 80 年代中期以来，国家的科技政策开始以促进新兴产业的发展为重要目标。这一时期的产业政策使轻工业得到了快速发展，轻重工业比重有了明显改变，产业结构不合理的状况有所改观。

第三阶段，是 1986 年至 1990 年。1986 年，"产业政策"一词正式出现在第六届全国人民代表大会第四次全体会议上通过的《中华人民共和国国民经济和社会发展第七个五年计划》中，当时其含义还局限于产业结构调整政策，但无论如何，产业政策自此已经成为计划文件中的一个重要概念。1987 年秋，中国共产党第十三次全国代表大会报告中提出："计划管理的重点应转向制定产业政策，通过综合运用各种经济杠杆，促进产业政策的实现。"1986 年，国务院又颁布了《关于进一步推动横向经济联合若干问题的规定》，要求在资金、项目审批等方面给予企业间的横向联合以更多的支持。在产业技术政策方面，1986 年发布了旨在跟踪世界先进科学技术的发展趋势来发展我国高技术的"863 计划"，1985 年，为了向农村推广先进适用技术而制定了"星火计划"，1988 年，为推动高新技术成果产业化而制定了"火炬计划"和为促进已开发出来的新产品尽快进行试制和鉴定而制定了"国家重点新产品试产计划"，1990 年，针对科技成果推广应用较差的问题，制定了"国家重点科技成果推广计划"等。

在这个阶段有两件具有重要意义的大事，一是 1988 年，国务院授权国家计委，现国家改革和发展委员会的前身，成立了产业政策司，标志着中国正式地全面开展了产业政策工作，形成了研究、组织、制定和实施产业政策的组织体系。二是 1989 年 3 月，国务院颁布了《关于当前产业政策要点的决定》，这是我国第一份明确的关于产业政策的文件。该决定强调要发展基础产业，调整产业结构，鼓励产业组织结构的改善并促进产业技术进步，它的制定表明对产业政策认识水平和重视程度的提高。该决定是在 1988—1989 年宏观调控的背景下制定的，其主要目的是要对重点发展的产业给予必要的支持，对限制发展的产业给予必要的干预。主要原则是集中力量把农业、能源、交通及市场紧俏的轻纺产品的生产建设搞上去，逐步缓解总需求与总供给、消费结构与产业结构的矛盾。这一文件本身存在着产业发展目标不甚明确，实施手段较弱等不足之处，但它强调发展基础产业的方向是正确的。为了保障产业政策的组织和实施，中央在信贷、价格、税收等方面制定或继续执行了一系列向重点产业和基础产业倾斜的政策，并采取了相应的行政措施，使得 1988 年下半年开始的以紧缩为特征的宏观调控中，重点产业和基础产业得到了相对较快的发展。

这一阶段的产业政策的主要思想是，进一步合理调整产业结构，以适应社会需求的变化和经济现代化的要求；加快能源、交通、通讯和原材料工业的发展;更加注重现有企业的技术改造及改扩建,走集约型的发展道路。但是,由于缺乏产业政策得以生效的市场机制和微观基础、利率的调节功能微弱以及由于中央政府对投资的控制能力不断弱化等原因,一些产业政策的主要构想并没有实现。但无论如何,仍然意义重大,这意味着中国决策部门已开始认识到产业结构变动和政府产业政策对一个国家经济发展的重要性。

第四阶段,是1990年以后。进入20世纪90年代以来,中国的产业政策进入一个较快的发展阶段。在这一时期,中国的经济进入了高速增长阶段,并且已经逐步走上了市场化的改革与发展道路,同时也面临着经济体制转轨、经济增长方式转变的巨大挑战。这一时期的产业政策涉及农业、能源工业、交通邮电产业、原材料工业、轻工业、第三产业、高新技术产业等许多产业,在数量、范围等方面都有了很大的提升,中国也成为一个推行产业政策较多的国家。一些主要的政策文件有:1990年,轻工业部发布实施《全国轻工业行业管理暂行规定》等有关法规,通过发放许可证来加强行业管理。1992年6月,中共中央、国务院做出了《关于加快发展第三产业的决定》,明确指出,90年代在发展第一、第二产业的同时要加快发展第三产业,使第三产业的增长速度高于第一、第二产业,使第三产业增加值占国民生产总值的比重和就业人员占全社会从业人员的比重达到或接近发展中国家的平均水平。1991年9月,中共中央做出了《关于深化高新技术产业开发区改革,推进高新技术产业发展的决定》。该决定的主要目的是要在现有工业的基础上,把军工高技术优势充分发挥出来,通过提供现代化的系统设计、工艺和装备等形式,加强高新技术对传统产业的改造和渗透,带动传统产业的技术改造。1993年11月,党的十四届三中全会通过《中共中央关于建立社会主义市场经济体制若干问题的决定》,进一步明确提出:"制定和实施产业政策作为政府管理国民经济的重要职能和调控手段";1994年3月,国务院颁布了《汽车工业产业政策》;1994年4月,颁布了《90年代国家产业政策纲要》,分别就产业结构调整和产业升级、产业组织、产业技术和产业布局等方面提出了相应的目标,为90年代我国产业的发展提供了宏观政策指导。在国家总体产业政策的指导下,1995年6月颁布了《指导外商投资方向暂行规定》和《外商直接投资导向目录》;1997年9月,中国共产党的"十五大"报告要求要"完善国家产业政策",随后召开的中央经济工作会议又进一步强调:"坚持以适应国内外市场需求为导向,强化产业政策的引导作用,有效提高资源配置效率。"1997年12月,国务院又颁布了《当前国家重点鼓励发展的产业、产品和技术目录》。2000年6月，国务院发布了《鼓励软件产业和集成电路产业发展的若干政策》，在软件企业认证制度、投融资、税收、收入分配、人才吸引和培养、知识产权保护等方面，都提出了鼓励产业发展的政策措施。这一政策的出台，有力地促进了中国软件产业的发展。此外，我国还制定并颁布实施了一系列其他具有产业政策性质的经济发展计划和政策决定。

在这个阶段制定的产业政策中，《90年代国家产业政策纲要》是最重要的一份政策性文件。这个文件对于提高各级政府和经济管理部门对产业政策重要性的认识，对于指导中国产业结构调整方向，实现资源的优化配置，都发挥了十分重要的作用，主要体现在如下几个方面：

第一，全面系统地制定了中国20世纪90年代产业发展的政策和结构调整的重点。该文件根据世界经济工业化发展和现代化的一般规律，并结合我国经济体制改革和产业发展的现状，提出了90年代中国产业发展和结构调整的重点是：（1）大力发展农业和农村经济，增加农民收入。大力发展高产、优质、高效和创汇农业，调整农村产业结构，加快农村第二、第三产业的发展，提高农村的综合生产能力和经济效益。（2）切实加强基础设施和基础工业。在努力缓解基础设施和基础工业短缺的基础上，使之与整个经济发展相适应。（3）积极振兴支柱产业。加快发展机械电子、石油化工、汽车制造和建筑业。（4）积极发展对外经济贸易。大力调整贸易结构，发挥比较优势，提高出口效益，增强国际竞争力，保持国际收支平衡。

第二，在产业政策的指导下，中国20世纪90年代产业结构调整取得了显著成效。在改革开放的推动下，在产业政策的指导下，90年代中国国民经济总量在高速发展的同时，产业结构也发生了一系列具有重大意义的显著变化：（1）农业、农村经济和农民收入得到了显著提高；（2）基础产业"瓶颈"制约有了很大改善；（3）支柱产业迅速发展、产业结构进一步优化；（4）第三产业在国民经济中的比重大幅提高。

第三，初步提出了制定国家产业政策的框架、程序和实施手段，为进一步提高在市场经济条件下宏观调控的水平提供了有益的经验。20世纪90年代国家产业政策提出了两大主要框架：一是纲领性的总体产业政策，如《90年代国家产业政策纲要》。总体产业政策是在分析国内外经济发展形势的基础上，把握需求结构和长期供给的变动趋势，展望主要产业的市场、技术及产业规模，确定产业发展的优先顺序和政策方向，为引导全社会经济主体的活动提供政策依据。二是若干更具针对性的专门化的产业政策。它们是在总体性产业政策的指引下编制的,如《汽车工业产业政策》。

为了转变政府宏观经济调控的职能,20世纪90年代国家产业政策实施的手段,由原来的行政干预为主,逐步转向法律、财政、金融和信息等手段,来规范市场和完善市场竞争秩序,为产业发展创造更好的外部环境。如《指导外商投资方向暂行规定》和《外商直接投资导向目录》的主要目标就在于此。在《90年代国家产业政策纲要》正文的最后一部分,国家计委还对国家产业政策的制定、申报、颁布、执行、监督、修订和补充等程序都作了明确规定,为产业政策的制定和实施建立了科学基础。

二、选择性产业政策的特征与主要问题

21世纪以来,中国的产业政策在制定和实施过程中仍然延续了过往计划经济的诸多思路,伴随有计划经济时代的色彩。其政策制定思路与日本较为类似,多以政府强制干预市场为主要手段,且其对市场的干预程度、细度、深度和广泛程度等均比日本更强。中国国家发改委和工信部等相关部门时常发布针对某一产业的支持政策文件,比如钢铁行业、煤炭行业、汽车行业等,政策发布内容涉及支持行业企业的税收优惠、财政补贴、出口退税等相关支持措施,这导致国内资本和市场主体疯狂涌入上述被支持行业,导致上述被支持行业领域资本与劳动要素投入过度,进而降低中国经济的全要素生产率,形成粗放式的经济增长模式。

中国政府在选择重点产业予以政策支持时,大多以自身判断和国家未来战略需要为导向选取需要重点发展的行业,即对国民经济社会发展和国家综合国力有突出贡献和作用的产业,且中国政府在进行产业支持时,其支持的颗粒度非常细,甚至可以到技术环节领域,比如《促进产业调整暂行规定》第12条规定:"《产业结构调整指导目录》是引导投资方向,政府管理投资项目,制定和实施财税、信贷、土地、进出口等政策的重要依据。"这类指导目录、指南或者规划,成为政府制定投资审批与管理、财税、信贷、土地等政策的依据后,与其说是引导投资方向,不如说是在很大程度上选择了投资的方向。

中国产业政策是以支持性政策举措构建防护网,充分保护和扶持大型企业,尤其是中央企业。比如,在选择支持对象时,往往以产值或者交税额达到一定数值为门槛进行定向扶持,一定程度上限制了中小企业对大型企业市场地位的挑战和竞争。实施这类政策往往以"充分利用规模经济,打造具有国际竞争力的大型企业集团;提高市场集中度,避免过度竞争"为目的。但

是，这一思路忽略了背后的市场逻辑，或者说大企业成长的现实逻辑，即通过充分竞争和优胜劣汰后成长起来的大型企业与政策保护与扶持背景下成长起来的大型企业，其在国际竞争力或者说市场竞争力方面，肯定存在显著差异，不利于中国企业竞争力的提升和强化。

中国选择性产业政策背后的产业结构演变理论与动态比较优势理论所提供的依据并不充分，中国在制定自身的选择性产业政策时，并不是只对某一特定行业进行定向支持，而是将政策执行的颗粒度进一步深化至行业的生产工艺和技术环节，定向支持各行业内部的特定技术、产业和工艺等，可能会忽略技术创新的突变式发展路径和内在规律，一定程度上制约中国产业企业的技术创新能力，不利于产业技术取得突破式、跳跃式发展和突破。此外，目前我国所实行的产业结构的演变规律，主要是根据发达国家之前的产业历史发展经验总结所得，作为技术环境、国际环境、国内经济条件完全不同的后发国家，中国想要发挥后发国家的后发优势实现弯道超车和跨越式发展，就要根据我国国情而定。

我们担心企业在走出去参与全球分工过程中，因为规模过小，可能无法发挥规模经济优势，因而试图通过行业支持和大企业扶持，进而打造大型企业集团以提升市场集中度和市场效率，从而在国际竞争中不占优势地位。但是，日本学者鹤田俊正在《日本的产业政策》一书中就曾指出：与别国比较企业规模的大小，完全没有什么经济学意义；企业规模，应该是在社会分工广泛发展的过程中，适应市场的性质而确定的。忽略本国市场的特殊性，一味通过人为政策手段扩大企业规模，其规模扩张是无效率的，同时也容易造成企业经营效率低下的问题。

第三节 微观层面——市场监管与企业主体行为规制的法治化问题

一、当前中国市场监管法治化面临的主要问题

（一）法规解释滞后，监管执法难度较大

长期以来，我国市场监管领域执行的部分法律法规、规章制度的实施细则和解释修订完善相对滞后，尤其是市场监管"三合一"改革以后，无法及

时跟上经济社会发展需要。比如，办理的药品案件在行刑衔接时，就因行政和司法规定不一而导致执行起来有难度。另外，食品、药品、广告案件行政处罚罚款起点高，过罚相当这一原则不好把握，导致这方面行政处罚两头难。近几年，疫情期间要求保经济保民生、助企纾困，如果严格按照法律法规执法，处罚难执行更难，还可能导致市场主体停业关门。如何准确把握"减轻处罚"就成为市场监管部门在行政执法实践中的难点和风险点。

（二）人和事不匹配，监管执法存在差距

1. 人力和职责难以匹配

改革后，市场监管融合了原工商、食药、质监、价格监管、盐业管理、知识产权的职能职责，市场监管工作的范围在拓展、广度在延伸、力度在加大、深度在加强。改革前，基层一个工商行政监管部门一般有十几个编制。成立市场监管部门后反而大幅压缩了编制，并且在岗人员的数量可能更少。基层人少事多、权小责大、人事严重不匹配问题十分突出，这与当前放管服和加强事中事后监管的改革不匹配。

2. 履职能力和要求存在差距

市场监管工作变得越来越多、要求越来越高、领域越来越宽，履职能力与工作专业化要求渐行渐远。原工商部门执法领域广、适用法律法规多，原食药、质监部门执法领域窄，但专业性强，违法所得在原工商和质监部门的法律规定中获利属于违法所得，而食药监部门则规定是全部货值，而市场监管"三合一"改革以后，基层执法人员理念不同、能力不足、本领恐慌矛盾特别突出，导致在一定时期内，补齐短板、加快融合、统一执法理念成为市场监管综合执法工作的一项艰巨任务。

（三）信息传递不畅，监管执法效率不高

当前，日常监管和综合行政执法办案系统没有融合、集成，执法基础信息数据不能实时传递、相互共享，没有统一的执法办案信息系统和统一的市场监管统计制度，案件没有统一入口和出口，导致各部门与执法办案机构配合衔接不够、重复录入统计，既浪费资源增加时间成本，又降低了工作效率。

（四）单位性质不明，监管执法动力不足

按照中央、省级、地市级综合行政执法改革部署要求，全国上下成立了综合执法机构，但截至目前，地市级综合行政执法机构性质还没有完全明确，人员组成既有事业编制也有公务员编制，导致出现有空编无法招考进

人，同在一个单位工作享受的待遇不同，职务职级并行无法进行等现实问题，直接影响到执法工作积极性。

二、市场监管法的理论基础、主要价值与体系要素

（一）市场监管法的理论基础

市场监管法的理论基础首先来自于经济学。一般认为，对监管最有影响的经济理论是社会利益论、公共选择论和特殊利益论。社会利益论积极主张监管，把监管看作减少或消除市场失灵，从而保护社会公众利益的手段。该理论认为，完全的市场竞争是不可能存在的，市场中存在着信息不对称、外部效应和垄断，因此市场就会失灵。特殊利益论又称追逐论或俘房论，是主张放弃监管的理论。公共选择论主张合理监管，该理论认为，自由市场机制存在缺陷，需要某些方面和某种程度的外部管制，即监管，而监管这种公共产品只能由政府来提供。因此，是否应进行监管、哪些方面需要监管、如何进行监管，应从公共的角度进行判断和选择。

由此可见，社会利益论所阐述的市场缺陷自然导致市场监管的推理是令人信服的，其作为监管的理论基础是恰当的。但公共选择论和特殊利益论所提出的监管失灵、监管成本问题也是十分重要的，可提醒人们在涉及监管制度时更注意扬长避短，也促使监管者更好地承担起社会责任。

（二）市场监管法的主要价值

市场监管法的价值主要在于维护市场运行的安全稳定。市场风险既包括纯市场性风险，如行情波动、利率风险等；又包括体制性风险，如规则不完善、社会信用降低、违法犯罪、管理不当等。市场风险产生的原因，既可能是微观层面的企业行为所导致，也可能是宏观层面的调控偏差所造成，还可能因自然灾害、意外事故所产生。因此，防范市场风险，把风险的危害控制在最低限度，就成了各国政府十分关注的重大问题。

（三）市场监管法的内容与体系要素

市场监管法要求在调整市场运行过程中，监管主体对市场活动主体及其行为进行制约必须依法进行。在市场监管法中，有一些制度作为监管法律规范的基本构成，是各个单行法所必不可少的，这就是监管法的要素，主要包括监管体制、市场准入与禁入、市场退出、经营风险控制、信息披露、监督检查、交易场所和中介机构监管等制度。

1. 市场监管体制

不同的市场的监管体制各不相同,完全根据国情或市场发展状况确定,如中央集权型和地方分权型,一机关集中统一监管型和多机构多元监管型,行政主导型和自律主导型等。政府监管机关的设置及其权限、职责的规定,是市场监管体制的重点,但发挥交易所、行业公会等自律作用和强化市场主体内控机制的要求,也是市场监管体制的组成部分。此外,在加强对市场监管的同时,加强对监管部门的监管,规范市场行为必须规范其中的政府行为。

2. 市场准入与禁入

市场准入是对进入市场的主体资格的监管,也是保障市场运行安全和防范市场风险的首道把关。市场准入门槛的高低,与市场监管的理念、市场发展及监管的成熟度密切相关,发达市场的准入要求相对较低,但绝非自由出入。而发展中的市场因风险抵御机制尚不完善,相对入市的要求较高,特别是在对国外主体开放市场的问题上,一般都会有一个渐进的过程。立法或自律规则对市场进入者的软、硬件条件作出规定,通常包括以下几个方面,即确保正常运营的必要资产,如资本金;从事市场活动必要的法律稳健,如章程、协议;具有市场专业知识的人员、符合市场活动需要的设施场地等。还对各专门市场的从业人员有从业知识、从业经验以及从业资格等方面的要求。在准入的执行上,各国有前置式(审核许可)或后置式(登记核查)的不同模式。但对有违法犯罪以及信用不佳记录,其有市场安全隐患。而一些市场中对交易活动实施实时监控,对于及时发现与制止违法违规,将风险消灭在萌芽或初始状态是十分有利的。

3. 市场退出与信息披露

在市场主体陷入经营困境或濒临破产,风险成为现实时,为保护社会公众利益、减少市场振荡和连锁反应,政府监管部门一般将进行危机处理,包括挽救措施,如接管、动用政府危机基金或动员民间援助;以及善后处理,如存款保险金等。对于因破产倒闭、违法经营被责令关闭,以及因收购兼并等而退出市场的主体,也应当实行监管,使其规范退市,减少波动,并依法追究退市的责任。一些市场中对交易活动实施实时监控,对于及时发现与制止违法违规,将经营风险控制消灭在萌芽或初始状态是十分有利的。此外,信息披露也是监管过程中的重要环节。市场信息披露的原则、范围、内容、程序均由法律规定。一些市场,例如证券期货等监管中,有强制性披露的规定。

4.交易场所与中介机构

最狭义的市场概念,就是指交易场所,包括有形场所如交易所、交易中心、集市等,也包括无形场所如交易网络。交易场所既为交易主体提供场地、结算等服务,又对交易活动进行一线监管,其本身有明显的自律功能。市场中介机构是指为交易主体提供专业服务的服务机构,如资产评估会计、审计、法律、信息、财务顾问、投资咨询、市场调研、业务培训等机构。对交易场所以及中介机构的监管应针对其各自特点,制定完善的自律规则,而这些规则应遵循市场监管法原则和制度,并受政府监管机构的制约。

第四节 市场化进程中中国法治经济实践中的其他问题

一、政府职能转变问题

改革开放以来,切实转变政府职能一直是决策者大力推进和各类市场主体最为关注的问题,在这方面实施的改革力度和实际成效也有目共睹。党的十八大以来,以习近平同志为核心的党中央又对加快转变政府职能提出了新的要求。在实践中,一方面,政府把"放管服"改革作为自身职能转变的"先手棋"和"当头炮",有效激发了企业和市场活力,为破解政府职能转变中长期存在的深层次问题找到了一条新路,其主要举措有:通过最大限度地减少行政审批、推进商事制度改革、深化收费清理改革和推进资质资格改革,大力推进简政放权;通过转变监管理念、上下联动推进监管体制机制改革、创新监管方式来完善加强事后事中监管体系;通过加快升级政府大厅服务、丰富政务服务网建设、加强基本公共服务,不断优化政府服务;等等。但另一方面,与经济社会发展需要和人民群众的期待相比,政府职能转变仍然存在亟待突破的瓶颈。这些瓶颈的存在,既分散了政府履行应有职能的资源和精力,又增加了国民经济运行的社会成本。

造成上述情况的原因之一,是认识上的模糊,如有学者指出:一段时期以来,"很多声音在淡化市场调控中法律或者调控主体的规则,认为应当实时调整市场,并应当赋予调控更多自主权。这正是混淆了市场调控和市场监管的作用",正如有的学者指出的那样,"市场调控的性质,恰恰决定了其不宜'赤膊上阵',而是通过一系列行为,间接达到自己的调控效果,通过给市场信号，让市场自发地进行资源配置上的调整。而调控者一旦绕开程序，进行直接干预，往往达不到预期效果"，"有些监管主体（如证券监管部门）时不时把自己看作调控的主体，干预下市场供需，也必然适得其反。调控主体与监管主体不要错位，如资本市场中，监管事项由证监会执行，调节市场包括救市应由央行主导"。①

促进政府职能转变必须通过法治途径。有学者指出："把政府行为纳入法治的轨道，是法律权威的要求在实践中的体现。政府本身不是法律的象征，政府是掌握行政权力并具有自身利益的行政主体，政府作为一个利益主体也会违法或不依法办事，根源同样在于利益的驱动。不仅市场主体会有违法行为，政府主体也会有违法和不依法办事的行为。在市场经济中，政府行为会涉及两方面的利益。一是直接的经济利益。如政府通过设定寻租式的制度，从市场主体那里直接收取租金，从中获得经济利益。二是间接的经济利益或与此相联系的政治利益。通过用不合法的行为或由于因为法律还不完善，从中取得经济利益。"②

二、市场机制运作问题

在很大程度上，政府职能转变的迟缓必然导致市场机制在实际运作中出现扭曲。这一点，在当代中国市场化改革进程中不难看到。习近平在党的十八届三中全会的讲话中指出："经过20多年实践，我国社会主义市场经济体制已经初步建立，但仍存在不少问题，主要是市场秩序不规范，以不正当手段谋取经济利益的现象广泛存在；生产要素市场发展滞后，要素闲置和大量有效需求得不到满足并存；市场规则不统一，部门保护主义和地方保护主义大量存在；市场竞争不充分，阻碍优胜劣汰和结构调整，等等。这些问题不解决好，完善的社会主义市场经济体制是难以形成的。"③ 这些现象都与法治不完善、不到位密切相关。

市场秩序不规范，实际上就是竞争中公平原则的缺失，这就涉及不同所有制之间的经济地位是否平等的问题。如何遵循市场经济的客观法则，让企

---

① 吴弘：《法治经济的理论探索与市场实践》，法律出版社2017年版，第37—38页。
② 顾钰民：《法治中国：把政府和市场都纳入法治轨道》，载《福建论坛（人文社会科学版）》2015年第6期。
③ 《习近平谈治国理政》，外文出版社2014年版，第76页。

业家在规范、公平的法治环境中自主地投资和创新,这是实现社会主义市场经济可持续发展的关键之一。对政府制定的相关政策也应作这样的解读,否则政府的错位和越位就会窒息市场在资源配置中应起的决定性作用。

对上述情况,学术界不乏清醒的认识。如袁恩桢等人指出:"在计划经济体制下,政府必然在经济社会发展中发挥无所不包、无所不管的作用","随着经济的进一步发展,政府包揽一切,经济发展的效率必然是逐步递减并最终难以为继:一是政府对企业生产活动的干预,影响了企业生产的积极性,直接影响到微观经济效率的提升与微观经济主体的能动性的发挥。二是政府代替市场,政府过分干涉经济社会发展中的相关事项,必将挤压市场发挥作用的应有空间,影响到宏观经济效率的提升。三是政府权力过大,机构重叠庞大,会滋生官僚主义,助长贪污腐败等不正之风,影响社会公平与经济效率"。[1] 在他们看来,"强政府、弱企业"情况不能为继。[2]

三、经济利益固化问题

市场机制的本质特征是通过自由、公平的竞争,使社会经济在专业化分工的基础上快速提高生产效率,从而满足社会成员不断增长的物质生活和精神生活的需求,在这一过程中,通过参与竞争获得经济利益的改善是体现市场经济优越性的显著标志,也就是说,在法治的框架内,利益格局的多样性和灵活性是发展市场经济的必然要求。

对自身利益的追求是人类行为的原动力。人类历史上几乎每一次改革,实际上都是一次利益格局的重新洗牌和调整的过程,在改革中失去利益者往往会成为改革的最大阻碍者,以此维持原有格局,从而形成改革和阻碍的力量博弈。改革的目的是提高效率,在双方的博弈中利益集团相互竞争,利益结构随之发生转变,但如果没有法治的推进,改革以前掌握资源的群体就会想方设法阻止权力的调整,其目的也就是维护既得利益,使得改革停滞不前,或偏离原先的目标。这样的"改革"遵循着强者的逻辑,强势利益群体主导的制度变迁,将改革收益向自己倾斜,将改革成本转嫁弱势利益群体,造成了改革先天性的利益不均和失衡,给国家的后续发展埋下了严重的隐患,也从根本上背离了法治经济的正确轨道。

---

[1] 袁恩桢等:《经济发展与经济学》,上海人民出版社2009年版,第161—162页。
[2] 袁恩桢等:《经济发展与经济学》,上海人民出版社2009年版,第170页。

改革中的利益固化问题不仅在实践中为人诟病,在舆论界也备受关注。动态地看,强势群体掌握优质资源和权力并利用这种资源在代际传承中维持优势,使得不同阶层难以实现良好流动,并且阶层固化随着代际传承,不断加深,最终沉寂和凝固,从根本上造成改革丧失了其原本的活力和动力。

中国市场化改革要想再进一步实现突破,就必须有壮士断腕的决心,在切实推进法治经济的过程中,打破利益固化,使改革的红利真正为全民共享,重塑新的动态平衡的利益格局。

四、贫富差距扩大和分配不公问题

与利益固化的问题相关联,目前我国社会中的贫富差别问题也是不容回避的。改革开放以前,我国的经济体制属于高度集权的计划模式,与捧铁饭碗、吃大锅饭的现象相伴随,个人的收入分配从表面上看是平均的,但实际上,计划经济的分配模式也掩盖着隐性不平等,所以平均在很大程度上是一种假象。不仅如此,这样的收入分配无法提供持续有效的经济激励。因此,改革这种不利于经济发展的收入分配制度是必要的,也是必然的。现在的问题是,经济开放以来,虽然整个国民经济实现了快速增长,全体社会成员的生活得到了明显改善,但各个阶层之间的贫富差别没有缩小,反而在加大。根据有关学者的研究,在中国,"城镇居民可支配收入的基尼系数由改革之初的 0.16 上升到了 21 世纪初的 0.32;农村居民纯收入的基尼系数由 0.21 上升到了 0.35。城乡居民总体收入的基尼系数在改革开放初期只有 0.25,到 20 世纪 90 年代刚刚超过 0.3,而目前已经超过了 0.45。值得我们重视的并不仅仅是基尼系数绝对水平的上升,更重要的是基尼系数上升的速度超过了社会的承受程度"。[①] 造成这种情况的原因有多个,社会福利保障制度的建立和完善相对滞后也在一定程度上加重了社会上贫富两极分化的程度。

鉴于贫富差别有扩大的趋势,邓小平生前曾强调:"我们国家现在发展起来了。过去我们讲首先是要发展起来,因为不发展,一切都无从谈起;现在看来发展起来以后的分配问题,比不发展的时候还要多,还要困难。那么多的财富,如果只有少数人得到了,大多数人没有,分配不公,容易导致两极分化。如果长期这样下去,将来要发生大问题……应该采取各种方法、各种

---

① 刘国光等主编:《2004 年:中国经济形势分析与预测》,社会科学文献出版社 2003 年版,第 20 页。

手段、各种方案来解决这个问题。"①

1996年，陈宗胜指出：在全国范围内各种非法收入已经使收入分配基尼系数上升了31%，这些不断扩大的非法收入主要由私营经济的非法收入所解释（在农村和城市分别占83%和91%），其余小部分则由经济犯罪官员的非法收入和集团消费向个人消费的转化所解释，非法收入的基本部分是通过"钱权交易"方式发生的。他认为："非法所得收入引起的收入分配差别是非正常的收入分配差别，是不公平和不公正的"，"要彻底根除非法收入，我们需要将一些新的政治、经济和社会体制引入到现存的体系之中"。②

党的十八大以来，习近平把"共享"列为五大发展理念之一，原因也在这里。

要实现共享发展，在法治经济的框架内，很重要的一条是建立科学合理的社会保障制度。正如有学者所说："社会保障是国家依法强制建立的、具有社会福利性的国民社会保障和社会稳定系统；在中国，社会保障应该是各种社会保险、社会救助、社会福利、军人保障、医疗保健、福利服务以及各种政府或企业补助、社会互助保障等社会措施的总称。"③ 改革开放以来，国家和政府有关部门在社会保障方面制定和实施了一系列相关政策，使社会成员在国民经济持续发展基础上获得了相应的福利改善和机制保障，但在实践中，还存在着有待完善的地方，如在思想观念上，"过度关注经济指标而忽视了社会公平正义与文明进步目标，过度关注个人得失与崇尚利己而忽视互助共济与公益本色，过度关注当下与短期应对而忽视历史经验与长久稳定预期，过度关注细节问题而忽视发挥社会保障的完整功能与综合效应"；在制度设计上，部门分割、协调不足的现象较为突出；在推进程序上，则有分散为主、体系缺失的弊端；此外，监管机制的薄弱，也导致了浪费严重、腐败滋生的问题。④

五、财税政策改革问题

财税体制和政策的改革涉及国家、企业和个人的利益分配问题。如果说

---

① 转引自《小平百年纪念》，载《文汇报》2004年8月16日。
② 陈宗胜：《改革、发展与收入分配》，复旦大学出版社1999年版，第516页。
③ 郑成功：《社会保障学》，商务印书馆2009年版，第11页。
④ 龙小宁等：《中国特色社会主义法治经济建设》，经济科学出版社2017年版，第180—181页。

社会主义市场经济的改革极大地激发了人们的生产积极性，使得社会财富这块"蛋糕"具备了"做大"的基础或可能性，那么制定一套科学合理的财税体制则是保证"分好""蛋糕"的必要举措，由于"分好""蛋糕"直接关系到社会各阶层、各群体的激励问题，所以财政体制的改革实际上又是维持社会经济可持续发展的前提条件之一。显而易见，打破经济利益固化、解决贫富差距扩大，需要财税体制改革的配合，而在优化市场经济环境，健全市场经济机制方面，完善财税制度更具有不可替代的作用。

例如，在推进供给侧结构性改革的过程中，降成本是重要任务之一，因此切实为民营企业减轻税收负担已成为人们的共识。因为降成本与减税虽然不是一回事，但二者又是不可割裂的，在这个问题上，必须用政府权力的"减法"换取市场活力的"加法"。另外，不断改善政府服务，也是减轻企业负担的应有之义。现在对于政府作用，应强调的是"更好发挥"，而不是"更多发挥"，在诸如宏观调控、市场监管、公共服务、社会管理、保护环境等环节，政府发挥作用或提供服务应对标高效、廉洁，这既是减少政府税收的必要前提，也是为企业家营造宽松环境，激发企业创新活力的当务之急。

从20世纪90年代开始，党和政府越来越重视减轻农民负担、增加农民收入的问题。2000年3月，农村税费改革率先在安徽省进行试点。次年2月，全国有20多个省107个县推广了这一改革的试点方案，到年底，有7亿农村人口参与其中。2003年，国务院决定将此项改革在全国铺开。农村税费改革的基本内容是：取消乡统筹费、农村教育筹资等专门针对农民的行政事业性收费和政府性基金、集资；取消统一规定的劳动积累工和义务工；取消屠宰税，调低农业税和农业特产税；村提留采用农业税附加方式统一收取，附加比例最高的不超过农业税的20%，实行乡管村用。另外，财政部、国家税务总局宣布，将逐步取消除部分农业特产品如烟叶外的农业特产税。2003年10月，中共十六届三中全会决定，今后还将进一步降低农业税率，切实减轻农民负担。2004年春，在全国人大十届二次会议上，温家宝总理庄严承诺：5年之内，国家将全部取消农业税。

对上述举措，学者们发表了各自的看法。陆学艺认为："农村税费改革，是解决农民负担问题的治本措施，必须积极推行"，由于它"事关调整国家与农民的关系，调整农村干部和农民的关系，事关调动农民的生产积极性，发展农业生产，稳定农村社会的大局，所以就不仅是农村内部的改革"，为此"必须从战略上调整城乡关系，从体制上改变目前财政体制过于向上倾斜，过于向城市倾斜，过于向富裕地区倾斜的问题"①。

有学者提出：要使税费改革真正有利于农民，应该遵循若干原则：如注重实效，"目前，人们普遍担心税费改革不仅不能减轻农民负担，反而会进一步加重农民负担，即税加重了，费却没有降下来；又如公平税负，"从传统理论上讲，用每个农民实际人均纯收入作为计税依据最公平。但实际工作中农户收入的真实数据很难收集到，缺乏操作性；何况，我国各地农村的生产力发展水平差异大，不可能制定一个全国统一的标准，应允许各地区因地制宜制定不同的标准"；此外，"农业税费改革要以点带面，逐步推广，切忌操之过急、一哄而上，以避免或减少一些不应出现的负效应，确保社会稳定"②。

有学者感到：税费改革农民是欢迎的，但试点过程也反映出一些问题，如陈锡文在《农民收入为何增长缓慢》一文中写道："财政本来对农民的支持就有限，农民收入不高，为什么还要农民交税？……很多人开口闭口农民交税，说皇粮国税是天经地义，我们看到现在GDP中农业产值已经下降到15.2%，农民是否还需要纳这样一种世界罕见的税（在世界上其他国家，农民纳税是非常不容易遇到的事情，可能会交一些所得税）。"③再如，"农民负担减轻了，但是县乡村的收入却减少了，县乡村收入减少影响到管理和公共服务问题"④。因此，要处理好国家与农民的利益关系，需要有比较完善的公共财政制度。

本章小结

法治经济作为人类社会文明成果之一，既是以往经济增长的智慧结晶，又需要在未来发展中丰富完善，尤其是在法治传统比较缺乏，经济体制深

---

① 陆学艺:《"三农论"——当代中国农业、农村、农民研究》，社会科学文献出版社2002年版，第474—475页。
② 刘斌等:《中国三农问题报告》，中国发展出版社2004年版，第383页、第415—416页。
③ 吴敬琏等:《新一届政府面对的经济问题：专家的思考与建议》，中国宇航出版社2003年版，第253—254页。
④ 吴敬琏等:《新一届政府面对的经济问题：专家的思考与建议》，中国宇航出版社2003年版，第254—255页。

刻转型的中国，建立和推进法治经济必然面临复杂而艰巨的实践检验。如果说邓小平等改革开放的决策者们以其睿智远见为法治经济在中国的建立提供了思想引领，杜润生、吴敬琏、江平等专家学者以其勇敢探索为法治经济在中国的实施提供了理论支撑，接下来应该做的就是对法治经济在中国的实践过程进行分析考察，发现和归纳亟须解决的问题，提出和形成相关的对策思路。

回顾四十多年的市场化改革进程，中国法治经济实践中经济方面存在的主要问题主要分为宏观、中观、微观等几个层面。本章的第一节是针对宏观调控的法治化问题，从域外经验启示、我国面临的主要问题以及制度走向展开分析；第二节是产业政策的法治化问题，对中国产业政策历史演进历程、选择性产业政策的特征与主要问题进行研究；第三节进一步分析了市场监管与企业主体行为规制的法治化问题；第四节是对其他经济方面的问题进行分析，如行政干预对经济运行的困扰、社会贫富差距的扩大、市场价格机制的失灵、财税体制改革的迟缓、政府职能转变的减速等。

思想作为行动的前导，理论是为实践服务的，政策的成功与否要看落实的效果。就本书的研究来说，法治经济思想的概念包含着相关政策的制定思路及其讨论，这也是笔者把经济方面的内容单独作为第六章的原因。

第七章　市场化进程中中国法治经济实践中的法治对策

法治经济是通过法律对市场进行规范和调整，维护和保障经济秩序的稳定运行，从而使国家权力以及国家意志得以体现。四十年的市场化改革进程，推动了中国特色社会主义市场经济的建设和发展，与此同时，符合中国特色社会主义市场经济客观要求的中国特色社会主义法律体系也已基本建成，但在当今中国经济社会高速发展的现实状况面前，现有的法律制度体系仍略显捉襟见肘。因此，我国仍需进一步完善法律制度体系，使其能够切实有效地保障并促进市场经济快速且良性地发展。根据我国当前经济社会的发展现状，当前法治经济建设的任务主要落脚在对市场主体资格和财产权利的保护，以及对市场经济运行秩序和竞争秩序的调整等方面。此外，加强法律法规的执行力度也是不可忽视的问题。

第一节　坚持经济改革与法治建设同谋划、同部署、同推进

经济改革是中国法治深入推进、持续发展的根本源泉。从历史实践的反馈来看，正是在经济改革的不断推进和深化中，中国的法治建设才得以始终走在良性发展的轨道之上，法治建设领域所存在的诸多问题也随着经济改革得到了逐步地解决。在这一点上，司法财政体制改革是个典型的例证，司法财政体制改革促进政府财政对司法机关经费保障力度的持续加大，通过法治发展的物质保障来推动营造一个公平高效的法治环境。可见，经济改革是驱动中国法治发展的重要动力。通过改革，中国法治所存在的问题能够得到逐步的解决，使得法治不断向前发展。因此，基于改革驱动法治的理论可以更好地解释中国法治发展中的问题与发展并存的现象，并为继续深化改革，推进法治的发展提供指导和动力。

一、明确经济改革驱动法治发展的内在逻辑

从中国在立法和司法领域尚存在的种种问题以及经济发展与法治发展的先发、后发时间线来看，法治不足以成为也并非中国经济高速稳定增长的源泉。因而，认为法治是经济发展前提的权利假说理论显然并不适用于中国的情况。但从中国司法机关的发展趋势看，中国法治发展已经取得了令人瞩目的成绩，很多法治中存在的问题也正逐步得到解决。那么，在这种问题与发展并存的情况下，中国法治发展的动因究竟是什么？

有学者提出发展推动法治的理论来解释中国法治发展的原因，试图通过对改革开放以来中国司法机关的发展趋势以及经济改革和发展关系的研究，来阐述经济发展与法治建设之间的关系。他们认为随着中国经济的发展，对法治的需求也不断提高，从而促进法治的发展。这种理论虽然符合直觉，但实际上是存在问题的。发展推进法治理论正确地指出了随着经济社会的发展，各类日趋复杂的纠纷在中国涌现，对法律服务的需求也在不断增加。但问题是这种对法治需求的提高是否可以自发实现，假设理论上随着经济的增长，法治也会得到同步的发展，这并无实际意义，因为这只是表示经济增长和法治发展存在着时间上的先后顺序，但却很难表述为因果关系。对于法律服务的数量和质量的提升，我们要么需要假设这种对法律的需求是自动实现的，否则就需要了解更高的需求是通过何种具体机制来实现的。需求的自动实现显然与现实不符，从中国法治的发展历史来看，在改革开放之前，除了"文化大革命"时期外，中国经济也经历过快速的增长，经过数个"五年计划"的实施，中国在经济和社会的各个领域取得了较大的发展成就。而在同一时期，法治发展却波折不断，困难重重。因此，仅仅简单地从发展推进法治的角度来理解中国的法治发展进程显然是不充分的，从中很难得到自改革开放以来对中国法治发展原动力的清晰认识，也无法对我们在未来应当如何进一步推进法治的进步和发展提供切实可行的指导。所以，我们有必要进一步来探索中国法治发展的动力机制，从根源上揭示法治发展的动因。

中国的法治发展在时间节点上与改革开放的实行保持一致，而深究其背后的逻辑在于法治发展与改革开放所推动的经济改革密不可分。改革开放实行市场经济起到了基础性、关键性的作用，发挥着解放和发展生产力的重要作用，而生产力的发展水平决定了生产关系必须随之进行相应的调整。当生产力发展到一定阶段，原有生产关系无法容纳它的发展之时，就会引起生产

关系的根本变革，使旧的生产关系被新的生产关系所代替，包括生产资料的所有制形式、人们在生产中的地位及其相互关系和产品分配等各个方面都要进行相应的调整。上述生产关系的总和就构成了社会的经济基础，从而决定着社会的上层建筑。法律作为上层建筑中最为重要的要素之一，必须随着生产关系的变化而进行调整。一方面，法律是对随着生产力推动而形成的新的生产关系、经济基础的确认；另一方面，法治的建设和发展也会通过影响经济基础，最终对生产力有重大的反作用。当法治的发展与生产力的发展要求相适应时，就会有力地推动生产力的发展。中国改革开放以来，经济改革和法治建设之间的关系也恰好反映了生产力与生产关系、经济基础和上层建筑之间的关系。从关系的主导方面来看，经济发展的程度决定了法治建设的水平，法治建设的进程随着经济发展的步伐进行调整；同时，通过法治建设并使之与经济发展水平相匹配，反过来也促进了经济的发展。

基于上述逻辑，改革驱动法治理论是对中国法治中问题与发展并存现象更为合理的诠释。正是因为各类法治问题的存在，才需要通过改革的相关措施来推动法治的不断发展与完善。因此，改革驱动法治的理论显然和发展推进法治的理论并无冲突，但却更清晰准确地揭示了中国法治发展的内在动力。发展推进法治的理论只是看到了改革开放后经济与法治发展在时间上的先后性，却并没有从根本上解释法治发展的动因。事实上，改革才是中国法治发展的根本源泉。正是通过改革的不断推进和深化，才保证了中国的法治建设始终走在良性发展的轨道上，法治领域所存在的诸多问题也随着改革而得到逐步解决和完善。以司法财政体制改革为例，这是推动中国法治发展的又一重要基础和保障。基于这一改革，政府财政对司法系统的经费保障力度不断增强，使得司法机关能够专注于对案件的办理。司法财政体制的改革也促进政府财政对法院经费的保障力度持续加大，通过法治发展的物质保障来营造一个公平高效的法治环境。

总之，改革是驱动中国法治发展的最重要动力，通过改革，中国法治所存在的问题才能得到逐步解决，使得法治不断向前发展。因此，基于改革驱动法治的理论才能更为逻辑一致地解释中国法治中的问题与发展并存的现象，并为继续深化改革，推进法治的发展提供指导和动力。

二、锚定改革与法治"三个坚持"关系处理原则

承前所述，改革，尤其是经济改革，对中国法治发展起到了最重要的推

动作用。但在现实中,往往会遭遇改革进程的法治问题,具体来说就是改革与法治两者之间谁先谁后、孰轻孰重的关系问题。不解决好改革与法治的关系处理,会引发许多现实矛盾与冲突,甚至影响到中国式现代化的目标实现。事实上,改革与法治有着内在的、相辅相成的必然联系。习近平总书记围绕改革与法治的关系曾做过一系列深刻阐述,充分体现党运用法治思维和法治方式深化改革、推动发展的重要思想,概括来说,就是要坚持改革与法治双轮驱动、坚持重大改革于法有据、坚持发挥法治对改革的引领和保障作用。

坚持改革与法治双轮驱动。从党的十八大提出全面建成小康社会,到十八届三中全会作出了全面深化改革的重大决定,再到四中全会作出了全面推进依法治国的重大决定。中国的社会主义现代化呈现出"一个主线、两个基本点"的新局面,即围绕全面建成小康社会这个主线,以全面深化改革、全面依法治国为两个基本点,实现改革与法治双轮驱动。在省部级主要领导干部学习贯彻党的十八届四中全会精神全面推进依法治国专题研讨班上,习近平总书记以"在法治下推进改革,在改革中完善法治"凝练总结了改革与法治互为影响的辩证关系。改革是发展的强大动力,法治是发展的可靠保障,两者如鸟之两翼、车之两轮,只有双轮驱动、齐头并进,才能推动全面建成小康社会的目标如期实现。

坚持重大改革于法有据。"重大改革要于法有据"是一个思想极为丰富的命题,包含两层意义:一是保证改革规范有序,使改革效果与法治效果相统一,而不是把改革限制在现有法律之内,更不是以合法性为借口否定和阻碍改革。二是加快推进法治改革,推动法律的立改释废,确保法律能够引领和保障改革。"于法有据"包括四个层次的思想内涵:第一,我国宪法和以宪法为统领的法律体系为全面深化改革提供了比较充分的制度空间,许多重大改革可以在于法有据的前提下顺利进行。第二,如遇改革方案与现行法律规则相抵触,则要抓紧修改或废止现行法律规则,不能让滞后的法律成为改革的"绊马索"。立法和改革决策要相衔接,立法主动适应改革和经济社会发展需要。第三,绝不能在宪法和基本法律规则尚未修改的情况下强行推进改革,这样的改革不仅损害宪法法律的尊严、权威和统一,造成法律实施上的"破窗效应",也极容易引发争议、遭受质疑,难以得到人民群众的拥护和支持。第四,一些重大的、需要先行先试的改革,要按照法定程序作出授权。例如,上海自由贸易试验区改革等,通过法律授权合法推进。

坚持发挥法治对改革的引领和保障作用。一是以法治凝聚改革共识。改革是对利益格局的重大调整，重大改革是对固化利益藩篱的突破，因而改革过程中可能会出现争论、分歧甚至严重对立，需要运用法治思维和法治方式去凝聚改革共识。通过法定程序广泛听取意见，在充分讨论、沟通、协商、博弈的基础上，通过民主集中制上升为法律或具有法律效力的决定，成为国家意志，依靠国家权威推进改革。二是以法治引领改革方向。在改革面前，法治不能缺位，不能总是处于被动状态，立法也不能沿袭"成熟一个制定一个"的传统思维，而是要主动引领改革。在整个改革过程中要高度重视发挥法治的引领和推动作用，实现改革决策与立法决策协调同步。我国的市场化改革实践充分证明，法治对改革不仅可以"护航"，也能够"导航"。例如，现行宪法的几次修正，为市场导向的经济体制改革指明了方向、铺平了道路。世纪之交开展的法律法规清理，为中国成功加入世界贸易组织、推动国内市场与国际市场一体化提供了良好的法治环境。所以，要养成用法律为改革导航的法治思维、掌握依靠法律引导和推进改革的智慧和方式方法。三是以法治规范改革进程。法治是治国理政的基本方式，法律是深化改革的基本遵循。全面深化改革，完善和发展中国特色社会主义制度，推进国家治理体系和治理能力现代化，首先要求坚持依法办事，保证各项改革"立治有体，施治有序"，不变道、不走样，避免改革不得要领、违规操作，防止"瞎改革""胡改革"。改革不能以牺牲社会主义法制的统一、尊严和权威为代价，任何层面、任何领域的改革，都必须经受住法治原则和宪法法律的检验。习近平总书记提醒各级领导干部"改革越深入，越要强调法治"，越是重大改革，越要法治先行，避免违法改革对法治造成的"破窗效应"。四是以法治预防和化解改革风险。国有企业深度改革，金融体制和体系全面改革，供给侧结构性改革、去产能、去库存、去杠杆，出租车行业改革，司法体制改革，社会治理改革等，都面临着潜在风险，容易引发社会波动、群体性事件、公共危机。如何预防风险、如何应对危机，如何防止出现颠覆性错误，归根结底要靠法治。依靠法治公正合理地调整利益关系、优化权利与权力的边界、健全利益保护机制、保障改革事项所涉群众利益得到公平对待、有效保护，正确处理维权与维稳的关系，建立改革风险预警体系，依法维护改革秩序、支持改革力量、给改革派吃定心丸，为改革创造良好的法治环境。五是以法治确认、巩固和扩大改革成果。三十多年的改革历程昭示人们，用法律制度确认改革成果是一条巩固和拓展改革成果的基本经验，是我国全面改革取得成功的一大法宝。我国现行宪法的几次修正以制度形式记载、反映、确定了经济体制改革、政治体制改革、社会治理改革的成果，把改革的成果宪法化、法制化，积累了以法治确认、巩固和扩大改革成果的宝贵经验。①

三、厘清法治不足与经济发展的内在关系

虽然中国的法治已经取得了长足的发展，但在现实中确实存在着诸如立法效果与预期相悖、司法地方保护等这样那样的种种问题。这些法治层面表现出的短板与不足，与经济发展之间也存在着千丝万缕的联系。

对司法地方保护主义问题的认识，首先应当从中央和地方的关系来讨论。央地关系属于上层建筑的范畴，是由一定时期的生产力水平决定的，而现阶段中国生产力水平还不发达，同时，各地方的生产力水平也存在较大差异，从抓主要矛盾的角度来说，需要更多地发挥地方的主观能动性，所以，在中央和地方政府间权力安排上更加突出权力的分散，强化地方政府带动发展经济的职能，而司法保护主义的形成，就是由于地方权力过度集中所致，在过往时期没有很好地处理发展经济的主要矛盾与司法公正的次要矛盾之间的关系，这是司法地方保护主义得以存在的根源。

当前，高新技术等相关产业在中国经济发展中的作用正日益凸显，如何延续这一增长趋势，并推动经济的持续增长是需要研究的重要问题，特别是在当前中国经济增速放缓的"新常态"背景下，创新驱动发展战略已成为中国经济发展转型、培育新的增长点的重要手段。新的经济转型也将为法治发展带来更强大的活力。另外，通过司法机关尤其是检察机关的发展我们可以看到，从长期来看，无论是从数量维度，还是质量维度进行观察，中国的法治都处在不断的发展和进步中。随着时间的推移，原本存在的各种不足和问题都将在发展中逐步得到改善和解决。

第二节 贯彻实施好民商法、经济法等涉经济社会发展领域法律法规

一、中国法治经济发展迫切需要贯彻实施好《民法典》

市场经济是在专业化分工和社会化生产的基础上发展起来的，它使整

---

① 张文显：《习近平法治思想研究（中）——习近平法治思想的一般理论》，载《法制与社会发展》2016年第3期。

个经济社会形成了一个互相联系的有机体。只有充分激活市场主体的能动性，这样才能活跃市场交易，从而达到繁荣市场、增加社会财富的目的。为了保持和增进社会经济的活力，必须借助法治的力量，尊重和保障市场主体的合法权益，确保市场主体资格的独立性，让市场主体能够独立地参与经济活动，独立地作出经济决策，当然也要独立地承担相应的决策风险。法治缺位，单纯地依靠市场自发的机制，很难对市场主体之间的利益矛盾冲突进行有效的调节。历史证明，健全的法治是现代市场经济得以建立和发展的前提，从我国改革开放的实践来看，从原先的计划经济走向市场经济，法治的同步推进尤为重要。在维护经济秩序的正常运行方面，在保障市场主体公平参与市场竞争方面，在规范市场主体的准入资格方面，在调整和确认市场主体的权责归属方面，法律的作用不可替代。

20世纪80年代末，有学者从经济改革的经验和未来发展的角度阐述了这一问题的迫切性。他写道："个人在经济中的权利，从经济学的理论体系来看，并不能找到它的位置。我国以及其他社会主义国家的政治经济学，侧重研究的是生产关系，是由生产资料所有制所决定的经济制度和体制，而并不从主体的角度研究个人在经济中的权利。西方经济学也不研究这个问题。在古典学派时期，西方经济学作为一门科学确立时，个人在经济中的权利确立已经作为一个前提存在了。西方经济学所研究的内容，是在经济中具有权利的个人在经济中的行为，及由此产生的各种现象。"[①] 他强调重视和维护个人的经济权利与马克思主义的原理是相吻合的，因为，"马克思所设想的社会主义，只能是商品经济充分发展之上的产物。因此，马克思所设想的社会主义，也是以个人为本位的经济发展为基础的，或者说，是要在个人在经济中的权利确立之后的发展过程中，才能实现的"，"对马克思、恩格斯来说，在一个个人在经济中没有权利的社会里，要建成社会主义是很难设想的"[②]。"即使是共产主义社会，个人在经济中的权利仍是构成这个社会的基本原则。没有个人的权利，是出现不了每个人自由发展的局面的。……就是从社会主义的角度来看，个人在经济中的权利确立也是一个历史进步的起点。社会

---

① 周建明：《个人在经济中的权利——关于理论、历史和体制改革的思考》，人民出版社1989年版，第2页。

② 周建明：《个人在经济中的权利——关于理论、历史和体制改革的思考》，人民出版社1989年版，第7页。

主义大厦,只能是建立在这个基础之上的。"① 改革的实践证明,"财产权利和身份自由,是我国农村改革中实现超常规发展的法宝。财产权利和身份自由,用我们的话来说,就是个人在经济中的权利","这两个权利保障了农民的经营权利,从此,经营活动有了可能","我国农业和农村经济的超常规发展,是农民的经营能力得到发挥和发展的结果。财产权利和身份自由为经营能力的发挥创造了条件,提供了保障。同时,财产权利又对个人经营的结果提供了保护",也就是说,"我国农村体制的改革通过个人在经济中的权利的确立,开通了发展和繁荣之路"。② 鉴于深化改革遇到了一系列新的经济矛盾和问题,他认为:"个人在经济中应该不应该具有权利,应该具有哪些权利,是一个关系到将出现什么样的经济秩序及什么样的发展可能的核心问题。中国需要一部能保证中国改革和开放,保证中国能按照商品经济的要求,在社会主义道路上迅猛发展的民法。而编纂这样一部民法,就需要解决好这个问题。"③

民法和商法可以是合一的,也可以是分立的,在合一的情况下,民法是母法,商法是子法,而二者的共同特点是保护私人的财产和权益。正是在这个意义上,有学者强调:"完善市场经济法制,厉行市场法治,无疑应把注意力放在民商法上,没有民商法,市场经济的根本要求就得不到充分的法律反映,甚至可以说,没有民商法,就没有现代市场经济。"④ 还有学者认为:"民法以基本制度和原则为手段,以责任制度为保障,为市场经济法治化作了科学的构建,使市场经济获得了一个完整的法治基础及成熟的法治模式。"但它的基础性并不意味着在实施过程中的排他性,在实践中民法还应该发挥其他法律的协调、衔接作用。⑤

《民法典》出台以前,中国的市场主体法律制度是在《民法总则》的总体框架下,配合一些单行法律法规构建起来的,这样的民商事主体法律制度

---

① 周建明:《个人在经济中的权利——关于理论、历史和体制改革的思考》,人民出版社1989年版,第99页。
② 周建明:《个人在经济中的权利——关于理论、历史和体制改革的思考》,人民出版社1989年版,第177页。
③ 周建明:《个人在经济中的权利——关于理论、历史和体制改革的思考》,人民出版社1989年版,第204页。
④ 姚建宗、吴涛:《"法治经济"解析》,载《社会科学研究》1995年第2期。
⑤ 曹继明:《论市场经济的法治基础》,载《西南民族学院学报(哲学社会科学版)》1998年第6期。

缺乏有效的整合。因此，多年来，我国不断修改相关法律法规，虽然大大提高了保障市场主体平等地位的水平，促进了我国市场经济的健康发展，也在法律规定的范围内尽可能地赋予市场主体权利，通过民商事法律制度调整市场主体的行为，允许市场主体有足够的自由，很大程度上也起到了推动市场经济健康、迅速发展的作用。但随着自由贸易的发展，市场主体间的互动将变得更加活跃。民商事法律作为调整市场经济的基本法，其作用将更为突出，民商事法律的发展水平会直接影响到市场主体制度的建设。根据历史经验，大陆法系国家通常都会制定一部统一的《民法典》作为法治成熟的重要标志之一。因此，在建立一套完善的法治经济法律体系的过程中，《民法典》的重要性毋庸置疑。如果没有一部统一的《民法典》，那么即使我国制定并颁布大量的相关民事法律法规，依旧难以做到体系化，进而影响依法治国目标的实现。只有通过统一的《民法典》指导各类行政规章的制订，才能为市场主体提供明确的行为准则，厘清在法定范围内的权利和义务，指导市场主体规范交易，保护市场主体的合法权益，保障市场经济的有序运行。但多年来，《民法典》的编纂工作始终受制于因立法技术的不成熟等原因而多次失利。2017年通过《民法总则》后，《民法典》各编的起草也紧锣密鼓地进行下去。2020年《民法典》各分编与此前已经出台的《民法总则》合并为一部完整的《民法典》。在历经挫折后，期盼已久的《民法典》终于出台。这是伟大时代的产物，也是对自由、平等和权利的宣言书和最好的保障。我国民商法制度的立法实践，展现了私法在中国的确立与发展过程，以及权利观念和对民众保护在中国生成和发展的过程。今后，贯彻实施好《民法典》及相关法律制度将成为中国法治经济发展的根本保障。

二、中国法治经济发展需要贯彻实施好物权法制度

在实践中，只有在民众的物权通过法律获得有效保障的国家，才有强劲的经济增长。物权作为大陆法系国家特有的概念，分为所有权、用益物权、担保物权等。所有权是权利人对物进行完全支配的权利，用益物权是权利人允许他人支配物的使用价值的权利，担保物权是权利人允许他人支配物的交换价值的权利。物权是使某物直接服从于权利人的权利，权利人具有对抗他人的请求权，有权要求他人对物不得进行使用。因此，物权中最重要的就是所有权，它使某有体物完全地服从于权利人。此外就是对他人之物的对物权，如地役权、质权等，它们使某物仅仅根据特定的关系并以有限的方式服

从于权利人。

市场经济本质上是交换经济，所有权是交换经济的前提基础，交换者为了进行交换，必须对其所要交换的标的物具有明确的、排他的以及自由支配的权利。财产所有权实际上与我们通常所说的所有制里的所有权相似，相当于对大陆法系财产权理念在西方经济学中的产权制度上的解释和论证。财产所有权是以合法的方式依法取得财产，并且得到法律确认的合法权利，财产所有权一般是通过原始取得或继受取得两种方式获取。原始取得是指仅根据事实而独立地取得财产所有权，而不考虑他人既存的财产所有权。而继受取得是指以他人既存的所有权为基础，通过合法的方式取得的财产所有权。当财产所有权受到侵害时，法律主要是通过确权、停止侵害、追究民事责任等方式对其进行保护。

物权法制度对市场经济能起到多方面的积极作用：第一，市场交易以物权法制度为前提，物权法制度协助优化资源配置，在市场经济中，因为资源有限，所以通常会通过价格机制调节供求关系，简单来说就是付多少钱就有多少资源。要想有效发挥价格机制的作用，就要以物权法制度为基础，明确产权归属；第二，物权法制度有助于人们对资源配置形成理性预期；第三，物权法制度的建立能够协调经济主体间的权利关系；第四，物权法制度赋予权利人使用、经营生产要素的权利；第五，建立有效的物权法制度能从根本上巩固市场经济所必需的激励机制。实践中，还有许多工作要做。例如，怎样平等、公正地保护公有财产和私有财产？在公有财产和私有财产发生矛盾时，如何根据法治精神，认识和处理好二者的关系？

三、完善《劳动合同法》的立法和实施

1995年1月1日，《中华人民共和国劳动法》正式实施。随着改革开放的深化和社会经济的发展，《中华人民共和国劳动合同法》于2007年出台，2008年起实施（2012年修正）。制定新的《劳动合同法》的初衷，是为了弥补此前《劳动法》的不足以及新出现的问题，主要是：（1）既有制度存在许多法规空白，不能适应对劳动关系进行全面和有效协调的需要；（2）法规表述比较原则，缺乏可操作性，不利于落实、执行；（3）其他起补充或配合作用的部门法规效力偏低，缺乏规范性、公开性和统一性；（4）现实中（尤其是农民工）劳动合同签订率低、劳动用工关系短期化的现象亟待纠正。但在实践中，《劳动合同法》的实施效果引起了人们的关注，学术界也对此展开

了热烈的讨论。

在宏观层面,有人认为,《劳动合同法》的实施有助于平衡劳资关系,促进整个经济体系有序地发展;也有人认为,这一法规的实施会加剧中国当时成本推动型的通货膨胀,违背了市场经济的规律,在某种程度上是政府在推卸责任。在对劳动力市场效率的影响方面,有人认为,就业稳定性可以减少流动成本,提高劳动者和工作的匹配度,在一定程度上能消除劳动力市场的分割,所以《劳动合同法》产生的影响是正面的,也有人认为,一系列的合同规则和解雇调节形成了高水平的就业保障,必将导致市场僵化、牺牲效率和进一步加剧失业,也不能减缓劳资关系的紧张。《劳动合同法》对劳动者利益的影响如何?有人认为,它的实施提升了企业利益分配格局的公平性和员工薪酬的满意度,保护了劳动者的合法权益,也有人指出,该法并没有保障最应保护的低端劳动力的权益。对用人单位而言,有人认为,这一法规的实施会促进企业转型,提高其竞争力,也有人则担心,它严格限制了企业的用工弹性,增加了用人单位的负担,损害了企业的实际利益。此外,学者们还分析了这一法规的实施对政府部门的多重影响等问题。对此,有学者评论说,"《劳动合同法》的订立和实施充分体现了经济与法律的互动关系","劳动关系博弈还将继续下去,考验着社会各界的智慧"。[①]

在建立和发展社会主义市场经济的过程中,当一个法律法规在执行中遇到困难,在学术界引起激烈争论时,首先要关注的不是技术和细节的问题,而是这个法律法规是否有利于促进体制改革和经济发展。从上面梳理的学界讨论中可以看到,无论是肯定《劳动合同法》,还是持批评态度的,都能举出各自的理由或证据,但在更深的层次上,理论研究必须涉及的是这部法律对劳动力合理流动、对企业家创新、对中国经济的市场化进程所产生的影响。众所周知,在传统的社会主义政治经济学理论中,劳动力不是商品,社会主义经济中不存在劳动力市场,也没有失业。但在现代市场经济中,劳动力作为最重要的要素,是应该在流动中得到优化配置的。如果国家在维护劳动者合法权益的考虑下,采用法律的手段妨碍了劳动力的自由流动,就可能产生事与愿违的效果,严苛的用工规定表面上给予了劳动者以安全感,实际上要么助长了一些人的道德风险,要么使劳动者无法准确了解自己的真正价值。

---

① 关于这一问题的讨论情况可参见龙小宁等:《中国特色社会主义法治经济建设》,经济科学出版社2017年版,第190—206页。

正如有些学者已经指出的那样,《劳动合同法》的实施在不同程度上会增加企业的经营成本,而这对企业家的市场创新是一种制约。美国经济学家奈特在揭示经济增长的奥秘时指出:社会经济是在充满不确定性的情况下运行的,而企业家正是通过冒险,或者失败,或者获得利润的回报,"如果变化的规律是众所周知的,就像在多数情况下那样,利润就不可能产生。变化与利润之间的联系是不确定的,而且总是间接的。如果对变化的未来结果一无所知,变化或许会产生一种能产生利润的条件。同时,如果没有某种变化,就确实不会有利润,因为每一件以一种绝对始终如一的方式运动的事物,现在就完全可以预料到其未来,而且,竞争一定会将事情调整至理想的状态,在此状态下,所有价格与成本相等。正是基于这一事实,我们才说对未来的一无所知是变化的必要条件……由这种变化产生的误差,才是利润的来源"。① "正是这种通过阻止竞争趋势理论上的完美结果而产生的真正的不确定性,赋予了整个经济组织独特的'企业'形式,说明了企业家特有的收入。"② 试想,企业家的创新活力受到用工、税收等各种人为因素的抑制,社会经济还能可持续地增长吗?而保障劳动者的合法权益,更合适的途径是发挥工会的作用,通过劳资双方讨价还价获得解决。

第三节 以制度建设为引领,积极稳妥推进社会保障制度建设

社会保障是关乎基本民生福祉和国家长治久安的重大制度安排,是实现社会公平正义的有效保障。中国的社会保障制度经过了六十多年的不断探索,如今已成为国家重要的基本制度之一,在保障人民基本生活、提高社会福利方面发挥着重要作用。社会保障法作为社会保障制度的基础,以法律的形式对社会保障的各项工作进行指导,使整个社会保障体系能够规范化运行。

---

① [美]弗兰克·H.奈特:《风险、不确定性与利润》,安佳译,商务印书馆2010年版,第37页。
② [美]弗兰克·H.奈特:《风险、不确定性与利润》,安佳译,商务印书馆2010年版,第223页。

一、社会保障制度之意义

"社会保障"(social security)一词最早出自美国罗斯福政府于1935年颁布的《社会保障法案》(Social Security Act)之中。国际劳工组织给"社会保障"下的定义是:"社会保障即社会通过一系列的公共措施对其成员提供的保护,以防止他们由于疾病、妊娠、工伤、失业、残疾、老年及死亡而导致的收入中断或大大降低而遭受经济和社会困窘,对社会成员提供的医疗照顾以及对有儿童的家庭提供的补贴。"社会保障所包含的各个方面均建立在国家立法的基础之上,而社会保障法作为对社会保障的指导性法律,是以国家和社会为主体,为保证有困难的劳动者和其他社会成员,以及特殊社会群体成员的基本生活并逐步提高其生活质量而发生的社会关系的法律规范的总和。①

由于各国国情的不同,社会保障法涵盖的内容也有差异。一般来说,社会保障包括社会保险、社会福利、社会救济、社会互助等几大内容体系。1986年,我国《国民经济与社会发展第七个五年计划》提出的社会保障体系包括社会保险、社会救济、社会福利、优抚安置(也称社会优抚)四项内容。在社会保障体系中,社会保险是核心内容,是整个体系的支柱。② 现存的社会保障模式可分为国家福利、国家保险、社会共济和积累储蓄四种,分别以英国、苏联、德国、新加坡为代表。目前中国的社会保障制度属于社会共济模式。

社会保障制度作为一项重要的基本制度,其主要任务是通过对财政转移支付来保障底层劳动人民的基本生活,同时通过对资源的再分配来提高人民的社会福利,改善人民的生活水平。它的存在有利于稳定社会秩序和维护社会公平。综观世界各国发展历程可以发现,任何一个发达国家都有着极其完善的社会保障制度,而不重视社会保障发展的国家,其社会矛盾都相对尖锐。社会保障法作为社会保障领域的基本法律,它的创立和完善是社会保障制度发展的起点和必要条件,也与中国依法治国的方针政策相吻合。同时,一个良好运转的社会体系必须有完备的法律法规来进行约束,故社会保障法也起到稳定政治和社会秩序的作用。此外,一个进步的国家应该尊重和保护其公民的生存权和发展权,社会保障法的实施,使得人民的这些权利得到了

---

① 史探径:《我国社会保障法的几个理论问题》,载《法学研究》1998年第4期。
② 贾俊玲:《社会保障与法制建设》,载《中外法学》1999年第1期。

进一步的保障。中国经济社会要持续稳定和谐发展，就必须建立健全与中国实际情况相适应的社会保障制度，而建立健全社会保障法则是达到这一目的的必经之路。

二、现行社会保障法律体系存在的主要问题

虽然从新中国成立迄今，中国社会保障法的建设已经取得了长足的发展，但这并不意味着现有的法律体系已经完美无缺。概括来说，现有社会保障制度变革过程中仍存在以下几方面的问题：

（一）发展理念存在误区

社会保障法的价值目标是追求社会公平：一是促进社会公平，任何法律规定的社会成员都应强制性地纳入社会保障范围；二是有效促进起点和过程公平，为每个社会成员提供基本的生活保障；三是有效促进结果公正，让全体国民共享发展成果，尽可能缩小贫富差距，实现共同富裕。然而，近年来中国社会保障的发展理念存在一些误区，还出现了两种极端化思潮，一是"泛福利化"主张，期望政府在社会保障制度建设上包办一切；二是"反福利"倾向，主张个人自我负责。这些错误认知与思潮，会给制度变革带来不必要的干扰，不利于社会保障体系建设的健康发展。

（二）协同推进不足

由于渐进式改革的路径取向，中国社会保障领域的改革同样采取试点工作、自下而上的方式来推进，这种"摸着石头过河"的策略，在制度建构初期是必要的，但不可避免地导致制度分割。因为各地方在改革创新时，如果缺乏"一盘棋"的思想，出台的方案缺乏统一性。除此以外，与制度分割相伴而生的另一个问题是协同推进不足。以医保改革为例，尽管国务院在2009年、2012年启动了新医改方案，但医疗、医药、医保"三医"联动尚缺乏协同推进措施，各地医改仍是各部门分割推进，结果无法实现"三医"之间的良性互动和同向集中攻关，导致"看病难，看病贵"民生难题仍困扰许多地方。

（三）立法存在体系性缺失

自社会保障产生以来，各国的社会保障制度均以立法为起点，例如1834年英国颁布的《新济贫法》（The New Poor Law）、1883年德国颁布的《疾病保险法》（Sickness Insurance Act）以及1935年美国颁布的《社会保障法案》（The Social Security Act）。作为依法治国的根本，只有立法这一步做好了，接下来

的各项动作才能顺利推进。目前中国社会保障的立法工作以"分散立法"的体例来开展，现有的法律更多的是国务院和相关部委颁布的行政法规和规章，且以单一制度为主，《社会保障基本法》仍处于缺失状态。同时，除了《社会保险法》和《社会救助暂行办法》，国家在社会福利和优抚安置方面依然没有国家层面的基本法律。社会保障法内在体系的缺失一方面导致立法重复，新旧法以及不同位阶的法律规范之间存在适用上的冲突；另一方面导致立法漏洞存在，在某些情形下，社会关系的调整面临无法可依的困境。这些问题导致了中国社会保障法律体系残缺、各项法律之间缺乏连续性和衔接性，极大地影响了社会保障法律体系的继续深化改革。

（四）立法层级有待提升

虽然中国在社会保障领域已经颁布了大量的法规，但总体来看大多数都是以"暂行""通知""意见"等政府行政法规的形式发布的，社会保障法也因此缺少了权威性和稳定性，进而严重影响实施效果。同时，法律的实施效果也与立法质量息息相关。立法质量的高低将会对后续执法、守法等工作产生直接影响。已有的社会保障相关法律是在多年的探索之后总结经验提出的，但在社会保险制度的统一性、基本养老保险待遇确定和调整、社会保险基金的统筹层次、基本养老保险个人账户、社会保险纠纷解决等方面仍存在问题，解决这些问题将会在很大程度上保障中国社会保障体系的健康运行。

（五）监督机制薄弱

健全的监督机制是制度能够良好运行的必要条件。然而，中国目前的现状是，在社会保障的监管方面，立法和司法机关并没有完全到位；同时，缺乏社会保障法律责任规范以及制裁办法。这些问题也促使一些危害社会保障系统的案件频繁发生。例如，在个别地区存在着严重的医患通过虚增患者住院天数、假用药、假手术等方法合谋侵蚀医保基金的现象。这些事件的发生不仅让社会保险基金严重浪费，还极大地损害了社会保险体系的有效运行，让社会保险体系的必要性遭到质疑，使得人们参保的积极性大打折扣。因此，建立健全社会保障法的监督体系，颁布明确的处理规则及措施对社会保障系统的可持续发展具有重要意义。只有切实解决了现存的各种问题，我们才算是建成了公平、全面、高效的社会保障法律体系。

三、完善社会保障制度的相关政策建议

针对中国社会保障法当前所存在的问题，主要提出以下四点建议：

（一）树立正确理念

制度变革需要正确理念的支撑，理念优于制度，制度优于技术，没有正确的理念导引，制度设计就有可能走偏走样，背离改革的初衷，甚至与社会发展目标南辕北辙。中国共产党自成立之日起，就把实现和维护社会公平正义作为矢志不渝的价值目标。党的十八大报告提出："必须坚持维护社会公平正义。"这为国家的发展指明了方向。社会公平正义体现在三个维度，一是基础制度，二是收入分配，三是社会保护。社会保障属于社会保护范畴，所以，公平正义应成为社会保障追求的核心价值理念。在充分尊重社会保障制度发展规律及中国国情的基础上，中国要逐步建立以权利公平、机会公平、规则公平为主要内容的社会公平保障体系，逐步实现全体公民在社会发展的各方面都享有平等的生存和发展权利。不过，坚持社会公平正义，促进制度走向公平，不等于国家包办一切，在制度安排上，应当厘清国家、单位、个人三者的责任边界，树立责任共担意识，构建合理的责任分担机制。树立正确的价值理念，既要反对"泛福利化"主张，又要避免"反福利"倾向。同时，应尽快消除结构失衡、权益不公、可持续性不足等缺陷。

（二）加强顶层设计

现代社会保障体系是项庞大、复杂、综合的系统工程，如何对已有的法律法规作进一步的整合，使之臻于成熟、定型，是深化改革面临的问题。从中国社会保障法的发展历史来看，改革开放以来，中国的社会保障立法大多是为了与市场经济体制改革相适应，是一种被动式立法。同时，由于缺乏实际经验，中国在社会保障立法方面走的是"先试点，后立法"的路径。这两个原因的存在，导致中国的社会保障领域立法相对滞后，制约了制度的发展。如今，经过六十余年的探索，决策层已经积累了足够的经验，强化统筹和顶层设计正当其时。第一，由于地方试点的模式造成了中国社会保障法地区分割、缺乏统一指导的现状，故应通过"先中央，后地方"的思路来进行改革。在这种思路下，当前社会保障领域的立法应优先通过更高等级的法律，并以此来指导地方性立法，从而建立起一个覆盖全国的统一的社会保障法律体系。第二，应选择合理的立法模式。从社会保障法的发展历史来看，目前主要存在三种模式：一为美式立法，即通过制定一部统领社会保障制度各领域的基本法来对社会保障的各项工作进行规范；二为德式立法，即针对社会保障的各个领域制定相关的法律法规，社会保障法律体系由这几部平行的法律共同规范；三为混合立法，即在颁布社会保障领域的法律的同时，将其他的社会保障项目纳入其他法律部门进行规范。从中国的现实情况来看，中国应优先制定《社会保障法》作为统领整个社会保障体系的指导性法律，然后再分别制定社会福利、社会救助和优抚安置方面的基本法。

（三）注重科学立法

低层次的立法权威性及稳定性不高，且容易出现地区之间的差异，而立法质量又会影响实施效果。因此，提高立法层次，重视立法质量对于建立稳定、高效的社会保障法律体系具有重要意义。基于此，立法机关可以从以下几个方面做起：第一，改变从地方试点到中央立法的由下而上的立法套路，先由中央制定统一的社会保障法，再结合各地实际情况来制定相应的法律法规。这样自上而下的立法使得各地的法规都有章可循，更具权威性和统一性。第二，在立法质量方面，立法相关的资料应在立法之初便予以公布，并及时听取各方意见，争取做到保障大多数人的利益。同时，为了避免立法被单个部门利益所主导，可以考虑多部门联合立法。第三，社会保障法的创立和运行都需要进行立法论证，以使其既能够合理地反映各方面的利益，又能够顺利地施行。

（四）健全监督机制

为了解决这一问题，国家应该让立法和司法机关也参与到社会保障体系之中，改变社会保障制度由行政机关主导的现状，由立法机关制定和完善相关法律法规，建立起一套完整的社会保障违法案件的处罚体系，只有当行政、立法、司法部门都完全地参与到社会保障体系之中，才能真正建立起一个完善的监督机制。

作为一项关系到人民基本生活的制度安排，社会保障制度的完善能够消除人们的后顾之忧，维持社会稳定，促进社会公平。社会保障法作为社会保障制度的根基，对制度的发展和完善的重要性毋庸赘述。随着经济与社会的发展，人们的生活水平越来越高，故对社会保障的需求越来越高，社会保障法中所隐含的一些问题也逐渐显露出来，正确处理好这些问题，就能使中国居民的福利水平再上台阶。

第四节　加强法治环境建设，营造良好法治氛围

一、科学统筹顶层设计，完善经济法治环境

加强法治经济建设必须从顶层设计着手进行科学统筹，根据法治经济建设主体的不同层次、不同颗粒度，从国家层面、市场层面、政府层面明确重点、落实举措，推进完善市场经济法治环境。

国家层面，要坚持和完善社会主义基本经济制度、社会主义市场经济法律制度。首先，法治经济以基本经济制度为基石，因此建设法治经济的第一要务是以宪法和其他法律确认和巩固社会主义基本经济制度，引领经济体制改革的社会主义方向，完善和发展社会主义基本经济制度。从中华人民共和国第一部宪法到现行宪法的几次修正，我国立法机关始终跟进基本经济制度的完善和发展，适时立法、修法，巩固和发展社会主义基本经济制度，为法治经济建设铸就制度基石。其次，法治经济建设的基础性工作是坚持社会主义市场经济改革方向，遵循社会主义基本制度与市场经济有机结合的经济规律，不断完善社会主义经济法律制度，充分发挥市场在资源配置中的决定性作用并更好地发挥政府的作用。为此，推进法治经济建设"必须以保护产权、维护契约、统一市场、平等交换、公平竞争、有效监管为基本导向，完善社会主义市场经济法律制度"，特别是要加快"建立现代产权制度"这一基础性、根本性经济法律制度。

市场层面，要营造公平竞争、规范有序的经济法治环境。一是营造各类市场主体公平竞争的法治环境。围绕确立企业投资主体地位，平等对待各类投资主体，并维护统一市场和公平竞争。具体措施包括：实施公平竞争审查制度，健全统一规范、权责明确、公正高效、法治保障的市场监管和反垄断执法体系。从维护全国统一市场和公平竞争的角度，明确审查对象和方式，按照市场准入和退出标准、商品和要素自由流动标准、影响生产经营成本标准、影响生产经营行为标准等，对有关政策措施进行审查，从源头上防止排除和限制市场竞争。将自我审查和外部监督结合起来，加强社会监督。对涉嫌违反公平竞争审查标准的，依法查实后要作出严肃处理。调动和保护创业、创新人才的积极性和创造性，培育并促进市场主体守法诚信。二是营造

法治化、国际化、便利化的营商环境。坚决破除一切阻碍对外开放的体制机制障碍，加快形成有利于培育新的比较优势和竞争优势的制度安排，从制度和规则层面进行改革，完善市场准入和监管、产权保护、信用体系等方面的法律制度，着力营造法治化、国际化的营商环境。

政府层面，要认识、适应、引领经济新常态，以法治化方式领导和管理经济。一是加快完善引领和保障经济发展新常态的法律规范体系，加强党领导经济工作制度化建设，提高党领导经济工作法治化水平，改进党领导经济工作和政府管理经济的思维、方式和方法。二是加快转变政府职能，进一步处理好政府与市场的关系。坚持发挥市场在资源配置中的决定性作用，坚持发挥我国社会主义制度的优越性以及党和政府的积极作用。坚持社会主义市场经济改革方向，加快构建市场开放公平、规范有序，企业自主决策、平等竞争，政府权责清晰、监管有力的市场准入管理新体制。实行市场准入负面清单制度，对应该放给企业的权力要松开手、放到位，做到负面清单以外的事项由市场主体依法决定。①

二、培育遵守契约精神，提升社会法治意识

推进法治经济建设既是一项经济体制转型的艰巨任务，也是一个思想观念和社会环境演进的历史过程。社会经济的发展是靠市场主体的主观行为来完成的，政府、厂商和消费者，他们的理性选择一方面受到法治环境的影响，另一方面也从各个侧面构成了法治环境的整体。亚当·斯密曾经说过："在野蛮民族之间，诚实是极其稀罕的美德，推广诚实和遵守时间的道德的乃是商业。"② 在他看来，"在大部分人民都是商人的时候，他们总会使诚实和守时成为风尚。因此，诚实和守时是商业国的主要优点"。③ 但在目前，中国经济社会中存在不讲诚信、坑蒙拐骗的现象，每年3月15日的消费者权益日被媒体曝光的案件触目惊心，就是明证。显然，如何培育有利于法治经济运行的社会环境，就具有了十分重要的意义。其中，遵守契约是一个必要

---

① 张文显：《习近平法治思想研究（下）——习近平全面依法治国的核心观点》，载《法制与社会发展》2016年第4期。
② ［英］坎南编：《法律、警察、岁入及军备讲演录》，载《亚当·斯密全集》（第6卷），陈福生、陈振骅译，商务印书馆2014年版，第242页。
③ ［英］坎南编：《法律、警察、岁入及军备讲演录》，载《亚当·斯密全集》（第6卷），陈福生、陈振骅译，商务印书馆2014年版，第260—261页。

的方面。

英语中的"契约"一词系由拉丁语发展而来,基本意思是指交易。有意思的是,与英语"契约"(Contract)最相近的一个词是"矛盾"(Contradiction)。在经济学上,这两个词的靠近是有道理的,因为交易就是把原先禀赋不同、需求不同的行为主体用特定的方式联系在一起,契约是其中具有法律效用的一种联系方式。作为法律术语,契约是两个当事人之间具有法律约束力的协议,或者由一个以上的当事人作出的一组具有法律约束力的允诺。如同美国经济学家诺斯给制度所下的定义一样,契约也分为正式的和非正式的两种,前者限定于法律、法规、合同、规则、准则等约束性文本;后者则包括人们在长期共同生活中自发形成、共同遵守的风俗、习惯、宗教、信仰等。因此,契约是法律制度,也是社会文化。有学者在研究上海近代的发展经验时指出:"在中国古代,除了朝廷的刑律,田契、典约、分关书等契约文本名目繁多,虽然就形式而言,契约总是经双方同意签订的,但签约双方是否具有法律上的平等地位,很值得探究。在专制集权的封建社会,法律是强者的统治工具,它偏重于强制性和惩罚性,却无视公平性和对个人基本权益的必要保护,在这种制度环境中,常常有签约的一方处于弱势和被迫的状态,契约的合理性和正当性便荡然无存。""近代上海的契约意识萌发于企业层面,行业管理和社会共建使之提升为城市精神。它解释了这座城市曾经繁荣的原因,也给出了未来追求公正、包容、责任、诚信价值取向的理由。"① 上海的繁荣说明契约精神的培育对市场经济的发展来说是必要的,可能的,但需要时间。

严格意义上的契约,是指与现代商业精神和工业革命相联系的法律制度,它不仅具有约束性,而且具有合意性,契约之所以有效和正当,盖源于平等自愿的基础。在法国思想家卢梭看来,政府就是一种社会契约,是人们为了获得更高层次的自由和安全而出让一部分权利给这个特定机构,"人类由于社会契约而丧失的,乃是他的天然的自由以及对于他所企图的和他能得到的一切东西的那种无限权利;而他获得的,乃是社会的自由以及对于他所享有的一切东西的所有权"。② 这就是所谓的主权在民主张,即推进法治经济的建设不仅是一个制度设计的问题,而且是一个观念更新、文化转型、全

---

① 钟祥财:《近代上海的契约精神》,载《文汇报》2012 年 3 月 5 日。
② [法] 卢梭:《社会契约论》(节选本),何兆武译,商务印书馆 2002 年版,第 41 页。

体参与的过程,加快培育遵守契约的法治环境无论是对政府、企业,还是对每一个公民,都是不可推卸的社会责任和艰巨任务。

三、加强权力制约监督,促进司法公正公平

公正公平是法治的应有之义。在现实中,法治是通过制度和人的实施来体现的,由于人都有自己的利益追求,如何在实践中真正做到司法严明,需要相应的监督机制。为了确保司法公正,防止权力滥用,必须重视对司法权、司法行为的监督,以确保健康的司法权运作对法治经济提供有力的保障。

有学者具体分析说,一方面,在权力机关对司法权监督的规范化方面,要形成一系列的原则和共识。这些原则和共识应当包括:尊重原则;司法权依法独立行使;集体监督原则,作为个体的人大代表个人既不能以自己的名义也不能以人大名义行使监督权,人大对法院的监督必须具备集体监督的性质;监督的间接性和事后性;等等。另一方面,就法学学者的监督而言,首先,法学学者是法律职业共同体的一员,身在"圈子"之中,团体的整体利益会刺激其某种本能,使得监督权行使不一定客观;其次,有的法学学者的身份极其复杂,作为法官的法学家、作为律师的法学家、作为公共知识分子的法学家以及纯粹作为学者的法学家,当他以法学家的身份发表意见、监督司法时会具有多元化的动机与目的,有时不能客观评价。这一切,都应当使关注法治、关注法治经济的法学学者时时自省。[①]

本章小结

由于法律法规和政策的制定是一个不同于思想形成和理论探索的过程,涉及面广,具体情况复杂,本章在资料梳理和观点分析上选择按问题来进行考察。本章中部分问题的提炼,没有严格遵循法律法规的体系以及部门法之间的关系,如在贯彻实施好民商法、经济法等涉经济社会发展领域法律法规方面,笔者选取了《民法典》、物权法制度以及《劳动合同法》的贯彻落实进行阐述,而关于社会保障法的问题,则是从改革路径进行讨论。此外,由于对策思路方面的观点较多,理论性有限,本书在叙述时只能选择有代表性的资料。

---

① 单锋:《法治经济的司法保障》,载《江海学刊》2016年第1期。

第八章　关于推进市场化进程中中国法治经济建设的扩展思考

针对法治经济建设过程中存在的各种热点、难点问题，学术界从技术角度和政策层面展开了讨论和分析，提出了相关的思路和主张。本书之前章节分别对当代中国法治经济的先行资料、思想引领、理论分析和实践探索进行了梳理分析，在考察中国法治经济建设实践过程的基础上，再对解决这些问题的对策见解作出概要评论，有助于完整认识和系统研究市场化进程中中国的法治经济思想。从内容上来看，本章节所涵盖的问题及文献应该很多，但由于技术分析和对策研究的思想性相对薄弱，较妥当的方法是，在有限的篇幅里选择有代表性的案例展开多角度的审视。

第一节　推进法治经济建设的进一步思考

一、法律制度建设应该适应经济发展的新情况

法治经济建设是一个历史的过程，其中相关法律法规制度的制定既是经济发展的客观要求，也对经济发展具有显著的促进作用。在中国，由于历史条件的原因，法律法规的制定具有"被动"和"滞后"的特点，但在当下，这种情况应该而且也可以得到改变。有学者认为，随着改革的深入，新时代法治经济建设表现出"从重视公法到重视私法""从重视经济立法到重视宪法性立法""从重视实体法到重视程序法""从重视国家法到重视民间法"的建设路径新特点。这种新特点契合了十八届三中全会通过的《关于全面深化改革若干重大问题的决定》中提出的"处理好政府和市场的关系，使市场在资源配置中起决定性作用和更好发挥政府作用"这一对法治经济建设的新要求，如要求通过宪法性立法推进政府管理体制改革，通过完善私法保障市场配置资源第一作用的发挥等，显然，随着经济改革与法治经济建设的深入展

开,特别是在党的十八大后全面依法治国战略的实施背景下,法律对中国经济发展主动的促进作用将日趋明显,新时期中国法治经济建设将呈现出如下新趋势,即由改革初期法律巩固经济改革与经济发展成果的"被动型"法治经济建设为主,转向以法律引领和推动经济改革和经济发展的"主动型"法治经济建设为主。①

二、重视技术进步对法治经济的推进作用

众所周知,市场经济是一个高效率的经济运行机制,在规范的市场经济中,科技进步带来的物质财富和要素配置往往以超出人们想象的速度增加,在这种情况下,法治建设如何同步推进,对处在转型阶段的中国而言,更具有现实的紧迫性。所幸的是,科技进步不仅凸显了法治建设的必要性,也提供了解决这一矛盾的可能性。

加强知识产权保护是建设法治经济的内在要求,但在科技进步的推动下,快速增长的文化产业使得相应的制度监管面临困境。例如,技术的革新不断改变着音乐的创作方式和展现形态,也同步推动着人们文化消费方式的转变。随着数字化时代的到来,互联网和主流媒体音乐平台更使得音乐的传播跨越了时间与空间的局限,数字音乐逐渐取代唱片,成为更为人们普遍使用的音乐消费方式。数字音乐以其便携性提升了听众的体验,却也存在着不利于音乐市场发展的隐忧。音频文件复制成本低,传播速度快,使得数字音乐侵权盗版现象难以用单纯的法律手段进行有效规制。与此同时,作为中间人的音乐平台与音乐创作者之间利益分配的失衡进一步扼杀了音乐创作者的积极性。利益分配和维权程序上的不足使得原本应当处于音乐生态系统核心的音乐创作者被边缘化,行业动能不断衰减。

对此,国内外管理层一筹莫展。在国外,人们试图通过建立中心化版权集中管理体系等方法加以解决,如全球汇编数据库和世界知识产权组织的国际音乐注册局等机构和组织曾进行过尝试,均由于资金、控制力和对于音乐版权数据维护的复杂性等原因而不了了之。在国内,音乐作品的盗版现象更是乱象丛生。近年来研究者发现,区块链技术有望为版权管理开启一种全新的模式。区块链是一种去中心化的分布式数据库,依靠四项基础技术达成由

---

① 周林彬、王睿:《法律与经济发展"中国经验"的再思考》,载《中山大学学报(社会科学版)》2018年第6期。

各个节点集体维护数据库可靠性的互联网协议。将区块链技术运用于版权管理，将有助于利用其数据可靠性对数字音乐消费的各个环节进行精准跟踪，为争议纠纷的各方提供举证便利，同时利用其去中心化的结构来简化创作者与消费者之间的中间环节，提升创作者收益，为音乐行业的持续健康发展创造更高效的平台。①

由此可见，法治经济的推进不仅是生产力发展的制度保障，同时也可以在先进科技的支撑下不断完善，实现技术和制度的良性互动。中国的法治经济建设必须抓住这一有利机遇。

三、运用扩大开放对推进法治经济的倒逼机制

用扩大开放倒逼经济改革，是当代中国得以快速发展的重要经验。在推进法治经济建设的过程中，扩大开放仍然具有不可替代的积极作用。党的十八大以来，我国融入经济全球化的步伐加快，实施了建立上海浦东自由贸易试验区等重要举措，在这一过程中，若干法治经济建设中的实际问题日益明显地暴露出来。例如，在解决贸易争端的机制方面，虽然已有《中国（上海）自由贸易试验区仲裁规则》《关于适用〈中国（上海）自由贸易试验区仲裁规则〉仲裁案件司法审查和执行的若干意见》等文件，但还是无法取得企业的信任，为此，有学者建议，"规范仲裁和调解机构的建立，不再按地方或行业分别设立，已有的机构要在市场选择的基础上兼并重组，做大做强。同时也应提升我国调解仲裁机构的服务意识，建设优质的金融调解仲裁队伍"。②

在更深的层次上，这种由开放倒逼的改革体现了一个法治化的求同趋势。正如有的学者所说："随着我国经济的转型，社会主义市场经济体系的建立和发展，使得市场统一、公平竞争、主体平等的理念，逐渐反映在经济立法当中，要求法律对市场经济主体的权利进行公正、公平和平等的一体保护。我国的社会主义市场经济体制和国际上'流行'的市场体制的趋同因素增多，差异性逐渐减少，大量的国际惯例和别国的适合的立法经验被有意识

---

① 王焱琪等：《互联网时代音乐版权产业的现状与未来模式探索》，载《法制与社会》2016年第12期；王成：《基于商业生态系统的数字音乐版权管理路径探究——以QQ音乐为例》，载《科技和产业》2016年第7期。
② 吴弘：《法治经济的理论探索与市场实践》，法律出版社2017年版，第224页。

地借鉴。同时，由于涉外经济在我国的国民经济总量中的比例逐渐增大，外商投资企业的境内销售、境内投资和境内融资与内资企业日益密切和一致，国家的法律和政策也应变化。"① 他们建议："加强涉外经济立法工作的整体规划，立法适度超前"，"有的条例，经过修改，该升为法律的要及时升位。立法机关应加强涉外经济立法的科学预测和规划，改变'成熟一个、制定一个'的立法观念，着眼于立法活动的长期性、系统性、整体性。经济全球化使得各国涉外经济立法出现了趋同化。许多国际经济条约、惯例，反映了市场经济的本质要求，也与我国社会主义市场经济的基本需要相适应，提供了法律借鉴和移植的原始素材，我国立法机关应加强研究。适度超前要考虑法律的可行性，法律移植同时要重视我国现存立法的兼容性以及法治传统合理'内核'"。② 从近年来我国经济发展的国际环境变化来看，这些建议都有一定的预见性。

四、研究文化观念对法治经济制度演进的长远影响

无论是从人类文明的成长脉络来看，还是从法治经济在我国的实践过程来看，要推进具有中国特色的社会主义法治经济建设，除了依靠科技进步的支撑和实施扩大开放等战略，提高市场主体的法治意识，优化社会的制度环境，是更为长期和艰巨的任务。

根据美国经济学家诺斯的研究，在决定经济制度变迁的问题上，国家统治者有着自身的利益追求和行为逻辑，"在与更有效率的邻邦相处的情况下，相对无效率的产权将威胁到一个国家的生存，统治者面临着或者灭亡或者修改基本的所有权结构以使社会降低交易费用和提高增长率的选择"③，"国家将规定章程，以使统治者及其集团的收入最大化，而后在其约束下，将发明一些章程来降低交易费用。非自愿的组织形式如果对统治者有利（如非自愿的奴隶制）将会存在；如果比较有效的组织形式从内部或外部威胁着统治者的生存（如今天苏联的集体农庄，或古典世界雅典谷物贸易的组织），相对

---

① 顾功耘、杨勤法：《经济发展新常态下的经济法治战略》，法律出版社2017年版，第46页。
② 顾功耘、杨勤法：《经济发展新常态下的经济法治战略》，法律出版社2017年版，第56—57页。
③ ［美］道格拉斯·C.诺斯：《经济史上的结构和变革》，商务印书馆1999年版，第28—29页。

低效的组织形式也会存在。此外，统治者衡量征税的费用较低的那些组织形式，即使效率相对较低也会持续存在下去（如柯尔伯特当政时法国专利权的转让）"①，但更潜在的力量却来自于人们观念的转变。

"制度变迁的方式反映出人们的信仰，人们已有的信仰要求我们去了解人类怎样学习，学习什么，为什么学习以及为什么相信等问题。信仰转变为制度，制度转变为经济的演进方式，直至明白我们所关心的整个过程以及所有问题。现在，我们有很长的路要走，还有许多未知的领域需要我们去探询。我们对路径依赖并没有充分的认识，更不知道它怎样约束我们改造社会的能力"，最为重要的是，"我们开始明白了解经济变迁过程的目的，是为了我们能改善经济绩效"。②他告诫人们："我们生活在一个经济变迁的动态世界中，但我们的理论却是静态的……即使我们知道使穷国变富的正式制度规则和实施的各种条件，但我们却不知怎样得到它们，原因是我们不知道其变迁的过程。按标准的经济学理论，你不可能掌握了解变迁的过程。你必须全部从头开始。必须从社会开始演进的那一时刻起，对正式与非正式制度的演进、在一定的知识储备下它们是如何互动，在人口统计性质发生变动时它们又是如何互动，以及这三者如何影响政治、社会和经济制度的演进等，对这些问题你就应该有一个充分的了解。这是一个巨大的挑战……然而，不这样做，我们就不可能明确地解决使人类改善经济绩效的问题。"③

为此，有学者强调培养全民法治意识的必要性。他指出：虽然法治在经济活动中不是万能的，但是没有法治规范，经济活动是无法有效进行的，所以，我们需要确立市场经济活动的法治意识即法治经济意识，经济活动中尊重和遵守法律不仅是事关个体经济利益的私事，也是事关国家整体利益的大事。法治经济既是经济人获得最大化利益的需要，也是国家维护公平正义和实现整体国家利益的需要。至于法治意识的内涵，他概括为五条：（1）法律权威意识，法治必须具有最高权威，任何组织和个人都必须遵守法律，有关

---

① ［美］道格拉斯·C.诺斯：《经济史上的结构和变革》，商务印书馆1999年版，第160—161页。

② ［美］道格拉斯·C.诺斯：《对制度的理解》，载［法］克劳德·梅纳尔编：《制度、契约与组织——从新制度经济学角度的透视》，刘刚等译，经济科学出版社2003年版，第18页。

③ ［美］道格拉斯·C.诺斯：《对制度的理解》，载［法］克劳德·梅纳尔编：《制度、契约与组织——从新制度经济学角度的透视》，刘刚等译，经济科学出版社2003年版，第17—18页。

第八章　关于推进市场化进程中中国法治经济建设的扩展思考

经济活动的各种规范必须得以严格遵守，在经济领域需要形成自觉信仰法律、敬畏法律、遵守法律、运用法律、维护法律的法治思维、法治意识；（2）权利法治意识，经济活动的重要条件是主体享有各种经济权利和自由，从而能够进行市场交易和利益保障，自觉依法维护自己和他人的合法权益，自觉与侵害自己和他人合法权益的行为作斗争，形成企业自主经营、公平竞争，消费者自由选择、自主消费，商品和要素自由流动的现代市场体系；（3）平等法治意识，市场经济主体为了充分展现自己的活力，就一定会依法要求与其他主体一样具有平等的发展机会和平等的利益诉求，机会平等、交易平等和救济平等都是法治经济需要培植的法治思维意识；（4）诚信法治意识，市场主体之间在经济往来交易中必须诚实守信，杜绝欺诈行为，排斥投机取巧，减少交易的成本，达到双赢或多赢的经济目的和效果；（5）责任法治意识，市场经济中的各项权利须依法行使，各项义务须依法履行，市场经济中的各种违法行为的责任都必须由法予以界定和追究，从而依法维护市场经济活动的稳定和有序发展。①

形成一种崇尚法治的文化信念，不能一蹴而就，需要持之以恒，从每个人做起，从每一件事做起。正如何兆武所说："近代西方思想体系所由以出发的自明的公理，是自然人、是个人、是自然状态之中的个人；然后由这些个人根据自愿的契约行为组成政治状态（civil State），而政治状态的根本目的则在于保障个人的自然权利。自由、平等等，都是从个人独立存在的价值里面推导出来的。但在中国传统的思想方式上，这个推论的方式则正好相反，即个人只是由集体所派生出来的东西"，"由个人出发，故而贯穿着西方自然权利的代言人们的理论的那条中心线索是个人与集体的对立，他们时时处处所关注的是要防止集体侵犯个人权利。个人权利是目的，集体只是为此目的服务的手段。贯穿着中国传统理论的中心思想，是个人与集体的统一；在这个统一体中，个人是浸没并溶解在集体之中的，此外个人绝没有他自己独立的存在的价值或权利……在传统的中国思想方式里，个人与集体的关系从来都不应是对立的、矛盾的、冲突的，在上者与在下者的关系是教导与受教育的关系。在上者是君师，而在下者则是子民。君师合一，以吏为师，君统与道统合一，权威原理与真理标准合一。子弟服从家长的意志乃是天然的义

---

① 蔡宝刚：《求解当代中国法治经济建设的路线图》，载《江海学刊》2016 年第 1 期。

务，国家是圣人的制作而不是自由的个人互相协议的契约。"①

显然，只有当人们在现实生活中逐渐意识到法治的重要性，日益清晰和坚定对法治的追求，法治经济的推进才具备了可靠的社会基础和优异的人文素质。因此，法治经济的宣传，法治观念的培育，法治规范的遵守，既是法治经济建设的长期任务，也是推进法治经济的必要条件。

五、理论创新和制度创新是完善法治经济的当务之急

毫无疑问，推进当代中国法治经济建设，当务之急是通过基础理论的创新研究，寻求若干实际问题的切实解决。

以房地产市场的调控问题为例，居民住宅商品化是我国经济推进市场化改革以来的重大举措之一，房地产行业的繁荣、房地产市场的活跃，无论是对整个国民经济的运行和增长，还是对居民生活条件的改善和个人财富的积累，都产生了广泛而深远的影响。由于住宅是一种具有特殊性的商品，其价格变动所带来的贫富差距明显，因此成为政府调控的主要对象。有学者指出："我国的房地产调控始于2003年。当年6月5日，中国人民银行颁布了〔2003〕121号文件，该文件要求加强房地产的信贷管理，并规定房地产自有资金不低于总投资的30%。该规定对我国的房地产投资产生巨大影响，改变了我国房地产投资'空手套白狼'的模式。但我国房地产调控的许多措施，其合法性存疑。"②

中国房产价格为何居高不下，屡创新高？在经济学视域内，无非由三个因素导致：其一，政府发行的货币充裕；其二，民间投资的渠道不畅；其三，民众对通货膨胀形成预期。动态地看，在一个社会经济高增长的阶段，城市化建设大力推进的情况下，房地产作为一种既有改善生活的使用价值，又有保值增值的资本价值的特殊商品，其价格上涨也是不足为怪的。问题在于，房地产价格上涨过快，财富效应明显，既助长了市场上的非理性投机，又抑制了一部分的刚性需求，不仅如此，房价上涨所拉大的贫富差距，所引发的社会不满，所孕育的经济风险，都使决策者感到有调控的必要。而从推进法治经济建设的要求来说，遵循市场经济的客观规律，运用法治思维和法

---

① 《何兆武学术文化随笔》，中国青年出版社1998年版，第81页。
② 顾功耘、杨勤法：《经济发展新常态下的经济法治战略》，法律出版社2017年版，第97页。

治手段，可能是保持房地产市场健康发展的必由之路。例如，通过深化改革，为民营经济的发展提供更好的经营环境，吸引社会资本投向实体经济；在推进供给侧结构性改革的过程中，约束政府的投资偏好，控制货币发行数量；在社会经济持续增长的基础上，运用租赁房等形式改善低收入居民的住房条件；对不同发达水平、不同发展阶段地区的房地产调控，应实施因地制宜的政策指导，避免一刀切，防止大起大落；等等。总之，法治是为经济发展服务的，房地产市场健康发展所需要的法治，同样离不开这一基本规定性。而要做到这一点，从基础的经济学理论上明确政府和市场的边界、经济效率和社会公平的关系、发展的阶段任务和内在含义的统一等，是有必要的。

总之，面对上述新情况和新问题，"法治经济需要法治对经济的适应性"。提出这个观点的学者指出：无论是民间融资、地方融资平台，还是高铁建设、财政预算，当前存在的缺陷与风险都是实践探索中不可避免的。解决这些问题的法律法规，有的尚属空白，有的没有得到很好地执行。民间融资缺乏法律支撑，中小企业发展受阻。如果企业生产经营不受法律监管，老百姓的生活消费就没有安全。所有市场主体进入市场，如果没有"游戏规则"，市场竞争就将混乱不堪。概言之，如果市场机制不能正常发挥作用，而政府在经济活动中又无所不能，我们要想通过经济发展而达到富民强国的目的就落不到实处！所以，"一方面，我们要认真研究已有的经济法律法规如何落实的问题，另一方面，我们也要研究那些与市场经济发展不相适应的法律法规如何尽快完善、空白的法律法规如何尽快填补的问题"。[1]

第二节 对市场化进程中中国法治经济思想与实践的总体考察

通过对市场化进程中中国法治经济思想的资料梳理和理论分析，本书形成以下几点看法：

一是法治经济思想既是法治经济实践和发展的反映和提炼，又对法治经

---

[1] 顾功耘：《法治经济建设与经济体制改革》，载《法制与社会发展》2013 年第 5 期。

济的进一步发展具有重要的启示和指导作用。当代中国的法治经济思想是在市场化进程中,决策者、理论工作者和广大干部群众通过汲取先行资料,勇于理论创新,提炼实践经验而逐渐形成和不断深化的。

二是法治经济是与市场经济密不可分的,计划经济或政府统制经济不需要法治,而市场经济离开了法治,也不能得到健康可持续的发展。在西方历史上,法治是市场经济产生的前提条件,而在中国改革开放的实践中,法治却是经济体制改革不断推进所催生的。也就是说,当代中国的法治经济思想是在改革开放的历史条件下应运而生和不断深化的,它既具有特定的中国特色,又具有经济体制的转型特征。

三是在当代中国法治经济思想的发展过程中,邓小平的重要论述系统而又深刻,具有开创性和前瞻性的特点,江泽民、胡锦涛和习近平都坚持、丰富和深化了党的十一届三中全会的基本路线,他们的相关思想成果在法治经济进程中发挥着引领作用。

四是与此同时,经济学和法学研究者的理论探索也对当代中国法治经济的发展具有积极的促进作用,他们的工作是对中外历史上先行思想资料的科学吸收和选择借鉴,如顾准对中西历史的比较研究,既是对人类法治经济思想遗产的梳理评价,也深刻影响了像吴敬琏这样的后起学者的经济改革探索,而张维迎对奥地利学派的推崇,钱颖一对制度经济学研究成果的借鉴,也都显示了这种继承发展脉络。当然,中国学者的理论建树也是密切联系中国实际,经过独立思考和大胆创新产生的结晶,具有宝贵的理论价值和现实意义。

五是本书研究的市场化进程中中国法治经济思想,内容丰富,主要包括:(1)通过对计划经济效率低下和市场经济发展优势的比较,作为一种取代政府集权的制度形式,逐渐形成和初步构建了由现行资料、思想引领、理论探索和对策思路组成的可供研究的基本框架;(2)当代中国法治经济的推进具有具体的国情特点和体制转型的阶段特征,因此,如何把社会主义的基本经济制度和市场经济所要求的法治规范结合起来,如何汲取西方发达国家的法治经验,用于还处在社会主义初级阶段的中国经济发展的实践,构成了决策层和理论工作者关注的重点;(3)作为一个经济学和法学互相交叉的研究对象,如何把市场经济的发展和法治建设的进程结合起来,如何把立法和执法结合起来,也是人们讨论较多的问题;(4)对中国封建社会的经济治理模式及其观念进行了深刻反思,使人们认识到树立全民法治经济意识和推进法治经济发展是一个漫长的过程；等等。

探索和建设具有中国特色的社会主义市场经济是一个思想引领和实践探索的过程，改革只有进行时，没有完成时，健全法治经济还有许多工作要做，本书第五章的分析就表明了思想和实践在互动过程中具有渐进性和艰巨性的特点。

就推进当代中国法治经济思想的探索和实践而言，科技进步、扩大开放和观念转型都具有重要的作用，但在基础理论问题上的创新突破尤为关键。例如，怎样认识和处理好党对经济工作的领导和法律对经济运行的规范之间的关系？怎样阐述在社会主义条件下公有制经济和非公有制经济协调发展的必要性和可能性？对此，本书选择《劳动合同法》的实施和房地产调控等个案展开分析，意在解剖麻雀，以小见大。显然，只有在重大理论问题上取得进展，法治经济的制度建设和政策实施才能更顺利地推动。此外，在着力转变人们的传统观念方面，在切实加强执法力度方面，也都需要提出新的思路，出台新的举措。但尽管任重道远，推进法治经济是中国未来繁荣昌盛的必由之路，在其中，法治经济思想的丰富和深化肩负重要的历史使命。

本章小结

本章是关于推进法治经济建设的扩展思考。法治经济的建立和健全，本质上是顺应社会经济可持续发展的内在要求，其主要任务是通过一系列法律法规的制定和实施，让公平交易、自由竞争、保护产权、激励创新的市场机制得以健康有效地运行。经济增长是社会进步的基础，社会和谐也是经济发展的条件，法治的推进一方面为经济发展创造了良好的环境，另一方面也会给不同的社会阶层、行为主体带来利益的调整，观念的冲击和互相关系的变动，这些都需要人们对法治经济的建设作出扩展性思考。如果说，本书前述两章讨论的问题是当下的，那么本章关注的则包含未来。

需要说明的是，本章虽然采用问题分类的写法分析学者的观点，但这并不意味这些材料的学术价值不重要，由于对策思路往往着眼于实践，而且处于动态完善之中，可能发生的情况是，它们中间的智慧灵感经过积淀提升，会发展为有影响力的经典理论。

市场经济作为人类文明的成果，伴随着社会的发展，始终处于不断创新、持续完善的过程之中。如果把市场经济看作一个整体的、周全的、大的概念，那么基于事物发展的普遍性规律，在市场经济内势必存在共性问题。如果把市场经济配置到不同国家、适用于不同国情的具体场景之中，那么在不同的历史基础、不同的前提条件以及不同的约束环境等差异因素的作用下，各国的市场经济发展兼具各自的特点，都会碰到一些独特性、典型性的问题需要去解决。鉴于上述考量，本书仅以市场经济的共性问题为出发点，讨论在法治层面解决问题的必需要素。考虑到市场经济体制本身所具有的复杂性特点，本书以保障市场经济平稳、顺畅运行的最低法治要求为起点，对共通性问题进行讨论。除此以外，法治经济范畴内还有很多问题值得研究，比如法治经济建设过程中的必备法治要素以及背后的支撑性观念方面的具体进展情况，及其在法治维度的解决的思路等。

  要完成上述研究任务，对于经济学理论功底不够扎实的笔者而言，不能说不是一项非常艰巨的任务。出于对主题和重点的考虑，本书主要针对的是改革开放四十多年来，法治经济思想的整体性研究，因而未对其他阶段法治经济思想的一些重要方面都进行深入的、细致的研究，即可能存在片面性和局限性。且当前法治经济思想的发展尚处于进行时，一切新的矛盾和问题可能会随着情势的变化不断涌现。鉴于此，仅从笔者目前掌握并采用的资料及其分析出发，势必会存在疏漏之处，或尚留有不够深入之处。这些遗珠之憾，笔者力图在今后进行持续地研究，不断挖掘并完善。

参考文献

一、连续出版物

1. 白永秀、王颂吉:《中国共产党 90 年经济思想的创新》,载《贵州社会科学》2011 年第 9 期。
2. 包心鉴:《全面深化改革:决定当代中国前途和命运的关键抉择》,载《中国延安干部学院学报》2014 年第 1 期。
3. 薄贵利:《推进政府治理现代化》,载《中国行政管理》2014 年第 5 期。
4. 陈红娟:《降低风险与道路内生——试错式改革与中国特色社会主义道路的探索》,载《社会主义研究》2014 年第 3 期。
5. 陈雨露:《确保社会主义市场经济在法治的轨道上运行》,载《经济研究》2015 年第 1 期。
6. 迟福林:《建设法治化市场经济》,载《行政管理改革》2015 年第 1 期。
7. 方福前:《30 年来我国宏观经济调控的思想演变》,载《教学与研究》2008 年第 9 期。
8. 方福前:《大改革视野下中国宏观调控体系的重构》,载《经济理论与经济管理》2014 年第 5 期。
9. 方世荣:《法制与市场经济相适应的若干问题探讨》,载《中南政法学院学报》1993 年第 2 期。
10. 高程德:《法治与信用是建立市场经济的必要条件》,载《北京大学学报(哲学社会科学版)》1999 年第 1 期。
11. 顾翊群:《入超果于中国有大害否》,载《社会经济月报》1935 年第 5 期。
12. 顾功耘:《论重启改革背景下的经济法治战略》,载《法学》2014 年第 3 期。
13. 顾准:《试论社会主义制度下的商品生产和价值规律》,载《经济研究》1957 年第 3 期。
14. 郭道晖、梁慧星、徐炳、贺卫方、陈宝树、刘瀚、刘俊海、王学政、王利明、刘兆兴、徐杰、周卫平、陈泽宪、陈桂明、何山、陈春龙、袁建国:

《市场经济与法制现代化——座谈会发言摘要》,载《法学研究》1992年第6期。

15. 韩永文:《市场经济:竞争、信用与法治》,载《宏观经济研究》2001年第3期。

16. 何颖:《我国政府职能转变问题的反思》,载《行政论坛》2010年第4期。

17. 洪银兴:《关于市场决定资源配置和更好发挥政府作用的理论说明》,载《经济理论与经济管理》2014年第10期。

18. 洪银兴:《论新阶段的全面深化改革》,载《南京大学学报(哲学·人文科学·社会科学)》2015年第4期。

19. 江平、陈宾:《法治新常态与经济新常态齐头并进》,载《人民法治》2015年第4期。

20. 江平、程合红:《法治是奠定市场信用的基石》,载《经济导刊》2002年第11期。

21. 江平、冯大同、徐杰、王保树、杨振山、王利明、刘文华、谢次昌、张士元:《贯彻七中全会精神、加快经济法制建设——民法学、经济法学学者一席谈》,载《中国法学》1991年第2期。

22. 江平:《关于市场与法制的若干问题》,载《当代财经》2011年第2期。

23. 江平:《经济学内和经济学外》,载《读书》2008年第1期。

24. 江平:《金融危机与法制建设》,载《甘肃社会科学》2009年第1期。

25. 江平:《平等是市场法治的核心》,载《中国民营科技与经济》2012年第Z2期。

26. 江平:《社会主义法律的根本任务是发展生产力》,载《法学杂志》1984年第5期。

27. 江平:《市场经济法律制度体系》,载《国家行政学院学报》2001年第5期。

28. 江平:《市场经济需要怎样的法治》,载《新经济导刊》2010年第11期。

29. 江平:《市场自由和市场秩序》,载《中国工商管理研究》2014年第11期。

30. 江平:《市场自由与市场秩序》,载《清华法学》2010年第3期。

31. 江平、张礼洪:《市场经济和意思自治》,载《法学研究》1993年第6期。

32. 江平、张维:《政府在市场秩序维护中的角色定位》,载《中国工商管理研究》2015 年第 9 期。

33. 姜英华、王维平:《理念·制度·实践:论法治市场经济的递进结构》,载《贵州社会科学》2015 年第 1 期。

34. 李炳炎:《论建立全国统一的市场体系》,载《江苏行政学院学报》2001 年第 1 期。

35. 李稻葵:《依法治国是中国经济全面迈向现代化的基石》,载《经济研究》2015 年第 1 期。

36. 李德水:《进一步完善国家宏观调控体系》,载《求是》2003 年第 23 期。

37. 李非:《无形之手与自由放任的异同——斯密与魁奈的对比》,载《南开经济研究》2001 年第 1 期。

38. 李靖:《中国特色社会主义法律体系的概念演进与制度定位》,载《社会科学战线》2012 年第 10 期。

39. 李曙光、肖建华:《中国市场经济法律:进展与评价》,载《政法论坛》2000 年第 5 期。

40. 李志萍、梁鹰:《正确把握市场经济是法治经济》,载《理论视野》2000 年第 6 期。

41. 厉以宁:《论我国推行股份制的必要和可能》,载《马克思主义与现实》1992 年第 2 期。

42. 厉以宁:《特大型国有企业的股份制改革》,载《管理世界(双月刊)》1993 年第 3 期。

43. 厉以宁:《市场经济和股份制(上)》,载《广东经济》1993 年第 2 期。

44. 厉以宁:《市场经济和股份制(下)》,载《广东经济》1993 年第 3 期。

45. 厉以宁:《依法治国和深化经济改革》,载《经济研究》2015 年第 1 期。

46. 林文益:《论国内统一市场的形成》,载《北京商学院学报》1994 年第 1 期。

47. 刘福林:《我所理解的三十年经济体制改革》,载《中国外资》2011 年第 16 期。

48. 卢峰、姚洋:《金融压抑下的法治、金融发展和经济增长》,载《中国社会科学》2004 年第 1 期。

49. 鲁品越:《政府建构市场,市场决定资源配置》,载《红旗文稿》2014 年第 12 期。

50. 马洪:《论市场经济与法律——兼论我国经济法制建设中的一些理论

问题》，载《财经研究》1993年第1期。

51. 毛传清：《论中国社会主义市场经济发展的六个阶段》，载《当代中国史研究》2004年第5期。

52. 聂文军：《亚当·斯密与"亚当·斯密问题"》，载《哲学动态》2007年第6期。

53. 权衡：《社会主义市场经济必须继续回答并解决好十个问题》，载《上海财经大学学报》2014年第4期。

54. 钱颖一：《市场与法治》，载《经济社会体制比较》2000年第3期。

55. 任兴洲：《中国市场体系30年：历程、经验与发展》，载《中国发展观察》2008年第12期。

56. 宋树涛：《法制——建立社会主义市场经济体制的保障》，载《改革与理论》1994年第2期。

57. 孙力：《社会主义与市场的耦合逻辑》，载《上海财经大学学报》2014年第4期。

58. 谭培文：《全面依法治国是激发社会活力的可靠保障》，载《广西社会科学》2015年第4期。

59. 唐庆增：《从历史上以观察我国今后应采之经济政策》，载《经济学季刊》1936年第6期。

60. 田湘南：《论市场经济是法治经济》，载《经济师》2015年第7期。

61. 王家福、江平、朱育璜、沈关生、杨振山、谢怀栻：《如何依法治理市场经济》，载《群言》1993年第5期。

62. 王积业：《国家调节市场，市场引导企业》，载《学习与研究》1988年第2期。

63. 王浦劬：《论转变政府职能的若干理论问题》，载《国家行政学院学报》2015年第1期。

64. 王亚飞、穆晓楠：《法制与经济增长——法制与经济效率关系的实证分析》，载《东南学术》2006年第3期。

65. 卫兴华：《社会主义市场经济与法治》，载《经济研究》2015年第1期。

66. 卫兴华、黄林：《社会主义市场经济要在法治轨道上运行》，载《经济学动态》2015年第1期。

67. 卫兴华：《社会主义市场经济是法治经济》，载《前线》2014年第12期。

68. 卫兴华：《改革以来中国特色社会主义经济理论发展的几个问题——

纪念改革开放三十周年》，载《学术月刊》2008年第9期。

69. 吴敬琏：《产权保护、法治保护仍存在不少的问题》，载《上海企业》2018年第6期。

70. 吴敬琏：《产业政策面临的问题：不是存废，而是转型》，载《兰州大学学报（社会科学版）》2017年第6期。

71. 吴敬琏、曹远征、秦晖、李凤圣：《"法治与市场经济"座谈纪要》，载《读书》2004年第3期。

72. 吴敬琏：《从〈大国崛起〉看各国富强之道》，载《同舟共进》2007年第4期。

73. 吴敬琏：《从"站起来"到"走出去"》，载《中国企业家》2012年第5期。

74. 吴敬琏：《电子政务是建设法治国家的核心内容》，载《领导决策信息》2002年第14期。

75. 吴敬琏：《改革25年感言》，载《中国改革》2003年第10期。

76. 吴敬琏：《呼唤包容性的市场经济》，载《中关村》2013年第4期。

77. 吴敬琏：《加强竞争地位不是一蹴而就的》，载《领导科学》2017年第3期。

78. 吴敬琏：《建设法治的市场经济》，载《经济体制改革》2003年第6期。

79. 吴敬琏、江平、张鲜堂、张帆：《宏观调控如何体现法治精神》，载《理论参考》2004年第12期。

80. 吴敬琏、江平、梁治平：《宪法必须具备宪法精神——吴敬琏、江平、梁治平谈"法治与市场经济"》，载《书城》2003年第4期。

81. 吴敬琏：《靠大量投资拉动经济增长容易导致系统性风险》，载《商业观察》2018年第10期。

82. 吴敬琏、厉以宁、林毅夫：《读懂十三五》，载《生产力研究》2016年第8期。

83. 吴敬琏、马国川：《从"吴市场"到"吴法治"（上）》，载《读书》2008年第9期。

84. 吴敬琏、马国川：《从"吴市场"到"吴法治"（下）》，载《读书》2008年第10期。

85. 吴敬琏：《确立竞争政策基础性地位的关键一步》，载《中国价格监管与反垄断》2016年第7期。

86. 吴敬琏:《全面建设社会主义市场经济体系》,载《法学》2003 年第 5 期。

87. 吴敬琏:《市场需要法治化制度支撑》,载《新经济导刊》2012 年第 4 期。

88. 吴敬琏:《完善产权保护制度的行动纲领》,载《领导决策信息》2017 年第 5 期。

89. 吴敬琏:《未来方向》,载《中国经济报告》2013 年第 1 期。

90. 吴敬琏:《"真刀真枪"地把重点改革推进下去》,载《财经界》2016 年第 8 期。

91. 吴敬琏:《选择什么样的产业政策至关重要》,载《金融经济》2017 年第 21 期。

92. 吴敬琏:《一定要坚持市场化法治化》,载《财经界》2018 年第 10 期。

93. 吴敬琏:《政治改革,已经成为改革的一项主要任务》,载《沪港经济》2010 年第 5 期。

94. 吴敬琏:《中国经济改革进程》(自序),载《全国新书目》2018 年第 11 期。

95. 吴敬琏:《走向法治市场经济》,载《小康》2013 年第 3 期。

96. 吴敬琏、江平:《市场经济和法治经济——经济学家与法学家的对话》,载《中国政法大学学报》2010 年第 6 期。

97. 姚涵:《从哈耶克的法治观视角谈法治与市场经济》,载《经济论坛》2018 年第 11 期。

98. 俞可平:《大力建设创新型政府》,载《探索与争鸣》2013 年第 5 期。

99. 俞可平:《思想家是民族的宝贵财富——纪念顾准先生百年诞辰》,载《浙江社会科学》2015 年第 8 期。

100. 张宇:《社会主义与市场经济是什么关系?》,载《上海财经大学学报》2014 年第 4 期。

101. 张凤阳:《政府职能转换的三重梗阻及其疏通》,载《上海行政学院学报》2015 年第 2 期。

102. 张军扩:《论市场在资源配置中起决定性作用的核心问题及相关改革》,载《经济纵横》2014 年第 7 期。

103. 张美云:《法治、非正式制度与市场经济秩序》,载《改革与战略》2016 年第 11 期。

104. 郑成良:《法律、契约与市场》,载《吉林大学社会科学学报》1994年第4期。

105. 中国人民大学宏观经济形势分析与预测课题组:《在全面深化改革中健全宏观调控体系》,载《宏观经济管理》2014年第4期。

106. 周黎安:《政府转型——一场"触及灵魂"的革命》,载《北大商业评论》2015年第5期。

107. 周卫平:《行政法:现代市场经济的守护者》,载《法制与经济》2002年第5期。

108. 周新城:《社会主义与市场经济关系论争的回顾与辨析——邓小平市场经济理论再认识》,载《学术探索》2004年第5期。

109. 周新城:《怎样理解"使市场在资源配置中起决定性作用"》,载《思想理论教育导刊》2014年第1期。

二、专著

1. [奥]A.哈耶克编著:《个人主义与经济秩序》,北京经济学院出版社1989年版。

2. [澳]布伦南、[美]布坎南:《宪政经济学》,冯克利等译,中国社会科学出版社2004年版。

3. [奥]路德维希·冯·米瑟斯:《自由与经济繁荣的国度》,韩光明等译,中国社会科学出版社1994年版。

4. [奥]米塞斯:《人的行为——经济学研论》,夏道平译,台湾银行经济研究室1976年版。

5. 《马克思恩格斯文集》(第二、三、四、五、九卷),人民出版社2009年版。

6. 《马克思恩格斯全集》(第二十一卷),人民出版社1965年版。

7. [德]瓦尔特·欧根:《经济政策的原则》,李道斌译,上海人民出版社2001年版。

8. 《杜润生文集》,山西经济出版社1998年版。

9. 杜润生:《中国农村经济改革》,中国社会科学出版社1985年版。

10. 杜润生:《杜润生自述:中国农村体制变革重大决策纪实》,人民出版社2005年版。

11. [法]弗朗索瓦·佩鲁:《新发展观》,张宇、丰子义译,华夏出版社

1987年版。

12.［法］托马斯·皮凯蒂：《21世纪资本论》，巴曙松等译，中信出版社2014年版。

13.［法］萨伊：《政治经济学概论》，陈福生、陈振骅译，商务印书馆1963年版。

14.高全喜：《法律秩序与自由正义——哈耶克的法律与宪政思想》（修订版），北京大学出版社2006年版。

15.顾功耘、杨勤法：《经济发展新常态下的经济法治战略》，法律出版社2017年版。

16.顾海良、张雷声：《邓小平的经济思想》，中国经济出版社1996年版。

17.《顾准笔记》，中国青年出版社2002年版。

18.《顾准自述》，中国青年出版社2002年版。

19.国家体改委"邓小平经济思想研究"课题组：《邓小平经济思想摘编》，经济管理出版社1998年版。

20.胡德平：《中国为什么要改革——思忆父亲胡耀邦》，人民出版社2011年版。

21.胡锦涛：《论构建社会主义和谐社会》，中央文献出版社2013年版。

22.黄克武：《自由的所以然：严复对约翰弥尔自由主义思想的认识与批判》，世纪出版集团、上海书店出版社2000年版。

23.江平：《法治天下——江平访谈录》，法律出版社2016年版。

24.《江平文集》，中国法制出版社2000年版。

25.《蒋一苇选集》，山西经济出版社1986年版。

26.江泽民：《论社会主义市场经济》，中央文献出版社2006年版。

27.李义平：《经济学百年：从社会主义市场经济出发的选择与评介》，生活·读书·新知三联书店2007年版。

28.李颖：《马克思恩格斯法治思想及其当代价值研究》，中国社会科学出版社2017年版。

29.厉以宁：《股份制与现代市场经济》，江苏人民出版社1994年版。

30.厉以宁：《转型发展理论》，同心出版社1996年版。

31.梁启超：《饮冰室合集》（第7册），中华书局1989年版。

32.林宏桥：《论经济改革与社会主义市场经济》，社会科学文献出版社2012年版。

33. 林子力：《走向市场》，江苏人民出版社1994年版。

34. 林子力：《论联产承包制——兼论具有中国特色的社会主义农业发展道路》，上海人民出版社1983年版。

35. 龙小宁等：《中国特色社会主义法治经济建设》，经济科学出版社2017年版。

36. 吕世伦、叶传星：《马克思恩格斯法律思想研究》，中国人民大学出版社2018年版。

37. ［美］丹尼尔·耶金、约瑟夫·斯坦尼斯罗：《制高点：重建现代世界的政府与市场之争》，段宏等译，外文出版社2000年版。

38. ［美］布坎南：《宪法秩序的经济学与伦理学》，朱泱等译，商务印书馆2008年版。

39. ［美］罗纳德·哈里·科斯：《企业、市场与法律》，盛洪、陈郁译，格致出版社、上海三联书店、上海人民出版社2009年版。

40. ［美］迈克尔·J.桑德尔：《自由主义与正义的局限》，万俊人等译，译林出版社2011年版。

41. ［美］密尔顿·弗里德曼：《弗里德曼文萃》，高榕等译，北京经济学院出版社1991年版。

42. ［美］小罗伯特·B.埃克伦德、罗伯特·F.赫伯特：《经济理论与方法史》（第四版），杨玉生等译，中国人民大学出版社2001年版。

43. ［美］伊斯雷尔·柯兹纳：《市场过程的含义》，冯兴元等译，中国社会科学出版社2012年版。

44. ［美］约瑟夫·E.斯蒂格利茨：《社会主义向何处去——经济体制转型的理论与证据》，周立群、韩亮、余文波译，吉林人民出版社2010年版。

45. 《钱端升自选集》，首都师范大学出版社2010年版。

46. 钱颖一：《现代经济学与中国经济改革》，中国人民大学出版社2003年版。

47. 《乔石谈民主与法治》（上），人民出版社、中国长安出版社2012年版。

48. ［日］伊藤诚：《市场经济与社会主义》，尚晶晶主译，中共中央党校出版社1996年版。

49. 《苏轼文集》（第一、二、三册），中华书局1986年版。

50. 苏东斌：《当代中国经济思想史断录》，社会科学文献出版社2009

年版。

51. 孙冶方：《社会主义经济的若干理论问题》，人民出版社1979年版。
52. 《万里论农村改革与发展》，中国民主法制出版社1996年版。
53. 王栻：《严复集》（第一、四、五册），中华书局1986年版。
54. 吴弘：《法治经济的理论探索与市场实践》，法律出版社2017年版。
55. 《第四种国家的出路——吴景超文集》，商务印书馆2008年版。
56. 吴敬琏：《当代中国经济改革教程》，上海远东出版社2010年版。
57. 《吴敬琏改革论集》，中国发展出版社2008年版。
58. 吴敬琏：《呼唤法治的市场经济》，生活·读书·新知三联书店2007年版。
59. 吴敬琏：《计划经济还是市场经济》，中国经济出版社1992年版。
60. 吴敬琏：《经济改革问题探索》，中国展望出版社1987年版。
61. 吴敬琏、厉以宁、林毅夫：《读懂中国改革3.新常态下的变革与决策》，中信出版社2015年版。
62. 吴敬琏、厉以宁、林毅夫：《经济大变局，中国怎么办？》，中国文史出版社2015年版。
63. 吴敬琏、刘吉瑞：《论竞争性市场体制》，中国财政经济出版社1991年版。
64. 《吴敬琏文集》（上、中、下），中央编译出版社2013年版。
65. 《吴敬琏改革论集》，中国发展出版社2008年版。
66. 习近平：《干在实处，走在前列》，中共中央党校出版社2006年版。
67. 《习近平总书记系列重要讲话精神学习读本》，中国方正出版社2014年版。
68. 习近平：《之江新语》，浙江出版联合集团、浙江人民出版社2007年版。
69. 徐桂华：《通向社会主义市场经济之路：转型中国的政治经济学》，上海人民出版社2013年版。
70. 《叶适集》（第一、三册），中华书局1961年版。
71. ［英］边沁：《道德与立法原理导论》，时殷弘译，商务印书馆2000年版。
72. ［英］彼罗·斯拉法：《大卫·李嘉图全集》（第1卷）（政治经济学及赋税原理），郭大力、王亚南译，商务印书馆2013年版。

73. [英]彼罗·斯拉法:《李嘉图著作和通信集》(第1卷)(政治经济学及赋税原理),郭大力、王亚南译,商务印书馆1991年版。

74. [英]弗雷德里克·冯·哈耶克:《经济、科学与政治》,冯克利译,江苏人民出版社2003年版。

75. [英]弗雷德里克·冯·哈耶克:《法律、立法与自由》(第一卷),邓正来等译,中国大百科全书出版社2000年版。

76. [英]弗雷德里克·冯·哈耶克:《自由秩序原理》,邓正来译,三联书店1997年版。

77. [英]弗里德里希·奥古斯特·冯·哈耶克:《通往奴役之路》,王明毅等译,中国社会科学出版社1998年版。

78. [英]坎南:《亚当·斯密全集》(第6卷)(法律、警察、岁入及军备讲演录),陈福生、陈振骅译,商务印书馆2014年版。

79. [英]休谟:《人性论》,关文运译,郑之骧校,商务印书馆1980年版。

80. [英]亚当·斯密:《道德情操论》,谢宗林译,中央编译出版社2008年版。

81. [英]亚当·斯密:《国民财富的性质与原理》(第1—2卷),赵东旭、丁毅译,中国社会科学出版社2007年版。

82. [英]亚当·斯密:《国民财富的性质和原因的研究》(上、下卷),郭大力、王亚南译,商务印书馆1979年版。

83. [英]亚当·斯密:《道德情操论》,蒋自强等译,商务印书馆1997年版。

84. [英]亚当·斯密:《原富》(上、下册),严复译,商务印书馆1981年版。

85. [英]亚力克·诺夫:《可行的社会主义经济》,唐雪葆等译,中国社会科学出版社1988年版。

86. 袁恩桢等:《经济发展与经济学》,上海人民出版社2009年版。

87. 张维迎:《企业理论与中国企业改革》,北京大学出版社1999年版。

88. 张维迎:《企业的企业家——契约理论》,上海三联书店、上海人民出版社1995年版。

89. 张五常:《经济解释:张五常经济论文选》,商务印书馆2000年版。

90. 张元元、李金亮:《社会主义市场经济学》,暨南大学出版社1993年版。

91. 张友仁、李克纲:《社会主义经济理论发展史》,北京大学出版社

1991年版。

92. 赵晓雷:《中华人民共和国经济思想史纲（1949—2009）》，首都经贸大学出版社2009年版。

93. 中共中央文献编辑委员会:《邓小平文选》（第一卷），人民出版社1994年版。

94. 中共中央文献编辑委员会:《邓小平文选》（第二卷），人民出版社1994年版。

95. 中共中央文献编辑委员会:《邓小平文选》（第三卷），人民出版社1993年版。

96. 中共中央文献编辑委员会:《胡耀邦文选》，人民出版社2015年版。

97. 中共中央文献编辑委员会:《胡锦涛文选》（第二卷），人民出版社2016年版。

98. 中共中央文献编辑委员会:《江泽民文选》（第一卷），人民出版社2006年版。

99. 中共中央文献编辑委员会:《江泽民文选》（第二卷），人民出版社2006年版。

100. 中共中央文献编辑委员会:《江泽民文选》（第三卷），人民出版社2006年版。

101. 中共中央文献编辑委员会:《彭真文选（一九四一——一九九〇）》，人民出版社1991年版。

102. 中共中央文献研究室:《邓小平思想年谱（1975—1997）》，中央文献出版社1998年版。

103. 中共中央文献研究室:《建国以来重要文献选编》（第五册），中央文献出版社1993年版。

104. 中共中央文献研究室:《建国以来重要文献选编》（第九册），中央文献出版社1994年版。

105. 中共中央文献研究室:《建国以来重要文献选编》（第十册），中央文献出版社1994年版。

106. 中共中央文献研究室:《建国以来重要文献选编》（第十二册），中央文献出版社1997年版。

107. 中共中央文献研究室:《十一届三中全会以来重要文献选读》（上、下），人民出版社1987年版。

108. 中共中央文献研究室:《十二大以来重要文献选编》(上、中、下),人民出版社1986年版、1986年版、1988年版。

109. 中共中央文献研究室:《十三大以来重要文献选编》(上、中、下),人民出版社1991年版、1991年版、1993年版。

110. 中共中央文献研究室:《十四大以来重要文献选编》(上、中、下),人民出版社1996年版、1997年版、1999年版。

111. 中共中央文献研究室:《十五大以来重要文献选编》(上、中、下),人民出版社2000年版、2001年版、2003年版。

112. 中共中央文献研究室:《十六大以来重要文献选编》(上、中、下),人民出版社2005年版、2006年版、2008年版。

113. 中共中央文献研究室:《十七大以来重要文献选编》(上、中、下),中央文献出版社2009年版、2011年版、2013年版。

114. 中共中央文献研究室:《习近平关于全面依法治国论述摘编》,中央文献出版社2014年版。

115. 中共中央文献研究室:《习近平关于全面深化改革论述摘编》,中央文献出版社2014年版。

116. 中共中央文献研究室:《关于社会主义经济建设论述摘编》,中央文献出版社2017年版。

117. 中共中央文献研究室:《习近平谈治国理政》,外文出版社2014年版。

118. 中国政法大学制度研究中心:《把权力关进制度的笼子里》,人民出版社2014年版。

119. 周建明:《个人在经济中的权利——关于理论、历史和体制改革的思考》,人民出版社1989年版。

三、报纸文章

1. 何伟:《中国的改革是在两大思潮博弈中前进》,载《东方早报》2012年11月6日。

2. 卫兴华:《法治是市场经济的内在要求》,载《人民日报》2015年1月12日,第7版。

3. 《小平百年纪念》,载《文汇报》2004年8月16日。

4. 钟祥财:《近代上海的契约精神》,载《文汇报》2012年3月5日。

四、会议录

1. 杜润生、林后春:《农村改革是重新发现家庭农业的历史》,载《经济理论20年——著名经济学家访谈录》,湖南人民出版社1999年版。

2. 高尚全、陆琪:《邓小平与市场经济》,载《邓小平与中国道路——全国纪念邓小平同志诞辰110周年学术研讨会论文集》(下),中央文献出版社2015年版。

3. 吴树青:《理论创新的典范——论邓小平社会主义市场经济思想》,载全国邓小平生平和思想研讨会组织委员会:《邓小平百周年纪念——全国邓小平生平和思想研讨会论文集》(上),中央文献出版社2005年版。

4. 吴敬琏:《中国经济的振兴有赖于市场取向的改革》,载《当代中国百名经济学家自述:我的经济观(3)》,江苏人民出版社1992年版。

5. 吴敬琏、胡季:《商品经济与市场经济》,载《社会主义初级阶段的市场经济》,东北财经大学出版社1988年版。

6. 张维迎:《所有权、治理结构、委托—代理关系及其他——兼评崔之元和周其仁的一些观点》,载林毅夫、海闻、平新乔主编:《中国经济研究——北京大学中国经济研究中心内部讨论稿选编》,北京大学出版社2000年版。

五、古籍

1.《大学衍义补,卷二五,制国用·市籴之令》。
2.《大学衍义补,卷二八,制国用·山泽之利上》。
3.《韩非子·备内》。
4.《管子·禁藏》。
5.《管子·侈靡》。
6.《韩非子·外储说左上》。
7.《列子·杨朱篇》。
8.《论语·尧曰》。
9.《论语·里仁》。
10.《商君书·君臣》。
11.《商君书·垦令》。
12.《商君书·去强》。
13.《商君书·弱民》。

14.《商君书·赏刑》。
15.《商君书·算地》。
16.《商君书·外内》。
17.《史记·货殖列传》。
18.《荀子·性恶篇》。
19.《荀子·荣辱篇》。
20.《晏子春秋·内篇谏下》。
21.《盐铁论·力耕》。
22.《盐铁论·本议》。
23.《盐铁论·非鞅》。
24.《左传·昭公十年》。

六、外文文献

1.A. C. Pigou, The Economics of Welfare, General Books Press, 2010.

2.Barid D G, The future of law and economics: Looking forward, The University of Chicago Law Review, 1997, 64(4).

3.Bouckacert B, De Geest G. Encyclopedia of law and economics, Cheltenham: Edward Elgar, 1999.

4.Cooter R, Ulen T, Law and economics, Boston, MA: Addison Wesley, 2008.

5.De Geest G. Comment, Game theory versus law and economics?, Bouckaert B, De Geest G, Essays in law and economics II: Contract law, regulation, and reflections on law and economics, Maklu: Antwerpen, 1995.

6.Driesen D M, The economic dynamics of law, Cambridge: Cambridge University Press, 2012.

7.Epstein R A, Law and economics: Its glorious past and cloudy future, The University of Chicago Law Review, 1997, 64(4).

8.Éric Brousseau, Jean — Michel Glachant, New Institutional Economics, Cambridge University Press, 2008.

9.Henry H Perritt J, Randolph R Clarke, Chinese Economic Development, Rule of law, and the Interne, Government Information Quarterly, 1998, 15(4).

10.James L Butkiewicz, Halit Yanikkaya, Institutional quality and economic growth: Maintenance of the rule of law or democratic institutions, or both?, Economic Modeling, 2006, 23(4).

11.Mark Skousen, The Big Three in Economics: Adam Smith Karl Marx and John Maynard Keynes, M.E.Sharpe, 2007.

12.Mercuro N, Medema S G, Economics and the law: From Posner to post-modernism, Princeton: Princeton University Press, 1997.

13.Merrill T W, Smith H E, What happened to property in law and economics?, The Yale Law Journal, 2001, 111(2).

14.Miceli T J, Economics of the law: Torts, contracts, property, litigation, New York: Oxford University Press, 1997.

15.Rafael La Porta, Florencio Lopez-de-Silances, Andrei Shleifer, etal., Law and Finance,Journal of Political Economy, 1998, 106(6).

16.Schwintowski H P,An economic theory of law,Journal of Interdisciplinary Economics, 2000, 12(1).

17.Stephan Haggard, Lydia Tiede,The Rule of Law and Economic Growth: Where are We?,World Development, 2010, 39(5).

后　记

　　从落叶萧萧、岁暮天寒到姹紫嫣红、绿叶成荫，一个小小的思绪迸发在时间的流转中终于迎来付梓成书，个中滋味难以言说。从构思到执笔，再到修改和定稿，本书的写作历时三年有余，但对于写作的准备却可以回溯到更早之前。也许彼时在跳出法学领域选择经济学的当下，就已经为本书的写作埋下了希望的种子。

　　出于个人的思考习惯，我在做出人生重要抉择的当下会反复推演他种可能发生的人生轨迹，并在以后的生活中反复回想做出那些重要抉择的"高光"时刻。但对于自己在完成法学本科及硕士阶段的学习之后，选择跨学科到理论经济学，以经济思想史作为博士阶段的专业方向，却是我从来没有预想过的情节，并且，时至今日仍有一种不真实感。从法学到经济学，不仅仅是学术层面的跨越，更是思维方式的全方位转变，同时，还需要对自己的心理定位进行全面的重置。感谢当初的自己对于未知领域充满了探索的欲望，这种初生牛犊式的勇敢，让我收获了一段虽"灰暗"却可遇不可求的宝贵经验，也让我得以窥得学术世界更为广博的一隅。

　　"非关因果方为善，不计科名始读书。"在攻读经济学博士期间，我经历了恶补经济学基础的阶段，与高级微观经济学、高级宏观经济学、高级计量学并称"三高"的魔鬼课程进行了"浴血搏杀"，这对于高等数学水平仅限于简单微积分的我来说，可谓刻骨铭心，也让我一度产生了自我怀疑和畏难情绪。好在天道酬勤，所有的努力最终都得到了回报，博士阶段的学习在经历了惊涛骇浪的洗礼之后归于平静。此后，我又有幸进入上海市人民政府发展研究中心上海发展战略研究所、上海交通大学安泰经济与管理学院联合培养博士后流动站，从事应用经济学专业博士后研究工作。在这个持续的过程中，我也实现了自身的转变，由一个纯正的法科生、司法工作者转变为拥有学科交叉背景的复合型科研人员，在看待问题上从法学的单一视角变换为法学、经济学双视角来回穿梭。正是基于法学与经济学学科交叉的学习经历、知识背景以及思维方式，让我萌生了嫁接两个学科从中寻找科研方向的想法。这一想法延续至今，而本书便是这一想法的首次落地。从理论的高度出发，人文社会科学领域各个学科之间具有一定的共通性，法学和经济学当然也不例外。尤其是在经历了经济高速发展的当代中国，法学与经济学在学科交叉领域内确实有很多值得研究的问题。为了能将本科及硕士所学知识与博士专业相结合，充分发挥自身法学与经济学交叉的学科背景，从经济学与法学学科交叉的角度出发进行深入研究，我最终确定了以"市场化进程中中国的法治经济思想与实践"为主题进行研究。

本书得以成稿，要感谢上海社会科学院、上海交通大学的各位老师，一路走来给予我很大的帮助，他们用智识为我开辟了新的天地，开阔了视野，丰富了思想，让我领略到了思想之美和逻辑之妙。尤其是我的博士生导师上海社会科学院经济所研究员钟祥财老师。有幸师从中国经济思想史著名学者，是我在这一陌生学术领域闯荡的极大幸运和最大倚仗。钟老师高深的学术造诣、严谨的治学态度、高远的学术信仰以及平和的处世哲学，让我深深为之折服。钟老师学贯中西、博古通今的专业能力，以及富有启迪的论点，也给本书注入了源源活力。感谢上海市人民检察院、上海市人民检察院第二分院、上海市人民政府发展研究中心上海发展战略研究所的各位领导，一直以来给予我很大的支持，让我可以有更宽裕的时间来完成博士、博士后阶段的学习和科研任务。

"功名半纸，风雪千山。"于我个人而言，能将自己的一点想法和见解付梓成书、传于世人，已颇感满足。如果能为中国法治经济建设事业的进步贡献绵薄之力，更是人生无憾。在未来的科研和学术道路上，吾仍将以梦为马，行远自迩，上下求索，不负韶华。